Research on the Practice of Corporate Social Responsibility and Corporate Value in Chemical Enterprises

赵新华◎著

化工企业社会责任实践与企业价值研究

 经济管理出版社
ECONOMY & MANAGEMENT PUBLISHING HOUSE

图书在版编目（CIP）数据

化工企业社会责任实践与企业价值研究 ／ 赵新华著.

北京 ：经济管理出版社，2025. -- ISBN 978-7-5243

-0096-0

Ⅰ . F426.7

中国国家版本馆 CIP 数据核字第 2025DE4213 号

组稿编辑：梁植睿
责任编辑：梁植睿
责任印制：许　艳
责任校对：蔡晓臻

出版发行：经济管理出版社
　　　　　（北京市海淀区北蜂窝 8 号中雅大厦 A 座 11 层　　100038）
网　　　址：www. E-mp. com. cn
电　　话：（010）51915602
印　　刷：唐山昊达印刷有限公司
经　　销：新华书店
开　　本：720mm×1000mm/16
印　　张：18. 25
字　　数：261 千字
版　　次：2025 年 3 月第 1 版　　2025 年 3 月第 1 次印刷
书　　号：ISBN 978-7-5243-0096-0
定　　价：88. 00 元

前　言

改革开放以来，我国经济发展取得了巨大成就。随着经济的快速发展，越来越多的环境问题、社会问题等出现在人们的生活中，特别是近些年，企业不负责任行为频发，尤其是产品质量问题，引发了消费者抵制、环境污染等一系列社会问题，使企业价值受损，同时，企业社会责任所产生的经济效果也成为研究热点。

化工企业的经营活动包含了从原料采购、生产制造到产品销售的多个环节，在现代工业发展过程中发挥了重要作用。但由于化工产品的特殊性，化工企业活动常常伴随着资源消耗、环境污染等一系列问题。随着可持续性发展受到全球越来越多国家和地区的重视，化工企业面临的挑战不仅是经济效益的提升，还包括如何在环境保护和社会责任等方面表现出色。因此，化工企业的社会责任实践逐渐成为社会各界关注的焦点。

本书旨在研究化工企业社会责任实践的内容及其对企业价值的影响和内在机制，从企业市场价值和顾客共创价值两个方面探讨化工企业如何通过社会责任实践活动提升企业价值。本书的主要研究内容和研究贡献归纳为以下七个方面：

第一，探讨了化工企业社会责任实践的具体内容。本书首先回顾了化工企业社会责任的起源和发展。20世纪七八十年代，西方工业化国家频繁发生了重大的化工事件，对化工企业的形象造成了极大的破坏，引起了世界各国对化工企业在环境、健康和安全三个方面的重视，责任关怀的理念随即被提出，并引发了各国化工企业的社会责任实践活动。接着探讨了化工行业的特殊性和化工企业社会责任实践的独特性。最后阐述了化工企业社会责任实践的具体内容。探讨化工企业社会责任实践的具体内容能够帮助我们了解化工企业在履行社会责任方面的具体措施，以便深入分析这些措施对企业整体价值的影响。

第二，论证了企业生命周期在我国化工企业社会责任实践对企业市场价值影响中的调节效应。目前学术界讨论的热点是企业社会责任实践是否能产生经济效应，即企业社会责任实践与经济价值是正相关、负相关还是不相关。当前的研究结论并不一致，甚至截然相反。笔者认为其中一个重要原因是忽略了企业在不同发展阶段的特点，忽略了企业成长过程的动态性。本书从企业生命周期和利益相关者的视角进行研究。首先研究了生命周期在我国化工企业社会责任实践对企业价值影响中的调节效应。实证结果证明，不同生命周期阶段，化工企业社会责任实践水平对企业价值的影响有显著差异：成熟期的化工企业社会责任实践水平对企业价值的影响最大，然后是成长期的化工企业，而衰退期则无显著影响，生命周期起到调节效应。其次，本书还基于企业生命周期和利益相关者的视角，研究了我国化工企业在各个企业生命周期阶段，对不同利益相关者的社会责任实践水平差异所产生的经济效应。研究结果显示，化工企业在不同生命周期阶段，提高各个利益相关者的社会责任实践水平对提升企业价值的影响不同。本书在实证中突破了原有研究角度的单一，以动态的视角研究了不同企业生命周期阶段化工企业社会责任实践对企业价值的影响，研究结论为企业社会责任实践所产生的不同的经济效应提供了合理的解释，更为化工企业在不同发展阶段的社会责任实践对策提供了理论参考。

第三，基于企业生命周期的视角和媒体报道的中介效应，研究了我国化工企业社会责任实践对企业价值的作用机制。当前国内外学者研究社会责任实践对企业价值的作用机制主要集中在资本市场效应和产品市场效应两条路径，但无论是基于资本市场的路径还是基于产品市场的路径，都是通过社会责任实践对利益相关者产生影响而作用于企业价值，前提都是利益相关者已经接收到了企业的社会责任信息，对企业社会责任信息传递到利益相关者的研究较少，因此，本书选择媒体报道这一信息传递中介，并结合企业生命周期进行研究。研究结果显示：社会责任实践水平越高的化工企业，所获得的媒体报道也越多；成长期的化工企业，媒体报道在社会责任实践对企业价值作用中的中介效果为完全中介效应；成熟期的化工企业，媒体报道在社会责任实践对企业价值作用中的中介效果为部分中介效应。从企业生命周期的视角看，研究化工企业社会责任实践对企业价值作用机制的差异，为打开企业社会责任实践与企业价值的关系"黑箱"提供了新的理论视角，也有助于化工企业了解社会责任实践对企业价值作用"黑箱"中的内在机制，为我国化工企业提升社会责任实践水平和企业价值提供了实践建议。

第四，丰富了消费者视角下关于企业社会责任价值创造的理论研究。现有大多数研究聚焦于从企业财务绩效的视角考察企业社会责任履行的经济后果，本书在探索了化工企业社会责任实践对企业市场价值的影响机制之后，进一步借助"CSR-CFP"的研究范式来研究企业社会责任的价值创造作用机理。基于社会交换理论与认知情感系统理论的整合视角，选择消费者产品质量感知这一与企业社会责任和企业价值密切相关的中间变量，研究化工企业社会责任实践是否能够通过改善消费者对产品质量的感知，充当产品差异化战略来影响企业价值，从而提出企业社会责任活动可提高消费者产品质量感知影响企业价值的作用路径，有助于帮助化工企业更进一步了解社会责任对企业价值作用"黑箱"中的内在机制。根据线索利用理论,消费者利用一些线索作为判断产品质量水平的工具。企业的社会责任行为、社会责任信息等也属于线索的一种,消费者可能会根据这种"线索"形成对企业产品质量水平的感知。本书通过消费者产品质量感知的中介环节厘清了化工企业社会责任对企业价值影响的微观作用机理与传导方式,从而启示化工企业不仅要加强社会责任意识,还要注重改善企业社会责任的履行情况与水平。

第五,细化了消费场景下企业社会责任价值创造的边界条件研究。鉴于价值认同是实现价值创造的必要途径,本书论证了顾客实施价值创造行为的重要前提是消费者与企业在价值取向上具有一致性。化工企业由于其生产过程和产品的特殊性,在环境保护和安全生产等方面面临更高的社会责任要求。企业社会责任支持能够反映个体对企业社会责任行为总体支持度的价值信念,属于深层次的消费者价值观。因此,本书选取企业社会责任支持这一个体价值取向层面的变量,补充了价值创造过程中调节变量的研究。通过深入分析化工企业社会责任支持对消费者行为的影响,本书进一步揭示了企业社会责任在价值创造中的复杂作用机制,强调了在不同消费情境下企业和消费者价值观的一致性对于实现有效价值创造的重要性。这一研究不仅丰富了企业社会责任理论框架,也为化工企业在实际运营中如何通过社会责任实践提升消费者认同度和忠诚度提供了新的视角和方法。

第六,揭示了化工企业通过提升关系营销质量,维护企业价值的可持续增长路径。为实现企业经济价值与社会价值的收益,企业社会责任实践除了满足消费者实质性的需求外,往往还会满足消费者潜在的社会责任消费需求和无形的精神需求。在此基础上,关系营销作为企业生存和发展的根本要素,能够帮助企业与顾客建立关系、维系关系,进而满足顾客内在与外在的双重需求。本书以化工企业社会责任与个体行为的互惠互利为出发点,借助顾客情感性承诺的中介环节来探究企业社会责任与顾客价值创造行为之间的作用机制，从而启示化工企业应注重在价值创造过程中开展情感营销，构建与顾客之间的高质量关系。化工企业在推广关系营销时，可以通过透明的沟通和负责任的经营行为，提升顾客对企业社会责任实践的认可，进而在情感层面建立更紧密的联系，既有助于满足顾客对企业的期望和需求，也有助于化工企业在激烈的市场竞争中建立独特的竞争优势，实现企业价值的可持续增长。

第七，为了深入探讨化工行业在履行社会责任方面的具体措施和成功经验，理解化工企业社会责任实践活动在企业中的具体应用，本书在实证研究之后进行了详细的案例分析。案例一分析了德国巴斯夫股份公司通过丰富的社会责任实践活动，赢得了市场和投资者支持。案例二分析了中国石油化工集团有限公司通过社会责任实践活动，增强了企业的竞争力，提升了企业价值。这些案例展示了化工企业在积极履行社会责任方面的多样化策略，为我国其他化工企业提供了宝贵的实践经验。

本书的研究旨在为我国化工企业在社会责任实践方面提供有益的参考，推动化工企业在追求经济效益的同时，更好地履行社会责任。由于笔者水平有限，错误与不当之处在所难免，敬请各位专家和广大读者批评指正。

赵新华

2024 年 5 月于青岛市

目　　录

第一章　绪论

第一节　研究背景

随着国家和公众对环境污染和资源浪费问题的重视，各行业绿色低碳转型势在必行。与其他类型企业相比，化工企业对自然环境的使用和消耗更多，对环境造成的损害更大，因此除了慈善捐助、员工权益保护等，化工企业担负着更重大的社会责任，在国家政策、公众意识和网络舆论层面对其约束和关注也不断增多。

在国家政策层面，一方面，国家通过规章制度对企业进行硬性约束，制定严格与规范的核查和监管标准，细化至各行业和各企业。2023年1月19日，国务院新闻办公室发布《新时代的中国绿色发展》白皮书，其中提到对高耗能、高排放、低水平项目实行清单管理、分类处置、动态监控，严肃查处违法违规建设运行的项目。2024年2月21日，中华人民共和国工业和信息化部依据《新产业标准化领航工程实施方案（2023-2035年）》《工业领域碳达峰实施方案》《建立健全碳达峰碳中和标准计量体系实施方案》等，组织编制了《工业领域碳达峰碳中和标准体系建设指南》，其中包括从术语到检测和管理的各项标准的解读与规范。由此可见，针对化工企业的各种标准和制度只会不断规范与发展，监管与处置只会越来越严肃，逆国家政策趋势而行只会让企业发展越来越困难。通过简单粗放地消耗自然资源来生产或供能，不可避免会陷入高投入、高能耗、高污染、低效益的发展困境，无法满足企业未来的可持续发展，甚至企业会因污染物排放不达标而面临破产。另一方面，国家通过鼓励性政策来激发企业减排提效的能动性。中国石油和化学工业联合会自 2017 年起组织开展行业绿色制造体系的认定工作，迄今为止已认定了七批行业绿色制造示范单位，被评定为"绿色工厂"或"绿色园区"的化工企业，会享受高达百万元的奖励和绿色转型补贴。由此可见，化工企业作为煤炭、石油等自然能源资源损耗和碳排放的重点领域，与其被动地受到制度与标准的约束，不如主动进行社会责任管理实践，践行"绿水青山就是金山银山"的绿色发展理念，增强核心竞争力，寻求企业生存与可持续发展。

在公众意识层面，日本核污水排放等社会新闻频发，环境污染和资源浪费话题的社会讨论度上升，公众对环保、低碳等关键环境信息更加敏感，对"人类命运共同体"有了进一步的认识。全球市场调研公司欧睿国际在《2024 全球消费者趋势》报告中指出，2023 年超过 60% 的消费者努力为环境带来积极影响，在未来依然会以自我可持续的方式努力，并且期待企业和政府承担起社会责任。公众环保意识提升体现在两个方面：一方面是个人认知和行为，公众环保自我效能感不断提升，意识到每个人都需要尽力承担部分环境责任，在日常生活中践行绿色低碳的生活方式；另一方面是公众对企业、政府和其他公益组织等主体行为的推动，公众意识到个人环保力量微不足道，更愿意积极推动企业和整个社会在环境方面的社会责任实践，这能够给环保带来更大范围的积极影响。在这样的背景下，公众对企业环保行为的关注度提升，并且会对企业社会责任实践做出反应。面对企业社会责任实践，不断提高的消费者环保意识使消费者在认知层面和行为层面做出反应，从而影响着企业价值的形成。在认知态度层面，消费者环保意识会驱使他们对企业环保行为的目的和类型等进行分析，从而对企业或产品的绿色价值进行认知。例如，在食品行业，人们本身的环保意识越强烈，对绿色食品的认知水平就越高，越能够感知到产品的生态价值。杜建国和段声丽（2022）验证了个体的环境责任感越强烈，越能够感知到产品的绿色价值。在行为层面，环保意识强烈的消费者更倾向于购买做出环保实践的企业的产品或服务。王建华和钭露露（2021）在研究中表明，人们的环境责任感和环境价值观都能够通过绿色消费意向来提高绿色消费行为。杨晓辉和游达明（2022）发现消费者的环保心态会促进产品销量和供应链总利润的上升，会促使消费者加大对产品的购买行为。王建华等（2023）研究发现消费者环境态度会显著影响他们的亲环境购买行为。姚兰（2024）发现居民对政策、生态和风险的心理认知能够加强他们的环境责任感，从而促进绿色消费意向。

在网络舆论层面，近几年随着社交媒体的发展与普及，威胁到员工和消费者权益的事件易被曝光于网络，化工企业安全事故在网络上的发酵往往能迅速引起公众的广泛关注和讨论，引发网络舆论。网络舆论具有强大的社会影响力，可以形成一种倒逼的力量，甚至有可能催化出社会舆论危机，削弱企业甚至整个行业的形象与声誉。陈雅羿和汤景泰（2023）在研究中发现，在企业发生危机事件后，网络公众会基于公平与道义进行舆论表达，企业可以通过及时承担相应责任、真诚道歉，提供真实和可信的信息，做出社会责任和可持续性努力等方法来挽回企业声誉。好的网络舆论也能够让企业价值一夜翻倍，如杜邦特氟龙事件。2019年杜邦公司因隐瞒化学品环境风险陷入诉讼危机，股价暴跌22%。公司随即停售问题产品，公开道歉并设立5亿美元治污基金，同时在社交媒体直播整改过程、发布环保替代材料进展。一周内网络负面舆情下降47%，单日市值飙升17%，三个月之后股价反弹62%。该案例显示，危机中企业以责任行动重建舆论信任，能够提升企业价值。化工企业一方面要积极进行企业社会责任实践，加强企业的安全生产管理和监管，提高企业的安全生产意识和能力，保障员工和消费者权益，减少化工企业安全事故发生，防止落入负面舆论旋涡。另一方面要通过已有的曝光事故自查自检，通过发现事故暴露出的安全、健康隐患，进一步加强自身安全生产管理和监管。争取通过长期的企业社会责任实践，为企业树立良好的形象与声誉，时刻做好抓住正向舆论的准备。

因此，无论是从国家政策层面考虑，谋求企业生存与发展，还是从公众层面考虑，提高消费者购买和使用企业产品，从而增加企业利润，还是考虑网络舆论对企业形象的影响，化工企业都需要进行恰当的社会责任实践。从实际情况来看，仍有相当一部分化工企业被动履行社会责任，没有充分认识到社会责任实践对企业永续发展的重要性。为了探讨这一问题，本书将通过实证研究的方法，论证化工企业社会责任实践是否能够对企业价值产生影响，以及通过什么路径对企业价值产生影响。本书还将通过案例研究的方法，探讨优秀化工企业如何利用社会责任实践助推企业，实现企业的可持续发展。本书通过实证研究和对成功案例的深入分析，总结出一套可供我国化工企业借鉴的社会责任实践策略，帮助更多化工企业实现社会责任与企业价值的双赢。

第二节　研究意义

深入研究化工企业的社会责任实践内容，并提升化工企业的社会责任实践水平，有助于解决我国当前面临的环境和社会问题，也是推动化工企业自身发展、增强国际竞争力的重要途径。

一、理论意义

（1）本书将当前企业社会责任实践的一般理论研究引向了化工企业社会责任实践这一专业细分领域，有利于推动企业社会责任实践理论的丰富与发展。

（2）本书尝试将企业社会责任理论、企业生命周期理论和利益相关者理论等结合起来，对我国化工企业在不同生命周期阶段社会责任实践水平的差异，以及对企业价值的影响和作用机制进行研究，同时还研究化工企业在不同生命周期阶段对各利益相关者责任的差异及其所带来的经济效果，研究结论不仅为我国化工企业科学合理地履行社会责任提供理论支持，同时也为政府监管部门的政策制定提供理论依据。

（3）本书强调消费者在企业价值创造中的作用，拓展了企业社会责任价值创造的理论研究。现有大多数研究聚焦从企业财务绩效的视角考察企业社会责任履行的经济后果，本书借助"CSR-CFP"的研究范式来研究企业社会责任的价值创造作用机理。基于社会交换理论与认知情感系统理论的整合视角，本书通过选择消费者产品质量感知和顾客情感性承诺作为中间变量，判断企业能否将改善消费者产品质量感知和促进顾客情感性承诺充当产品差异化战略来帮助提升企业价值，从而提出"企业社会责任—消费者产品质量感知—企业价值"的作用路径，有助于帮助企业了解社会责任对企业价值作用"黑箱"中的内在机制。

（4）本书充实了顾客价值动态性研究。从顾客的购物价值迁移视角看，消费者的产品溢价支付、积极口碑传播和拒绝竞品替代等行为都可以提高企业的市场价值，此类超出传统购物价值的消费行为属于价值创造行为。梳理文献发现，与大多数关注于基本交易型行为之间的关系研究不同，本书以顾客价值创造行为作为结果变量，探讨了企业社会责任实践与互惠互利关系型行为之间的内在机制，从而丰富顾客价值动态性研究，为打开企业社会责任与企业价值的关系"黑箱"提供新的理论视角。

二、实践意义

（一）对利益相关者的外部意义

提升化工企业社会责任实践有利于环境保护。化工企业以生产和加工各类化学品为主要业务。水作为化工生产中的冷却剂、溶剂和反应介质，需求量巨大；电力是保障生产设备正常运转、提供动力支持的必要条件；化学原料则是生产加工各类化学品的物质基础。化工企业生产中对水、电、煤炭等化学原料和资源的消耗量巨大，高耗能也就意味着高排放，生产过程中产生的废水、废气、废渣等污染物，若处理不当，将对环境造成严重污染。化工企业社会责任管理中对环境责任的实践，直接促进整个社会自然资源的节约和环境保护。在技术绿色创新方面，其可以规避传统技术和工艺流程带来的环境风险，从源头上实现减少碳排放。化工企业可以通过重视技术创新和研发，开发更加环保、高效的生产工艺和设备，提高资源利用效率，减少污染排放。吕桁宇等（2024）指出，绿色技术创新可以通过引进先进生产机器设备、雇用高层次科研人员等改良生产工艺，增强信息技术和生产环节融合程度，从而推动企业提升能源利用效率，降低工业企业碳排放。在管理与领导方面，具有生态环保价值观的领导，可以在工作中展现绿色自我意识、绿色道德内化等领导特质，为员工带来践行环保理念的工作环境，身体力行为员工树立榜样，从而促进员工在工作场所中的绿色主动行为，为环境改善和资源节约带来较广泛的现实基础与良好的氛围。

提升化工企业社会责任实践有利于员工劳动权益保护。化工企业原材料、半成品或产品多为易燃易爆危化品，如硝酸铵、煤气、汽油等。在生产过程中需要对设备进行定期检修与维护，一旦出现安全阀泄气、零件老化严重或缺失、精准性和灵敏性下降等问题，则可能会引发大规模的化工事故，损害员工人身安全与健康。例如，2023年5月23日，江西九江金久再生资源有限公司在安全防护设备和措施不足的情况下，组织作业人员进入裂解炉内作业，造成2人晕倒在炉内，发生中毒窒息事故。近年来，化工企业响应"双碳"目标，在清洁生产和减少废物排放等方面做出较大努力，但不同规模的安全事故仍时有发生，危害到事故当事人的人身安全。除此之外，一些难以被认定的职业病和加班问题也被某些企业视而不见。因此化工企业要加大对安全隐患的排查，积极承担对员工的责任，促进安全生产，从而能够切实保障员工劳动权益，保护员工人身安全与健康。

化工企业社会责任实践有利于消费者权益保护。常见的化工产品包含化肥、塑料、橡胶、染料和涂剂等，它们的原材料或成品本身具有有毒物质，如苯及苯系物，世界卫生组织已将其定为强烈致癌物质，长期吸入苯可能导致再生障碍性贫血、白血病等严重疾病；农业生产中用于杀虫的有机磷农药会对人体神经系统产生毒性，引起头痛、头晕等症状；某些化肥成分可能在农作物中产生残留，消费者食用后可能摄入有害物质……化工企业若能在研发时就考虑到产品对消费者安全与健康可能造成的影响，在原材料选择上就可以尽量选择更安全无害的化学成分，而不是仅仅依据原料的成本来进行选择；在使用设计上，研发零接触、高密闭性的使用装置，或者为使用者设计防护装备；在安全检测上，对生产的化工产品进行全面严格的安全测试，确保产品不含有害物质，达到国家标准和国际标准；在售后上，完善产品召回制度。这一系列的企业社会责任实践都能够从源头上避免消费者权益被损害，保护消费者生命与财产安全。

（二）对化工企业的内部意义

1. 有助于化工企业实现可持续发展

企业可持续发展可以从经济、社会和环境三个维度来进行分析。在企业发展过程中往往容易通过经济指标来衡量企业发展情况，而对社会和环境情况有所忽略。随着企业发展市场趋于饱和、社会整体素质提升和自然资源使用限制等因素，越来越要求企业在经济、社会和资源上均衡发展。企业社会责任是囊括股东利益、节约资源、慈善捐赠、员工安全等多方面指标促进企业均衡发展的一个重要实践。化工企业社会责任实践能够通过绿色技术创新、劳动权益保护、社会责任报告披露等途径促进人力资源储备可持续化、生产过程可持续化以及供应链治理可持续化。丁声怿和白俊红（2024）在探索企业绿色低碳转型的路径时发现，良好的企业可持续发展和社会责任表现可以吸引高质量人才，优化人力资本结构，从而提高生产要素在考虑环境因素后的经济产出的能力（绿色全要素生产率）。其中提到的合理的人力资本结构，可以为企业后续发展提供可持续的人才储备，绿色全要素生产率能够保障企业在保护环境前提下依然能有可持续的盈利能力。李鑫鑫和汤小华（2024）认为，企业在数字化转型的过程中，企业社会责任履行水平越高，企业绿色创新效率越高，越能够提高企业对绿色信息的适应能力，推动企业随着环境、政策变化而快速做出反应。在供应链治理上，企业社会责任中的利益相关者包括客户、员工、供应商等可能通过外在倒逼机制压迫供应链适应外在压力的治理制度安排，以维护供应链持续、稳定运行。

2. 有助于化工企业价值提升

从企业外部价值获得的视角分析：一方面基于信号传递理论，企业履行社会责任等实践行为可以向外界传递企业经营良好的信息，提高外界对企业盈利状况的评价，从而能够在吸引投资、合作和第三方财务资源上获得优势；另一方面，企业社会责任表现能够发挥"保险效应""挽回效应""晕轮效应", 在企业稳定发展时, 良好的企业社会责任表现可以提高企业的社会声誉和企业形象, 从而提高消费者对产品的印象, 增强购买意愿, 当企业发展遇到突发的负面舆论事件时, 以往的企业社会责任表现积攒的企业声誉与形象等可以帮助企业抵御风险, 起到"类保险"的作用, 减少企业价值的降低。樊建锋等(2020)认为, 企业在履行社会责任时会向消费者传递让渡企业利益, 积极为社会公益慈善、消费者权益等做出贡献的信号, 随着长期积累, 形成道德资本。在企业受到危机事件的冲击时, 道德资本会对企业起到一种保护作用。

无论是吸引投资与合作还是提高消费者使用与购买, 都是从"开源"的外部视角展开的讨论, 化工企业生产经营过程中资源浪费情况严重, 从内部"节流"角度分析, 化工企业生产工艺、设备的创新, 能够提高对资源的利用率, 为企业生产节约大量成本, 从而提升企业价值。许晖和王琳(2015)通过案例分析从价值链优化升级的角度做出总结, 企业通过安全文化、信息共享、绿色培训和技术创新可以实现绿色设计、绿色采购、绿色生产和绿色销售, 企业原有的绿色生态位被打破, 实现上下游价值链的升级和绿色价值在价值链的不同环节间转移与重新分配, 既优化了企业价值链, 促使企业可持续发展, 企业自身又实现了集约化生产, 减少了生产成本。滕拓(2017)在探索降低煤化工企业原材料成本的研究中提到, 原材料消耗定额不准、管控意识薄弱、采购与库存管理不合理等问题可能导致生产成本上升。通过社会责任管理, 对原材料消耗现场管理人员进行环保意识培养, 带薪培训操作人员的标准化流程等, 可以有效实现原材料的精准使用, 减少浪费, 提高企业的经济效益。从废弃物管理上来看, 通过废弃物分类收集、循环利用等手段, 可以将废弃物转化为有价值的资源或能源, 能够降低企业的废弃物处理成本, 还能为企业创造新的经济价值。

第三节　研究内容与结构安排

一、研究内容

本书全面探讨化工企业的社会责任实践内容，从企业市场价值和顾客共创价值两个不同路径揭示化工企业社会责任实践对企业价值的影响，对比国内外优秀化工企业的成功经验，总结优秀化工企业社会责任实践的具体措施。本书基于实证分析结果和案例研究结论提出具体的对策建议，旨在帮助我国化工企业提升社会责任实践水平，推动企业可持续发展。

本书的主要研究内容分为以下四个方面：

1. 探讨化工企业社会责任实践的具体内容

探讨化工企业社会责任实践的具体内容至关重要，能够帮助了解化工企业在履行社会责任方面的具体措施，为下一步深入分析这些措施对企业价值的影响奠定基础。化工行业由于其生产过程中的高资源消耗和环境影响，被迫承担更大的社会责任，研究化工企业的社会责任实践内容，可以揭示它们如何在环境保护、社会贡献和经济责任方面采取实际行动，从而有效应对其在运营过程中面临的各种挑战，推动社会责任实践的有效实施，从而实现经济效益和社会价值的双赢。

2. 研究化工企业社会责任实践对企业价值的影响及作用机制

在企业社会责任和企业价值关系的研究中大致包含两个方向，一个是企业社会责任与财务绩效之间的关系研究，另一个是企业社会责任给企业带来的无法计入财务报表的价值研究，如企业抵御风险能力、企业形象、社会声誉消费者认可等。因此，研究化工企业社会责任实践对企业价值的影响机理，直接关系到化工企业的财务绩效，深刻影响品牌价值和市场竞争力。本书将从对企业市场价值的影响和对顾客共创价值的影响两个方面研究化工企业社会责任实践对企业价值的影响，深入探讨这些影响能够揭示企业社会责任实践如何在提升企业经济效益和改善顾客共创价值方面发挥作用，从而为化工企业战略决策提供实证依据。

从国外学术界对企业社会责任与企业绩效关系研究的文献来看，大多数研究都提出了企业社会责任实践与企业价值呈正相关的结论，也有部分研究提出两者之间无论如何都找不到可证明的显著关系，另有少数的研究发现两者之间存在负相关关系。有的学者还认为，随着时间的推移，企业社会责任实践和企业盈利能力之间的关系也有可能发生变化，因为监管环境和社会期望都提高了标准，而且不负责任的企业行为逐渐被利益相关者认为是不可接受的。总之，目前学术界对企业社会责任实践对企业价值作用机制的研究结论依然不够清晰，即使是对同一条路径的研究，不同的学者经过实证检验却得出了不同的研究结论。

本书认为，产生上述情况的主要原因之一是现有研究在时间的选取上存在局限性，导致研究结论在时间线上的讨论不足，忽略了企业不同生命周期发展阶段中的特点，没有从动态的角度研究社会责任实践对企业价值影响的作用机制。企业生命周期理论的出现是企业管理研究中的一个重要里程碑，它为理解企业在不同发展阶段的特征和挑战提供了理论框架。本书尝试将企业社会责任实践理论、企业生命周期理论和利益相关者理论等结合起来，对我国化工企业在不同生命周期阶段社会责任实践的差异，以及对企业价值的影响和作用机制进行研究，同时研究化工企业在不同生命周期阶段对各利益相关者责任实践的差异性及这种差异性所带来的经济效果，研究结论为我国化工企业的社会责任实践提供了理论支持，同时也为政府监管部门的政策制定提供了理论依据。

本书认为对企业社会责任实践经济效果的研究结论不一致的另一个原因可能是对企业市场价值的研究大都属于会计领域的研究，通过财务指标中的社会责任相关投入、财务报表中的收入等数值来展开分析，偏向于依赖财务报表展开研究，往往是过去几年已经获得的数据，研究结论和建议具有一定时滞性。财务报表无法全面地反映企业全部的绩效增长，有些绩效也属于企业价值的一部分，在日后经营中会逐渐转化为财务绩效，但这种转化是隐形的且难以辨别的。因此从非财务的视角来分析企业社会责任对企业价值的影响非常必要。在企业社会责任所涉及的不同利益相关者中，消费者代表着巨大的经济影响和评估效果的多样性，可能成为企业社会责任创造价值的重要渠道，但目前对这一路径进行研究的实践较少，我国企业对此传导机制的了解较为模糊，需要学术界展开理论上的深入探索，这成为本书研究的第二个着力点。

在关系营销理论基础上，顾客价值创造行为与企业价值创造行为息息相关，学者们逐渐达成这样一个共识："亲企业"意图的消费者行为可能会给企业价值带来积极的影响，并开始通过对顾客行为的研究来表明对企业的影响。一些学者从价值共创模式的角度出发，探讨顾客价值对企业价值的重要性。有的学者通过考察企业社会责任在 B2B 旅游服务背景下的作用，发现以消费者为导向的价值创造行为对企业价值具有鲜明的促进作用。还有学者发现在探讨企业与顾客合作的内部机制时，顾客参与行为和公民行为及价值共创与企业的知识创新都是正相关关系，并且消费者知识转移在两者中起到中介作用。杜芳芳（2022）对消费者参与跨境电商企业价值共创的研究中，表明消费者在线上渠道与企业的互动，如传递信息和参与营销等行为，能够促进与企业的价值共创。王圆圆（2022）认为顾客主动对品牌或者产品信息进行收集和分享的行为以及与企业交流互动可以帮助企业完善品牌社区，提升企业价值。这部分研究大多强调有明显"亲企业"意图的消费者行为给企业带来的价值提升，而较少关注消费者态度、观念和价值观与企业一致而给企业带来间接的和潜在的价值。

在日常行为中，往往是消费者内在的态度与价值观决定了购买行为以及与企业之间的互动。符加林等（2022）从顾客契合的认同、互动和专注三个维度，分析消费者对企业情感以及行为上的差异，得出结论：消费者自身与企业越契合，就会越愿意将自己的感受与想法分享给企业，从而能够促进企业产品的研发升级，提升企业创新绩效。林杰和张小三（2022）基于互动导向理论认为消费者观念、互动响应以及消费者授权有利于企业与消费者相互的深入了解，使企业内部资源合理配置，加快企业发展，并且能够根据消费者反馈调整价值主张，进而赢取消费者认可，提高企业价值。由此可见，不论是消费者本身强烈的"亲企业"行为，还是由自身态度与观念引导的一些交流与互动活动，都会对企业品牌、产品或绩效产生重要影响。消费者对企业价值的影响是多方面、多路径的，其远远超越了顾客购买行为本身的价值，并对企业价值的增加至关重要。从企业社会责任的角度来看，消费者是企业重要的利益相关者和企业社会责任履行的主要受益者，他们在日常购买行为中能够自然地融入企业社会责任活动，也能从中获益，因此对企业履行社会责任具有便利性和积极性。当企业积极履责时，消费者更可能感受到良好的产品质量、良好的企业形象和品牌声誉，从而增强对企业的信任感和忠诚度。因此，对企业社会责任的顾客价值创造行为的形成过程和影响路径进行探究是研究如何提升企业价值的重要部分，能够进一步拓展企业社会责任领域的研究范围和研究思路。

具体到化工企业，该类企业的许多产品直接关系到人们的日常生活和健康，因此，消费者对化工企业的产品有着更高的要求和期望。化工企业的产品特点使其社会责任实践对消费者产品感知价值产生特殊影响，对化工企业社会责任的顾客价值创造行为的形成过程和影响路径进行探究是研究如何提升化工企业价值的重要部分，能够进一步拓展企业社会责任领域的研究范围和研究思路。

本书通过分析化工企业社会责任实践对企业市场价值和顾客共创价值的影响，从多角度、多路径揭示社会责任实践与企业价值之间的关系，能够为企业制定战略决策、优化社会责任实践提供宝贵的参考，支持化工企业实现可持续发展。

3. 剖析国内外优秀化工企业社会责任实践的成功经验

在探索全球化工行业的社会责任时，一些一流化工企业所展现的社会责任实践成绩斐然。这些企业不仅在本土市场上取得了成功，还在国际舞台上也赢得了声誉。本书将分析国内外优秀化工企业社会责任实践的成功经验，深入挖掘这些企业的社会责任策略，以揭示他们如何将社会责任融入企业文化和运营之中。

4. 提出我国化工企业社会责任实践的对策建议

本书研究并探讨了化工企业社会责任的实践现状，通过实证研究揭示了这些实践的经济效果。通过案例分析，总结出成功的经验和存在的问题，为进一步的改进提供了宝贵的参考建议。本书将结合实证分析和案例分析的结果，提出我国化工企业社会责任实践的对策建议，以提升我国化工企业的社会责任实践水平。

二、结构安排

本书的章节结构安排如下：

第一章是绪论。介绍研究背景、研究意义、研究内容与结构安排、研究方法与技术路线。

第二章是相关概念与理论。梳理企业社会责任、企业价值及其相关理论，为后续研究奠定理论基础。

第三章是化工企业社会责任实践内容。分析化工企业社会责任实践的具体内容及其发展历程，揭示其独特性和发展趋势。

第四章是我国化工企业社会责任实践的发展和水平评价。构建化工企业社会责任实践评价体系，评估我国化工企业社会责任实践水平。

第五章是化工企业社会责任实践对企业市场价值的影响及作用机制。实证研究化工企业社会责任实践对企业市场价值的影响及其内在机制。

第六章是化工企业社会责任实践对顾客共创价值的影响及作用机制。实证研究化工企业社会责任实践对顾客共创价值的影响及其内在机制。

第七章是化工企业社会责任实践案例。对比剖析国内外典型化工企业案例，总结其社会责任实践活动的成功经验。

第八章是我国化工企业社会责任实践对策和建议。该章分为两个部分，分别基于实证研究结论和案例研究结论，提出我国化工企业社会责任实践的对策建议和管理启示。

本书通过系统的理论探讨、翔实的实证分析和多案例对比分析，揭示化工企业社会责任实践对企业价值的影响及路径，为推动我国化工企业社会责任实践可持续发展提供科学依据和实践指导。

第四节　研究方法与技术路线

一、研究方法

（一）文献综述法

在进行任何研究之前，广泛地阅读和理解现有文献是至关重要的一步。

通过对已有研究成果的系统回顾和分析，找出研究领域的核心问题、理论框架、研究方法和最新进展，为本书提供理论基础和研究方向。其中，文献收集是关键的步骤，需要确定收集的范围，包括国内外学术期刊、专著、会议论文和研究报告。本书以"企业社会责任""化工企业""企业价值"等关键词检索数据库，筛选出与本书研究相关的文献。在此基础上，对收集到的文献进行分类与整理，按照主题、研究方法和研究结论等进行归纳，系统地了解研究领域内的主要观点和发展脉络。然后，对整理后的文献进行深入分析，提炼出关键观点和结论，比较不同研究的理论框架和研究方法，关注研究领域中的前沿和最新进展。最后，根据文献分析的结果撰写综述报告，包含研究领域的整体概况、核心问题的讨论、主要研究成果的总结以及存在的不足之处，为本书研究奠定了理论基础，并明确研究方向和目标。

（二）问卷调查法

在通过规范性分析得出相应研究假设的基础上，对相关消费者进行广泛调研。为了确保变量测量的可靠性，本书参考了相关概念的权威量表来测量研究中涉及的每个变量。通过线上线下双渠道发放问卷，收集数据。在考虑实证研究整体目标的基础上，本书研究主要采用 Excel、SPSS、AMOS，对量表和推演假设进行分析和验证。第一，使用 Excel 对收集到的数据集进行数据录入、整理和初步的筛选。第二，使用 SPSS 进行变量的相关性分析，以及问卷量表的信度、效度分析，并使用 AMOS 对量表和问卷的效度和拟合度进行验证性因子分析。第三，使用 SPSS 中 PROCESS 宏程序、多元线性回归分析方法和 Boorstrap 方法对提出的假设进行检验。

（三）案例分析法

案例分析是通过对典型企业进行深入研究，揭示其在社会责任实践方面的具体措施和效果。选择具有代表性的化工企业作为研究对象，标准包括企业规模大、社会责任实践显著、具有较高行业影响力等。对所选企业的背景

进行详细介绍，包括企业的历史沿革、主营业务和市场地位等，了解企业的
基本情况和行业特点，为分析其社会责任实践提供基础。随后，对案例企业
的社会责任实践进行详细分析，包括环境责任、社会责任和经济责任等方面，
具体内容可以涵盖环保措施、员工福利、社区参与和财务透明度等，揭示企
业在社会责任方面的具体行动和创新做法。最后，评估企业社会责任实践对
企业价值的影响，通过财务数据、品牌评价、社会反馈等多方面分析企业在
社会责任实践中取得的成效和面临的挑战，总结成功经验和不足之处。

（四）实证研究法

量化研究通过数据分析的方法，对化工企业社会责任实践及其对企业价
值的影响进行系统和客观的研究，主要采用结构方程模型进行分析。首先，
基于文献综述和案例分析，提出研究假设。选择具有代表性的化工企业作为
研究样本，数据来源包括企业年报、社会责任报告、行业统计数据和问卷调
查等，确保数据的准确性和可靠性。定义研究中的各类变量，运用 SPSS、A-
MOS 数据统计软件进行数据分析，考察化工企业社会责任实践对企业价值的
影响机制。其次，采用结构方程模型对数据进行分析，SEM 可以同时处理多
个因果关系，适用于复杂的社会科学研究。模型包括测量模型和结构模型两
部分，测量模型通过验证性因子分析（CFA）检验变量的信效度，结构模型
通过路径分析（Path Analysis）检验假设的因果关系。最后，根据结构方程
模型的分析结果，讨论企业社会责任实践对企业价值的具体影响，总结主要
发现，比较与理论预期的一致性，分析研究中的局限性和未来研究方向，提
出改进建议。

二、技术路线

本书采用如图 1-1 所示的研究框架和技术路线逐步展开研究。

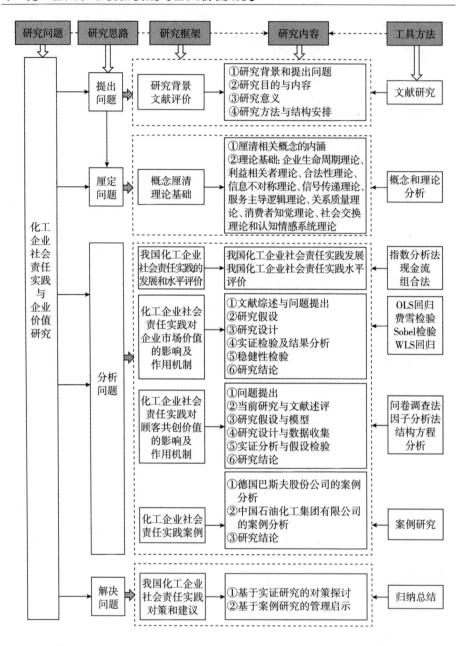

图1-1 本书的研究框架和技术路线

第二章　相关概念与理论

第一节　相关概念

一、企业社会责任实践的定义与发展

（一）企业社会责任和企业社会责任实践

英国学者欧利文·谢尔顿（Oliver Sheldon）在 1924 年的研究中首次提到了企业社会责任（Corporate Social Responsibility，CSR）。在此之后的若干年，文献中提出了 40 多种企业社会责任的定义（Dahlsrud，2008），但企业社会责任的概念具有广泛而复杂的特征，迄今也没有形成被普遍接受的定义。卡罗尔（Carroll，1999）认为企业社会责任是一种多维结构，并且不断发展。不同国家、文化背景和经济发展阶段对企业社会责任有不同的影响，即使在同一国家、同一文化背景下，企业社会责任的内容也不一致。

在学术领域，"企业社会责任"与"企业社会责任实践"是两个紧密相

连但又有所区别的概念。

"企业社会责任"是指企业在追求利润的同时,也要考虑对社会、环境和员工等各方面的责任,即企业不仅应履行对股东的经济责任,也要对更广泛利益相关者负责任。企业社会责任理念鼓励企业在经营活动中,要考虑到行为可能带来的社会和环境影响,并采取措施来减少负面影响,同时努力创造更多的社会价值。企业社会责任的范畴广泛,包括但不限于经济、法律、伦理、环境、员工、社区、供应链、消费者、文化以及国际层面的责任。

"企业社会责任实践"则是指企业将社会责任理念转化为具体行动的过程。企业社会责任实践包括企业在节能减排、慈善捐赠、社区服务、员工培训和供应链管理等方面的具体措施。通过这些具体的社会责任行为,企业对内优化生产经营,对外赢得利益相关者支持,创造更高的社会价值,最终带来企业价值的提升。

从概念上来说,企业社会责任更偏向于理念和价值观的层面,而企业社会责任实践则是这些理念在实际操作中的具体体现。简而言之,企业社会责任是企业应承担的责任和义务的总和,而企业社会责任实践则是这些责任在具体行动中的体现。通过企业社会责任实践,企业能够展示其对社会责任的承诺,并在实际操作中履行这些责任。

(二)企业社会责任的理论发展

企业社会责任的理论发展是一个复杂且多阶段的过程,反映了企业在社会中角色的不断演变。

最早的企业社会责任理论根植于伦理学,关注企业的道德责任,如企业从道德上应公平地对待员工并诚信经营。这一阶段的理论主要受到伦理学的影响,包括功利主义和义务论。功利主义强调企业行为应最大化社会福利,而义务论则关注企业履行的道德义务,如员工和社区的基本关怀。

随着时间的推移,特别是 20 世纪中期,企业社会责任理论开始形成更系统的框架。20世纪五六十年代，学者们开始关注企业在经济之外的社会角色。从这个时期开始，企业社会责任的关注点逐渐扩展，不再仅限于伦理责任，还包括企业对社会的整体贡献和影响。利益相关者理论随即被提了出来，认为企业不仅应对股东负责，还需对所有利益相关者负责，包括员工、客户、供应商、社区和环境等。

20世纪70年代，学术界对企业社会责任理论的大讨论进一步推动了企业社会责任的演变。学者如肯尼斯·阿罗（Kenneth Arrow）等关注市场失灵的问题，认为企业在一定程度上应对市场失灵进行补偿，但米尔顿·弗里德曼（Milton Friedman）等学者则主张企业唯一的社会责任是最大化利润。这些观点引发了学术界的广泛讨论，并激发了实务界对企业如何平衡经济与社会目标的深入研究。

进入20世纪八九十年代，企业社会责任理论进一步系统化和结构化。利益相关者理论的影响迅速扩大，促使企业在制定社会责任策略时考虑所有相关方的利益和期望，从而实现更全面的社会价值创造。这个阶段出现了多个重要的企业社会责任框架和标准，如联合国全球契约组织（UN Global Compact）和国际标准化组织（ISO）对环境和社会责任的标准等。社会各界关注企业如何在全球化背景下履行社会责任，强调企业的社会责任不仅是伦理层面的，还包括环境保护、社区发展和全球经济的可持续性。

21世纪的企业社会责任理论继续深化和扩展，特别是在战略层面。学者们开始探讨如何将企业社会责任与企业战略结合起来，提出了"战略社会责任"理论。在这个时期，最具代表性的观点是著名学者迈克尔·波特和马克·克莱默提出的"创造共享价值"（Creating Shared Value，CSV）理论，该理论认为企业通过创新和战略性的社会责任实践，既能提升社会福祉，还能创造经济价值，并强调企业的社会责任实践应与核心业务紧密结合，通过解决社会问题来推动企业的永续经营。

企业社会责任理论的发展经历了从伦理责任到战略管理的演变过程，反映了企业社会角色和社会责任的不断扩展。随着社会进步和全球化的推进，企业社会责任理论将继续演变，以帮助企业更好地理解和实践社会责任，促进企业与社会的和谐发展。

二、企业价值的构成

（一）企业价值的概念

"价值"一词在政治经济学中代表商品中凝结的人类劳动，而在经济学中则表现为通过价格反映的与其他商品进行交换的能力。企业价值，即企业所有资产可转换为货币的金额，包含了其当前的现实价值和潜在的成长价值。近年来，国内外学者从多元化的视角对企业价值进行了深入研究。

企业价值包括财务和非财务两个主要方面。财务价值具体体现在企业的盈利能力、现金流状况、资产结构以及对股东的回报上，这些指标是衡量企业经济效益的核心，直接反映了企业在市场中的竞争力和生存能力。企业的估值、市场份额和资本市场的表现也构成了其财务价值的重要部分，能够清晰地反映企业当前的市场表现和未来的增长潜力。然而，企业价值并不仅限于财务表现，非财务价值同样不可忽视。非财务价值主要体现在品牌声誉、客户忠诚度、员工满意度、创新能力以及企业在社会责任实践中的表现。这些因素虽然不直接体现在财务报表中，但它们通过增强企业的市场吸引力、提升客户与员工的忠诚度、推动创新、改善社会形象等途径，间接地对企业的长期竞争力和可持续发展产生深远影响。品牌声誉不仅影响消费者的购买决策，还能够提升企业在行业内的影响力，而员工的满意度和企业文化则直接影响企业的创新能力和内部凝聚力。企业的社会责任实践，通过积极回应社会和环境的需求，能够树立企业的良好公众形象，提升其在市场中的信任度和社会资本。这种多维度的价值体现，使企业不仅在当下的市场竞争中占据有利地位，还为其长期健康发展奠定了坚实基础。企业价值应被视为财务与非财务因素的综合体现，只有通过平衡和提升这两方面的表现，企业才能真正实现全面的、可持续的成长。

（二）企业市场价值与顾客共创价值

本书在研究化工企业社会责任实践对企业价值的影响时，从企业市场价值和顾客共创价值两个角度进行阐述，因为这两个维度能够全面反映企业的实际表现和市场竞争力，同时揭示社会责任实践的多层次效益。以下是对这两个角度的详细分析，解释了为何它们是研究化工企业价值的关键切入点。

首先，本书从企业市场价值的角度来分析社会责任实践的影响，是因为市场价值直接反映了企业的经济效益和运营健康程度，而这两个方面是评估企业成功与否的核心指标。企业的市场表现，包括收入、成本、利润和现金流等，构成了企业经济健康的基础。虽然社会责任实践在初期可能带来额外的投入，如建设环保设施、员工培训以及社会公益活动的支出，但这些投入往往在长期内能够产生显著的财务回报。

通过实施有效的环境保护措施，企业不仅能减少环境污染造成的罚款和法律费用，还能避免由于环境问题引发的停产整顿和生产延误，能够直接降低企业的整体运营成本。环境保护设施的投入虽然在短期内增加了企业的资本支出，但带来的长期效益包括减少环保罚款、降低治污成本以及提高资源使用效率，能够有效改善企业的财务状况。企业通过优化生产工艺和技术升级，能够显著降低原材料消耗和生产成本。引入先进的废物回收系统和资源循环利用技术，能够减少生产过程中产生的废料，从而降低对原材料的需求，提升企业的经济效益。

通过对企业市场价值的深入分析，可以量化社会责任实践对企业收入增长、成本控制和盈利能力的具体影响，帮助企业识别出哪些社会责任实践具有较高的财务回报，优化相关策略，实现更好的经济效益。企业可以利用这些数据来制定更加有效的社会责任战略，平衡社会责任投入与财务回报之间的关系，从而在实现可持续发展的同时，提升整体经济效益。

其次，本书还将从顾客共创价值的角度分析企业社会责任实践的影响，这是因为消费者对企业的社会责任实践表现日益关注，社会责任实践对消费者的购买决策和品牌忠诚度有着直接而深远的影响。在现代经济中，消费者不仅关注产品的质量和价格，还越来越重视企业的社会责任和道德表现。化工企业在履行社会责任方面的积极表现，采取环保措施、支持社区发展和提升员工福利，能够显著改善品牌形象和市场认知度，这些因素共同作用，直接影响消费者的购买意愿和品牌偏好。

在环保问题日益受到关注的今天，消费者对企业的环保行为有着越来越高的期望。企业通过采用环保材料、改进生产工艺和减少废物排放，能够降低对环境的负面影响，还能够向消费者展示其对环境保护的承诺，在消费者心中树立起企业的良好形象，吸引那些注重环保的消费者。企业对社区发展的支持和员工福利的提升也对消费者的品牌感知有着重要影响。企业通过参与社区发展项目、支持教育和医疗事业，能够展示其对社会的贡献，既能改善企业的公众形象，还能增强消费者对品牌的认同感。企业的员工福利政策，如提供良好的工作环境和公平的薪酬待遇，能够显示出企业对员工的关怀，内部管理上的良好表现也会影响到外部消费者对品牌的看法。消费者通常更愿意支持那些展现出良好企业道德和社会责任的品牌，消费者的支持不仅体现为购买决策的改变，也表现为品牌忠诚度的提高。

通过分析顾客共创价值，了解消费者对企业社会责任表现的感知，可以更加精准地调整企业的社会责任战略，有助于提升品牌形象和市场竞争力，还能够实现更高的消费者满意度和忠诚度，从而在激烈的市场竞争中获得优势，有效优化社会责任实践，实现可持续发展和商业成功的双重目标。

综合来看，从企业市场价值和顾客共创价值这两个角度进行阐述，可以全面评估化工企业社会责任实践的效果。市场价值分析揭示了社会责任实践对企业经济效益的实际贡献，而顾客共创价值分析则关注社会责任实践对品牌形象和市场竞争力的影响。两个角度的结合，不仅能够揭示社会责任实践的直接经济效益，还能反映其在市场竞争中的战略价值，帮助企业优化社会责任实践，实现长期可持续发展。

第二节　相关理论

成熟的理论往往包含大量的经验和智慧，通过总结和归纳大量的实证研究结果，形成了系统化的知识体系，能够为我们提供可靠的参考依据，梳理相关理论有助于规范研究过程，还能帮助和校正研究方向和方法。本书涉及的相关理论分析如下。

一、利益相关者理论

利益相关者理论出现于 20 世纪 60 年代，并由管理学者罗伯特·爱德华·弗里曼（R. Edward Freeman）在其 1984 年的著作《战略管理：利益相关者方法》（*Strategic Management：A Stakeholder Approach*）中完善。这一理论认为，企业在追求经济利益的过程中，不仅要对股东负责，还应对所有受其经营活动影响的群体和个人负责，这些群体统称为"利益相关者"。利益相关者的范围广泛，涵盖股东、员工、客户、供应商、社区、政府和环境等多个方面。利益相关者理论的核心是企业在做出决策和制定战略时，需要综合考虑并平衡这些利益相关者的不同需求和期望，以实现全面的可持续发展。利益相关者理论为企业提供了一种全面的管理框架，促使企业在追求经济利益的同时，也承担社会责任，通过平衡不同利益相关者的需求，推动企业的持续发展和社会进步。

二、合法性理论

合法性理论主要探讨企业如何通过符合社会规范、期望、价值和信念来维护其存在和运营的合理性（Suchman，1995）。这一理论建立在几个核心假设之上：①企业活动需遵循社会契约的要求；②若企业偏离道德标准或行为准则，社会有权对其运营进行干预或终止；③为应对这些潜在威胁，企业必须使其活动符合社会期望，以证明其以负责任的方式经营，从而保持其持续运营。合法性理论为企业社会责任实践提供了理论基础，因为企业可以通过自愿披露社会责任相关的信息来获得社会认可。根据坎贝尔的研究，企业通过披露与环境或社会问题相关的非财务信息，来展示其活动符合社会标准，从而管理其合法性。Van Staden 和 Hooks（2007）指出，企业可以采取主动或被动的方式来实现合法性，如通过社会责任实践或与利益相关者的互动，来应对负面事件或合法性挑战。Amran 和 Susela（2008）的研究发现，高环境敏感度的企业往往披露更多的社会责任信息，以此作为获得合法性的手段。企业社会责任实践通过减少信息不对称，成为企业在各利益相关者之间建立合法性的有效工具。

三、企业生命周期理论

企业生命周期观点的提出是在 1959 年，学者马森·海尔瑞（Mason Haire）在其著作《现代组织理论》中指出企业的成长和生物学中的成长曲线类似，存在明显的周期现象。企业生命周期形成系统的管理理论则以美国管理学家伊查克·爱迪思（Ichak Adizes）于 1989 年的论著《企业生命周期》为标志，从此学者们针对企业生命周期的发展阶段及特点进行了广泛的研究。

综合企业生命周期理论的研究可以发现，学者们的思路主要围绕着企业生命周期的划分阶段、划分方法、各阶段的特点以及对企业的影响几个方面。国外学者对企业生命周期理论的研究认为，企业的经营、投资和融资活动，资源禀赋、组织能力、风险偏好和战略在不同的发展阶段会有显著变化（Helfat and Peteraf，2003）。

企业生命周期理论的基本思想是认为企业和有机生命体一样会经历从产生到成长、成熟直至消亡的过程，但与有机生物的发展不同，企业生命周期具有特殊的发展特点：一是可逆转性，如一个处于成熟期阶段的企业，可能通过管理创新、组织变革等转化为具有高成长性的企业，即从成熟期逆转到成长期；处于衰退期阶段的企业，可能通过技术创新、产品改造等行为避免消亡而重复早期的生命周期阶段。二是可跳跃性，如初创期的企业由于管理问题、产品问题、环境问题等可能不会经过成长期和成熟期而直接进入消亡期。三是每个周期阶段时长的不确定性，如成熟期的企业可能由于技术问题、市场问题等在成熟期驻留相当长的时间才进入下一生命周期阶段，当然也有可能由于经济周期等内部或外部条件的变化经历极短的时间就进入消亡期。

理解企业生命周期理论能够帮助管理者识别企业当前所处的阶段，还能提供指导，使其能够在不同阶段采取有效策略，适应市场变化和内部管理需求。化工企业的社会责任实践在不同生命周期也呈现出不同的特点，在导入期往往责任履行比较基础，主要集中在遵守法律法规方面；进入成长期和成熟期之后，企业社会责任实践方面的投入会随着企业成长显著提高，变得更加系统和全面；到了衰退期，企业可能会探索新的社会责任实践路径。本书将运用企业生命周期理论，探讨我国化工企业在不同生命周期阶段的社会责任实践对企业价值的影响及其作用机制。

四、信息不对称理论和信号传递理论

信息不对称理论在经济学中具有重要地位，由乔治·阿克尔洛夫（George Akerlof）、约瑟夫·斯蒂格利茨（Joseph Stiglitz）和迈克尔·斯彭斯（Michael Spence）等经济学家提出。该理论探讨了由于市场参与者掌握的信息不对等而导致的各种经济现象。

在许多市场中，买卖双方并不能获取相同的信息。通常情况下，卖方对产品的真实质量了解得更多，这带来了两个主要问题：逆向选择和道德风险。逆向选择通常在交易之前出现，因为信息不对称导致市场上劣质产品的增多。道德风险则发生在交易之后，指的是由于信息不对称，一方行为难以监控，可能导致不诚实的行为。为了解决这些问题，市场和机构通常采用各种机制，常见的方法就是信号传递。

信号传递理论是由迈克尔·斯彭斯（Michael Spence）在1973年提出的经济学和管理学概念，这一理论的核心思想是，在信息不对称的情况下，信息较多的一方通过某种可以被验证的方式向信息较少的一方传递关于其产品或自身质量的信息，从而降低信息不对称带来的不确定性和风险。理解信号传递理论既能帮助企业和个人更好地传递自身价值，也能帮助政策制定者设计机制，提高市场透明度和经济整体运行效率。政府和行业组织也通过监管和标准化来降低信息不对称，通过制定标准和要求信息披露，提高市场透明度。

企业通过披露社会责任实践信息，能够增加委托人和代理人之间信息的可用性，投资者从中获得的信息可以降低财务报告中缺乏社会和环境信息的不对称问题，从而减少委托代理关系产生的信息不对称，提高效率。在企业社会责任实践对企业价值的作用中，无论是基于资本市场的路径还是基于产品市场的路径，都是通过社会责任实践对利益相关者产生影响而作用于企业

价值，前提是利益相关者已经接收到了企业的社会责任信息。但企业披露的社会责任信息不一定会被利益相关者接收到，其中的作用机制对于打开企业社会责任实践影响企业价值的"黑箱"至关重要，本书运用信息不对称理论和信号传递理论，对其进行研究。

五、服务主导逻辑理论

服务主导逻辑理论最早由 Vargo 和 Lusch（2004）提出，他们认为企业、顾客以及其他利益相关者，在相互交互和资源融合过程中共同创造价值。由此可知，企业并不是价值的直接创造者，价值是由企业与顾客及其他利益相关者之间的互动而产生。因此，根据服务主导的逻辑，企业价值不仅来源于企业行为本身，更与顾客行为息息相关。企业的生产和服务应以客户为中心，即企业应注重价值的共同创造和顾客的作用。正如 Nambisan（2002）在研究中指出，顾客参与为企业提供了新的价值来源，并提高了企业资源的使用效率。郑凯和王新新（2015）认为顾客通过分享信息、整合和创造情感互动来创造企业价值。钟振东等（2014）提出企业价值创造行为是阶段性的，企业作为主体要率先通过生产经营活动创造价值，为消费者提供一定利益，实现与消费者的互动，这时企业与消费者进行价值共创，然后消费者才有可能作为价值创造主体，到达消费者独自创造阶段。

可以看出，顾客市场关系网络中的不同个体通过知识、技能和资源的交换和融合，从而改变企业现有资本并实现企业增值的目标。由此，企业不再将顾客仅简单视为营销对象，而是将其视为有助于企业运营、发展和价值提升的重要角色。

六、关系质量理论

20 世纪末，关系营销理念的发展促使企业由抢占市场占有率转变为与顾客建立长期稳定的关系。在此背景下，由传统交易营销过渡为关系营销而引发的变化，学界总结为以下三个方面：一是关注对象，关系营销在交易中更加注重达成交易的对象而非交易本身；二是着力点，关系营销较少强调"为顾客服务"，而是注重客户关系的保持，高度重视与顾客的承诺与联系；三是产品质量与感知，在传统交易营销模式下，企业重点关注生产部门对产品客观质量的提升，而在关系营销下，所有部门都注重提升产品的客观和主观质量。随后研究者们在总结两者间变化的同时，提出了关系质量的概念，并认为关系质量是衡量关系营销的关键指标。

关于关系质量理论性的研究最早开始于 1970 年，由 Duncan 和 Moriarty 提出，该理论认为企业以关系为导向并充分利用现有资源保持顾客承诺，能够达到长期合作关系从而实现各自目标。在此过程中，企业能够通过与顾客建立良好的互惠合作关系而实现企业的增值。当前，大部分的研究将关系质量应用于企业与顾客的价值共创，如张培等（2015）研究发现，实施强化的关系治理机制将有助于提高双方关系的效率，使顾客能够关注虚拟品牌社区的共同利益和长期合作。当顾企关系持续发展时，会产生一种关系价值。高质量的关系价值意味着顾客充分信任企业，并愿意与企业建立互惠合作关系，进而表现出亲企业的创造性行为。在现有关于构建顾企关系质量的文献中，学者大多将应用场景集中在虚拟社区方面，而基于关系营销理念的企业社会责任研究相对较少。

七、消费者知觉理论

消费者知觉理论主要研究消费者如何接收、处理和解释产品信息，并在此基础上做出购买决策。企业信息作为外部刺激进入消费者大脑时，消费者在进行加工处理后，产生对企业的知觉，从而影响消费者对产品质量的认知。消费者在进行产品购买时，对于先验产品，产品本身的内在质量或客观质量构成了评价和选择的基础。对于后验产品，消费者在购买时无法判断产品的质量，可能更多地依据产品之外的一些其他线索对产品质量做出推断。哪些因素会成为消费者对产品质量感知的线索一直是学界和业界的研究热点，但从企业社会责任的角度对企业社会责任实践是否可以充当消费者产品质量感知的替代指示器的研究非常少。

当消费者无法全面了解产品的所有信息时，往往会依赖于一些可观察的信号或行为来判断产品的质量和价值。此时，企业的社会责任表现就可能成为消费者评估产品质量的一种重要依据。消费者将企业社会责任实践作为判断产品质量的替代指示器之间的逻辑关系，主要是基于消费者对企业社会责任的理解和期望，他们认为一家负责任的企业更可能生产出质量可靠的产品。

选择性接触理论认为消费者在面对海量的产品信息时，有限的心智和精力往往使他们只会选择部分信息进行关注和接触。被关注和接触的信息通常与他们的需求或兴趣有关，而其他无关的信息则会被消费者选择性地视而不见。选择性理解理论认为消费者对接收到的信息会进行选择性的理解，即根据自身的经验和知识，对产品的性能、特点、价格等信息进行理解和解读，这会导致消费者理解的信息不一定真实反映产品风貌。

根据选择性接触理论，消费者或公众可能更倾向于关注和接触与企业社会责任理念一致的信息。如果一家公司积极展示其社会责任行为，比如环保行动、关爱员工和社区等，那么这部分信息就更可能被潜在的消费者或利益相关者接触到，从而改变消费者对企业产品的认知。如果一家公司的社会责任表现不佳，消费者可能会选择避免与之相关的信息，甚至对其产生负面看法。根据选择性理解理论，消费者或公众可能倾向于以符合他们自身信念和态度的方式去理解企业的社会责任行为。消费者自身认为化工企业履行社会责任的必要性越高，企业社会责任实践对这部分消费者理解产品产生的影响越大。

消费者在做出购买决策时，可能会依据对企业社会责任实践的感知形成对企业产品质量的认知，但企业社会责任实践是否能够通过改善消费者对产品质量的感知，充当产品差异化战略来影响企业价值仍有待研究。

八、社会交换理论

美国社会学家 Homans（1958）将个体行为作为研究对象，从心理学和经济学的角度解释个体行为，认为个体行为是源自物质和精神利益的理性行为，这被认为是社会交换理论的雏形。社会交换理论自提出以来一直在不断发展，但学界基本上达成以下观点：交换过程必须符合互惠和公平的原则，交换双方不仅关心经济利益，而且重视彼此之间的持久关系。

社会交换理论在营销领域的应用不断完善，在解释个体回馈性行为方面做出了巨大贡献。在企业社会责任价值创造的背景下，社会责任能够帮助消费者在价值实现过程中获得参与感与自我成就感，符合顾客对参与价值创造行为结果的预期和评判。基于互惠原则，消费者会自愿实施对企业价值创造、价值传递和经营绩效具有正向促进作用的亲企业行为。

九、认知情感系统理论

认知情感系统理论认为，人们通过认知系统和情感系统进行决策，认知系统理性化处理信息，情感系统以直观和可感知的方式处理相关信息，从而更直接地作用于决策行为。大量研究已经证实了认知系统和情感系统在决策过程中能够发挥中介作用，并证明了两种模式能够促使个体产生不同的态度、评价和决定。在组织内部，认知情感系统理论同样有效，员工的组织认同和情感耗竭分别作为认知反应和情感反应对员工的工作幸福感产生影响。曹萍和薛思怡（2023）探索在双元领导风格下，内部网络连带强度与反馈寻求行为分别作为情感和认知反应对员工积极偏离创新行为产生的影响。在用户使用意愿的研究中，陈昊等（2016）通过研究隐私关注和情感系统响应对移动社交媒体服务的影响，发现不同的外部刺激在个体决策过程中会触发认知-情感系统的不同反应，从而采取不同的决策模式。张敏等（2017）从个体的认知和情感两个方面的反应探究对引文意愿的影响，结果表明，研究人员对文献的不同的感知触发不同的反应，认知和情感反应都能够促进引文意愿。Kanske（2018）提出人们在社交时由认知和情感两者共同作用，产生对他人的评价。根据以上文献的梳理，可以得出基于顾企互动的复杂决策行为离不开认知单元与情感单元的共同激活与合作的结论。因此，对于认知情感系统的理论研究有助于厘清企业社会责任与亲企业互动行为的动态关系，为深度挖掘企业社会责任与企业价值间的作用机理提供理论基础。

本章小结

本章探讨了企业社会责任实践的相关概念与理论基础，揭示了企业社会责任实践在现代企业经营管理中的重要性和复杂性。在相关概念部分，通过对企业社会责任实践的基本概念和理论发展的梳理，明确了其定义和历史演变，分析了企业价值的构成，区分了企业市场价值与顾客共创价值，强调了企业在追求经济利益的同时，还应重视消费者和社会的认可与支持，最后探讨了企业社会责任实践与企业价值之间的关系。在相关理论部分，介绍了多种理论视角，包括利益相关者理论、合法性理论、企业生命周期理论、信息不对称理论、信号传递理论、服务主导逻辑理论、关系质量理论、消费者知觉理论、社会交换理论和认知情感系统理论。这些理论为理解化工企业社会责任实践提供了多维度的分析框架，帮助解释化工企业为何以及如何履行社会责任，为后续研究奠定了坚实的理论基础。

第三章　化工企业社会责任实践内容

第一节　化工企业社会责任实践的起源和发展

目前大多数文献未探讨过化工企业社会责任的来源以及发展历程，研究中涉及的化工企业社会责任概念也是从企业社会责任的概念延伸而来，基本默认是随着社会责任的发展而发展的。有一部分文献关注到了化工企业的责任关怀，认为责任关怀是企业社会责任在化工企业的另一种提法，是企业社会责任在化工企业推行的初级阶段。从内容方面来讲，从企业社会责任发展而来的化工企业社会责任和从化工企业责任关怀发展而来的化工企业社会责任的内涵是相似的。责任关怀主要致力于健康、安全和环境三个方面的改善，专注于全球石油和化工企业内部生产与管理所涉及的问题的解决。企业社会责任则是一个更广泛的概念，它涵盖了企业在经济、社会和环境等多个方面所应承担的责任。企业社会责任要求企业在追求经济利润的同时，自觉承担对社会、环境和利益相关者的责任，不仅包括对股东和员工的经济和法律责任，还包括对消费者、社区和环境的责任。

从发展历程来讲，责任关怀的提法更加准确，更能体现出化工企业社会责任发展的变化。20世纪七八十年代，西方工业化国家重大化工事件频频发生，如英国Flixborough镇己内酰胺装置爆炸事件导致28人死亡、意大利塞维索（Seveso）大量二噁英释放事件。这些事故的发生给化工企业的形象造成了极坏的影响，并引发全球公民对化工行业的极度不满和强烈抵制，一谈起化工厂，人们就心惊胆战，达到谈"化"色变的程度，出现了化工厂招工难，没有人愿意到化工厂去工作的现象。这种状态引起了各国化工企业的高度重视。如何使化工企业在社会公众中改变形象，成为当时化工行业亟须解决的问题。

在这种形势下，为对化工企业进行管理与规范，1985年加拿大化学品制造商协会（CCPA）率先提出"责任关怀"理念，倡导全行业联合起来共同行动，从自身做起，不断改善健康、安全和环境质量，回应外界诉求，重建化学工业良好形象。由于责任关怀的实施获得了良好效果，这一理念迅速传播到许多国家和地区，1988年被美国化学品制造商协会（CMA）采纳并加以发展，致力于公众关注的化学品的生产、运输和使用问题。1992年，国际化工协会联合会（ICCA）采纳了这一理念并在全球化工行业推广。

2006年，ICCA首次发布《责任关怀全球宪章》，并于2014年进行了修订，概述了全球化工行业对化学品在其整个企业生命周期进行安全管理的统一承诺，同时发挥其在改善人们生活质量和促进可持续发展方面的作用。此后各国化工协会对各自的责任关怀实践标准进行了规范，CMA提出：责任关怀是为了解决化工企业安全生产问题而来，是针对化工企业的一套管理体系，其中包含环境污染预防、雇员健康与安全、化学事故防备宣传与应急救援、生产工艺安全、产品安全监管和销售运输六项实践准则。《责任关怀全球宪章》的签署方承诺将全球宪章的六大要素贯穿于整个企业管理、员工培训、技术应用和商业实践，以支持责任关怀在世界各地的发展。

2010年9月，ICCA与联合国环境规划署（UNEP）签署了谅解备忘录，并开展合作，通过制定和实施有效的化学品管理制度，以推动实现《国际化学品管理战略方针》（SAICM）的目标，即到2020年，应把化学品的使用和生产方式对人类健康和环境产生的重大不利影响降低到最低限度。ICCA和UNEP通过持续合作，共同努力促进全球可持续发展和责任关怀。国际上，关于责任关怀方面的标准还有美国化学理事会（ACC）正在实施的RC14001体系认证标准。目前，全球近68个经济体的国家化学品协会在各自的国家推动责任关怀的实施。

20世纪80年代，我国实施了一系列改革开放政策，促进了国家经济的快速发展，对化工产品的需求也急剧增长。经济的高速发展要求化工企业不断扩大生产规模，提高产品产量，以满足自身发展和市场的需求。在这个时期我国化工企业主要追求产量和规模的扩张，关注经济效益的获取，对社会责任的认识相对模糊。此时，我国化工企业并未完全采纳责任关怀，但为了避免与减少化工事故，国家与企业在环境保护、职业安全、健康卫生的绩效方面做了大量工作。化工企业为了满足法律法规的要求，实施了一些改善员工工作环境、关注社会安全、降低环境污染的措施，这是我国化工企业社会责任实践的初期表现。

2002年由国际化学品制造商协会（AICM）与中国石油和化学工业联合会签署推广"责任关怀"合作意向书，致力于在中国推动"责任关怀"，先后以共享全球最佳实践经验和化工产品安全监管等主题在北京与上海召开全行业"责任关怀"推广大会，拉开了责任关怀在我国实施推进的序幕，"责任关怀"这一理念逐渐被国内化工企业所接受。

2011年，我国根据2006年版《责任关怀全球宪章》的要求制定了化工行业标准《责任关怀实施准则》（HG/T 4184—2011），为企业主动承诺并积极践行责任关怀观念提供实施依据。为适应《责任关怀全球宪章》2014 年的修订，我国又于 2023 年 12 月 20 日发布了《责任关怀实施准则》（HG/T 4184—2023）（参见附录），并于 2024 年 7 月 1 日正式实施，指导相关单位在企业健康、安全和环境（HSE）管理和技术水平上不断提升。

进入 21 世纪后，随着可持续发展理念的普及和国际社会对环境问题的关注，化工企业在践行责任关怀的过程中不断寻求发展，打破局限。在实践内容上越来越追求共同的可持续发展的目标，逐渐靠近更具有普遍性的企业社会责任。在欧盟委员会（EC）的会议上，责任关怀（RC）被认为是产业迈向企业社会责任（CSR）的成功典范。这一阶段，企业不仅关注环境保护，还注重安全生产、员工福利等方面。一些跨国公司开始实施社会责任方面的工厂审核，要求供应商和合作伙伴也遵守相关标准。政府开始推动企业履行社会责任，加大监管和处罚力度。化工企业对责任关怀的履行逐渐转变为涵盖范围更广的企业社会责任。

第二节　化工企业社会责任实践的具体内容

化工企业的社会责任实践在许多方面与其他行业有所不同，在环境影响与可持续发展、健康与安全管理、社区关系、法规遵从以及技术创新与研发投入等方面具有显著的区别和特色。这些独特的挑战和实践要求化工企业在社会责任方面投入大量资源和精力，还需要其不断提升管理水平和技术创新能力，以应对日益严格的监管要求和社会期望。

一、环境保护

（一）排放控制与废物处理

化工企业在生产过程中会产生大量的废水、废气和固体废弃物，这些废物的处理和排放控制是其环境责任重要的一环，也是化工企业与其他企业在社会责任实践上最大的不同。

1. 废水处理

化工生产常伴随大量的废水排放，这些废水中可能含有有毒有害物质，如重金属、酸碱、挥发性有机物等。化工企业需要采用先进的废水处理技术，如物理化学法、生物处理法等，实现废水达标排放。企业还应推行废水的回收利用，减少新鲜水资源的消耗。

2. 废气控制

化工企业的废气排放是大气污染的重要来源之一，特别是 VOCs（挥发性有机化合物）和 SO_x、NO_x 等酸性气体的排放。企业应安装高效的废气处理设备，如吸附塔、催化燃烧装置等，并通过改进工艺流程，降低废气的产生量和排放浓度。

3. 固体废弃物管理

化工生产产生的固体废弃物多为危险废物，如废催化剂、废溶剂等。企业需严格按照国家和地方的环保法规，实施科学的固体废弃物管理，确保其安全处置或资源化利用，防止环境污染。

（二）资源和能源利用效率

化工生产通常是高能耗和高资源消耗的"双高"生产，提高资源和能源利用效率是其重要的社会责任之一。

1. 资源效率

通过工艺改进、流程优化和新材料的应用，化工企业可以显著提高资源利用效率，减少原材料的消耗和废弃物的产生。实施绿色化学合成，使用可再生原料替代石化原料是提高资源利用效率的有效方法。

2. 能源管理

化工企业应大力推广节能技术，采用节能设备和工艺，如热能回收系统、高效换热器等降低能源消耗，还应积极利用可再生能源，如太阳能、风能和生物质能等，减少对传统化石能源的依赖。

（三）环境管理体系

化工企业需要建立系统的环境管理体系，通过 ISO 14001 等国际标准的认证，规范环境管理行为，持续改进环境绩效。

1. 环境监测

实施全面的环境监测，实时监控废水、废气和固体废弃物的排放情况，及时发现和解决环境问题，实行达标排放。

2. 环境绩效评估

定期进行环境绩效评估，识别环境管理中的薄弱环节，制定改进措施，推动企业环境管理水平的不断提升。

二、安全管理

（一）风险评估与防控

化工企业的生产过程伴随着多种潜在的安全风险，如火灾、爆炸和有毒有害物质泄漏等，科学的风险评估与防控措施是化工企业安全管理的核心。

1. 危险源识别与评估

通过系统的危险源识别与风险评估，了解和掌握生产过程中的主要安全风险，制定相应的防控措施，降低事故发生的可能性和影响程度。

2. 安全设施与设备

安装和维护必要的安全设施和设备，如防火墙、泄压装置、紧急切断阀等，保护生产过程的安全可控，还要定期进行设备的检查和维护，防止设备老化和故障引发的安全事故。

（二）应急响应与救援

化工企业必须建立健全的应急响应机制，在突发事故发生时能够迅速有效地进行应急处置和救援，最大限度地减少人员伤亡和财产损失。

1. 应急预案

制定详细的应急预案，涵盖火灾、爆炸、泄漏等各种突发事件，明确应急组织机构、人员职责和应急措施，确保预案的可操作性和实效性。

2. 应急演练

定期组织应急演练，模拟各种突发事件的应对过程，检验和完善应急预案，提高员工的应急响应能力和实战水平。

（三）安全文化建设

安全文化是化工企业安全管理的重要组成部分，通过营造良好的安全文化氛围，可以增强全员的安全意识和行为自觉性，形成人人关注安全、人人参与安全管理的良好局面。

1. 安全培训

加强员工的安全培训，提升其安全意识和操作技能，特别是针对新员工和特殊岗位员工，制定针对性的培训计划，使其掌握必要的安全知识和应对技能。

2. 安全激励

建立安全激励机制，表彰和奖励在安全工作中表现突出的员工和团队，激发员工参与安全管理的积极性和主动性。

三、产品责任

（一）产品安全性

化工产品的安全性直接关系到用户的健康和安全，因此，化工企业在产品责任方面需要特别关注产品的安全性。

1. 安全设计

在产品设计阶段，充分考虑产品的安全性，通过合理的设计，降低产品使用过程中的安全风险。

2. 质量控制

实施严格的质量控制，确保产品在生产、储存、运输和使用过程中的安全性和稳定性。建立完善的质量管理体系，确保产品质量符合国家和国际标准。

（二）环保型产品开发

开发和推广环保型产品是化工企业履行产品责任的重要方面，通过提供环保型产品，可以减少产品在使用过程中的环境影响，满足市场和消费者对环保产品的需求。

1. 绿色化学品

研发和生产无毒、无害或低毒、低害的绿色化学品，替代传统的有害化学品，减少对环境和健康的危害。

2. 可降解材料

开发和应用可降解材料，降低化工产品的环境污染，实现产品的可持续发展。

（三）信息披露与标签

化工企业应及时、准确地向消费者和社会披露产品信息。

1. 产品标签

在产品包装上标明详细的产品信息和安全使用说明，如成分、用途、使用方法、注意事项和应急处理措施等，帮助用户正确使用产品，降低使用风险。

2. 信息公开

通过企业网站、社会责任报告等途径，公开产品安全和环保信息，接受社会监督，增强企业的透明度和公信力。

四、员工健康和福利

（一）职业健康安全

化工企业员工面临较高的职业健康安全风险，企业有责任为员工提供安全、健康的工作环境，保障其职业健康和安全。

1. 职业病防治

化工企业应加强职业病防治，定期对员工进行职业健康检查，及时发现和治疗职业病。提供必要的劳动保护装备，如防护服、口罩和手套等，降低职业病的发生率。

2. 工作环境改善

改善工作环境，降低有害物质的浓度和噪声水平，提供良好的通风和照明条件，使员工的工作环境符合职业健康安全标准。

（二）员工福利保障

为员工提供完善的福利保障，让员工能够安心地专注于工作，提高员工的生活质量和工作的积极性。

1. 薪酬福利

制定合理的薪酬福利政策，实行弹性工资或鼓励性工资，使员工的收入水平能跟上经济发展速度，提供医疗保险、失业保险、工伤保险、生育保险和养老保险等社会保障。

2. 带薪休假

提供带薪休假或其他灵活的休假方式，使员工在身体上能够得到充分的休息，在休假时精神彻底放松，关注好员工的身心健康。

（三）员工培训与发展

化工企业应重视员工的培训和职业发展，在信息爆炸、技术改革日新月异的今天，为员工提供多样化的培训机会和职业晋升渠道，提升其专业技能和综合素质，增强员工的职业稳定性，增强员工对工作的满意度，减少员工的职业顾虑。

1. 专业技能培训

根据不同岗位的需求，制定有针对性的专业技能培训计划，提升员工的操作技能和技术水平，针对生产一线员工进行工艺流程培训、设备操作培训等。

2. 职业发展规划

帮助员工制定职业发展规划，提供明确的职业晋升通道和多样化的发展路径，激励员工不断学习和进步，提升其职业素养和工作能力。

3. 管理培训

为中高层管理人员提供管理培训，提升其领导力、管理能力和战略思维，提高企业的管理水平和竞争力。

五、社区关系与社会贡献

（一）社区参与与支持

化工企业应积极参与社区事务，支持社区发展，通过多种方式与社区建立良好的互动关系，增强企业的社会形象和公众信任。

1. 社区项目支持

资助和参与社区的基础设施建设、教育、卫生等项目，提升社区的生活质量。企业可以资助学校的建设和教育设施的改善，为社区提供医疗服务和健康咨询。

2. 志愿服务

鼓励和组织员工参与社区志愿服务活动，如环保宣传、社区清洁、帮扶救济等，为社区发展贡献力量，增进企业与社区的情感联系。

（二）透明度与信息披露

化工企业应高度重视透明度和信息披露，通过及时、准确的信息发布和沟通，增强企业的透明度和公信力，赢得社会的信任和支持。

1. 社会责任报告

定期发布企业社会责任报告，全面展示企业在环境保护、安全生产、员工权益和社区关系等方面的实践和绩效，接受社会的监督和评价。

2. 信息公开

通过企业网站、公告栏等多种渠道公开企业的环保、安全等信息，及时回应公众和利益相关方的关切，增强企业的透明度和社会责任感。

（三）公益慈善活动

化工企业应积极参与公益慈善活动，履行社会责任，回馈社会。捐资助学、资助困难家庭、支持灾区重建等，帮助改善社会弱势群体的生活条件，促进社会和谐发展。

六、经济责任与可持续发展

（一）经济贡献

化工企业作为重要的经济实体，在履行社会责任的同时，也需要通过创新和产业升级，为社会创造经济价值，促进经济发展。

1. 技术创新

加大研发投入，开展技术创新和产品创新，开发高附加值、低环境影响的产品，提升企业的市场竞争力和经济效益。推动行业技术进步，带动相关产业的发展。

2. 产业升级

通过产业升级，提升生产效率和产品质量，降低资源和能源消耗，实现可持续发展。采用先进的生产工艺和管理模式，提升企业的核心竞争力和可持续发展能力。

（二）可持续发展

化工企业应将可持续发展理念融入企业战略和运营中，追求经济效益、社会效益和环境效益的平衡，实现企业的长期可持续发展。

1. 绿色制造

推动绿色制造，通过清洁生产技术和循环经济模式，减少生产过程中的资源消耗和环境污染，提升企业的环保绩效和社会形象。

2. 社会责任管理

建立和完善社会责任管理体系，将社会责任纳入企业管理和运营的各个环节，持续改进社会责任实践，提升企业的社会责任绩效。

总之，化工企业在履行社会责任时具有其特有的内容和实践方式。由于其生产特点和行业属性，化工企业在环境保护、安全管理、产品责任、员工健康和福利以及社区关系等方面承担着特殊的责任。通过严格的污染控制、科学的风险管理、创新的产品开发、全面的员工关怀和积极的社区参与，化工企业不仅可以提升自身的竞争力和可持续发展能力，还能为社会的可持续发展做出积极贡献。

第三节　发达国家化工企业社会责任实践历程及驱动因素

一、发达国家化学工业发展

在发达国家，化学工业是推动经济增长、技术创新和各行业可持续发展的关键部门。

化学工业在欧洲和美国的根源可以追溯到 19 世纪的工业革命，工业化的快速发展刺激了对染料、化肥和药品等化学物质的需求，带来了化工行业的飞速发展。20 世纪初，合成化学工艺的发现和合成工艺的工业化应用改变了化工行业的生产能力，带来合成材料、塑料和药品等产品生产的增长。20 世纪中期，在石化产品、聚合物科学和特种化学品工艺提升的推动下，化学制造业迅速扩张，带来化工产品大规模生产和全球市场扩张的重大转变，使巴斯夫、陶氏化学、杜邦和拜耳等化工制造大企业凭借巨额的市场增长成为全球制造业领导者。

化学工业在推动发达国家经济增长方面扮演着关键角色，不仅对发达国家的国内生产总值有着显著的推动作用，还为就业市场提供了大量机会。在欧洲和美国，一些大型跨国公司通过不断的产品创新和多样化的产品线在全球市场中占据了重要地位，这些企业在材料科学、可持续技术以及工业应用等多个领域都展现出了强劲的发展势头。它们不仅推动了化学工业的进步，也为全球经济的发展做出了重要贡献。

在西方国家，化学工业是经济发展的重要支柱之一，生产出的产品种类繁多，涵盖了从农业到医疗保健、从建筑到日常消费品的广泛领域。然而，该行业也面临着与环境污染、资源枯竭和公共健康风险相关的重大挑战。因此，化工企业正面临来自政府、非政府组织、消费者和投资者越来越大的压力，要求企业采取负责任的做法，减轻其负面影响。

二、发达国家化工企业社会责任实践发展历程

在过去的几十年里，化工行业的企业社会责任实践发生了重大变化。在早期阶段，企业的社会责任活动是被动的，主要由重大环境责任事故所推动。例如，20 世纪 70 年代末的美国拉夫运河事件和 80 年代的印度博帕尔毒气事故等都凸显了忽视安全和环境标准的灾难性后果。这些事件带来的教训，加上公众意识的增强和监管压力的加大，促使化工企业采取更加积极主动的企业社会责任政策。化工行业社会责任的演变反映了一个由历史事件、监管发展、技术进步和不断变化的社会期望塑造的发展历程。

（一）起步阶段

20世纪早期至中期，化工企业的社会责任实践主要集中在表面的慈善活动和对当地社区的支持上。化工企业通过捐赠资金、物资或设施，支持当地的教育、医疗和文化项目，被视为企业回馈社会的一种方式；企业关注提供良好的员工福利和安全工作环境，以及建立良好的社区关系；化工行业开始形成行业组织和行为准则，以推动成员企业履行基本的社会责任。

尽管当时的社会责任实践主要集中在慈善和社区支持上，但这一阶段为后续更加系统化和战略化的社会责任实践奠定了基础。代表企业如德国巴斯夫股份公司，早在20世纪初期便开始注重与社区的密切联系。巴斯夫公司在德国路德维希港附近设立了多个生产设施，为当地提供了大量就业机会；另外，该公司还通过捐赠资金支持当地学校建设和社区活动，如体育俱乐部和文化节庆等提升企业在社区中的声誉，增强员工的归属感。类似的例子还有美国杜邦公司的社区支持，杜邦公司在20世纪中期以前，通过设立员工俱乐部和提供住房援助等方式，积极支持其员工及其家庭的社区生活。

（二）环境和健康意识的觉醒

20世纪60年代至80年代是化工企业责任事故的多发时代，企业不得不面对社会对环境保护和公共健康问题的日益增长的关注。

公众和政府逐渐开始关注化工企业生产过程中可能对环境和人类健康造成的潜在影响。工业污染、有害废物排放、化学品的安全以及员工生产安全等问题成为公众关注的焦点。为了应对环境和健康问题，政府开始制定和加强环境法规。美国推出了《清洁空气法》（*Clean Air Act*）和《清洁水法》

(*Clean Water Act*),强化了对化工企业固气排放和废水处理的监管。为了满足法律法规要求,化工企业不得不开始采用新技术和工艺,以减少环境污染和资源消耗。企业引入更有效的污水处理技术、减少废物生成和提高能源效率,旨在降低环境影响并遵守新的法规要求。

这一时期标志着化工企业社会责任实践从简单的慈善活动转向更加注重环境保护和公共健康问题的方向。企业开始意识到,通过积极应对环境挑战,既遵守了法规,又提升了企业的长期可持续竞争力。比较成功的例子是霍尼韦尔公司,霍尼韦尔公司在20世纪70年代开始推动环保实践,通过其"环境保护倡议"引入先进的废水处理技术和废物管理系统,有效减少了生产过程中的环境污染和资源浪费。此举提升了环保形象,为其在全球市场上赢得了竞争优势。同时期美国3M公司推出了"环境生态设计"项目,旨在通过产品设计和制造过程中的环境管理创新,减少对环境的负面影响,通过改进产品设计和材料选择,有效降低了产品的能源消耗和资源使用,提升了产品的环境可持续性。

(三)可持续发展的崛起

从20世纪90年代至今,随着可持续发展理念的兴起,化工企业的社会责任实践进入了新的阶段。

化工企业开始将可持续发展理念融入核心业务战略和日常运营中。企业不仅关注于符合法规要求,还积极探索如何通过创新和效率提升,实现经济、环境和社会的三重回报。企业开始遵循国际性的社会责任标准和框架,如联合国全球契约、ISO 26000社会责任指南等,其社会责任实践符合全球最佳实践并得到认可。随着技术的进步,化工企业积极推动绿色化学品和清洁生产技术的研发和应用,减少环境足迹,提升产品的安全性和可持续性。

这一阶段的化工企业社会责任实践不再局限于单一的合规问题或环保问题,而是全面考虑经济、环境和社会的综合效益,通过创新和战略性投资,一些企业成为可持续发展的推动者和领导者。壳牌公司作为全球领先的能源和化工公司，自1997年起推出了"可持续发展报告"，定期公布在环境、社会和治理（ESG）方面的表现和目标。壳牌公司积极投资于研发清洁能源技术和可再生能源项目，如风能和太阳能，并承诺减少碳排放和提高能源效率，还通过与政府、非政府组织和学术界的合作，共同推动全球能源可持续发展的进程。再如德国巴斯夫股份公司，不仅在产品设计和生产过程中积极推广绿色化学品和环保技术，还致力于建立循环经济模式，推出了"绿色化学品"倡议，通过提升废弃物回收利用率、推广可再生资源利用和优化生产工艺，实现了经济增长与环境保护的双赢局面。

以上三个阶段反映了化工企业社会责任实践的演变过程，从简单的慈善捐赠到全面整合可持续发展战略，展示了化工企业在面对不断变化的社会和环境挑战时的企业社会责任实践活动的持续发展。

三、发达国家化工企业社会责任的驱动因素

发达国家化工企业社会责任实践活动的发展受到无数驱动因素的影响，从监管压力和利益相关者的期望再到市场动态和道德要求，主要包括以下方面：

（一）监管压力和合规要求

监管框架在促进化工行业的社会责任实践方面发挥着关键作用，一系列严格的法律法规促使化工企业在生产经营过程中必须满足合规要求。如欧盟的化学品的注册、评估、授权和限制法规（REACH）和美国环境保护署（EPA）的法规，要求化工企业遵守严格的化学品安全、减排和预防污染标准。管理工作场所安全和健康的条例，包括美国的职业安全与健康管理局（OSHA）标准和欧盟关于工人保护的指令，要求化工企业采取措施，保证员工福利和减轻职业危害。产品注册、风险评估和生命周期分析的法规要求迫

使化工企业证明其化学产品在其整个生命周期中的安全性、有效性和环境可持续性。有关危险废物管理、空气和水污染控制以及有毒物质处理的法规规定，化工企业有责任采用尽量减少对环境影响并遵守法规的技术和做法。这些监管要求和企业战略之间的相互作用塑造了化工企业社会责任实践，推动了化工行业在满足合规义务的同时实现可持续发展目标。

（二）利益相关者期望与公众监督

日益增长的利益相关者期望和公众监督对化工行业的企业社会责任实践产生了重大影响。消费者对环境和社会问题的意识日益增强，加上对可持续产品和道德品牌的偏好，促使化工企业采用透明的供应链实践、环保包装和负责任的营销策略。2004 年之后，机构投资者和资产管理企业将环境、社会和治理（ESG）标准纳入投资决策过程，根据企业的可持续性表现、风险管理实践和长期价值创造战略对企业进行评估，使化工企业不得不考虑到投资者利益而推进社会责任实践。受化工业务影响的当地社区，包括居民、非政府组织和倡导团体，要求企业在解决环境正义问题、健康影响和社区发展倡议方面具有透明度、问责制和有意义的参与。多元化和包容性的员工队伍越来越重视企业文化、道德领导以及与社会责任价值观相一致的专业发展机会。化工企业优先考虑员工福利、多样性、公平和包容性可以提高组织的弹性、创新能力和员工保留率。

化工企业意识到将企业社会责任实践与利益相关者的期望相结合，可以培养信任，提高品牌声誉，并加强与客户、投资者、员工和社区的关系。

（三）商业需求和竞争优势

化工企业的社会责任实践活动日益被视为企业战略的重要组成部分，并对化工企业在市场上竞争优势的形成起到了促进作用。

来自市场的需求使化工企业意识到主动管理环境、社会和治理（ESG）风险，包括供应链中断、监管变化、声誉风险和气候相关影响，可以增强业务弹性和运营连续性。对可持续技术、绿色化学创新和循环经济解决方案的投资使企业能够开发产品和服务，以满足不断变化的市场对环境友好替代品、资源效率和生命周期可持续性的需求。采用节能流程、减少浪费措施和可持续采购实践，降低了运营成本和资源消耗，能够使企业在资源管理和卓越运营方面处于领先地位。将社会责任整合到企业治理结构、战略规划流程和绩效指标中，能够推动化工企业创造长期价值，提高股东价值，并有助于可持续经济增长。

第四节　化工企业社会责任实践发展的未来趋势

化学工业是几乎所有价值链的起点，化学品是创造日常生活中使用的数千种产品的基础。在许多领域，基于化学的产品和创新是未来实现气候中和的关键——从节能建筑的隔热泡沫、轻型建筑部件和电动汽车的电池材料到可持续农业。许多上游化学品的生产本质上是能源密集型的，与大量温室气体排放有关。此外，大多数化学物质和日常用品的结构都是以碳为基础的，这意味着必须改变生产操作和原材料基础。因此，化工企业社会责任实践有着重要意义和深远影响。

化工企业社会责任实践发展的未来趋势重点在于环境责任方面。化工企业在自然资源消耗和废物排放上始终是一个难题，尽管世界各国规模较大的化工企业进行了绿色技术和工艺创新、设备升级、绿色研发投入等，但创新与研发投入时间长、成本高、回报周期长，短期内无法看到成效，仅仅依靠政策补贴无法支撑企业持续进行，也难以起到引领的作用，让全行业纷纷效仿。因此在很长一段时间内，环境责任仍然是化工企业社会责任实践的重点领域。

化工企业社会责任实践的主体将更加广泛。越来越多的化工企业开始将可持续发展作为自己的战略目标。为了实现可持续发展，企业需要关注环境、社会和经济三个方面的平衡发展。加强社会责任实践成为化工企业实现可持续发展战略的重要手段之一。社会对化工企业的社会责任实践情况越来越关注，为获得竞争优势，越来越多的企业加入到社会责任管理的阵营当中，其中不乏处于企业发展初期的小规模化工企业，社会责任管理实践不再是企业发展到一定阶段和规模之后才开始注重的部分。

化工企业社会责任实践的内容边界将继续延伸。随着化工企业数字化转型，越来越多的企业在生产管理中应用自动化设备与智能平台。与传统的生产管理过程有很大差异，社会责任实践涉及内容的范围和高度不断拓展。自动化设备和智能系统的出现增加了安全隐患和伦理问题，如智能平台的应用需要大量数据的收集、存储和处理，生产自动化和智能化则可能导致一些传统岗位的消失。如何确保平台数据的安全和隐私保护，在岗位替换的过程中如何保障员工权益，是化工企业需要面对的新问题。企业需要重新讨论履责方式，建立与当前人工智能技术水平和数字经济背景相匹配的社会责任规范。

社会责任标准将更高、更明晰。随着社会责任实践主体的增多，为了对企业社会责任实践进行评价与监督，避免企业粉饰社会责任报告和"漂绿"等行为，国家政府、企业自身、行业协会等各种组织会积极制定企业社会责任的评价标准，甚至会出台全新的关于企业社会责任的政策与法规。在这个过程中标准会逐渐趋于统一，也会逐渐提高与明晰。社会责任表现好的企业为了展现自己的差异性，会主动公开社会责任实践，提高实践的透明度，接受社会各界的监督和质询，以提高企业的公信力和社会认可度，倒逼其他企业提高透明度与实践标准。

本章小结

　　本章对化工企业社会责任实践的内容进行了全面分析，回顾了化工企业社会责任实践的起源和发展。从最初的环境保护和安全生产要求，到如今更加广泛的社会责任范畴，化工企业社会责任实践经历了显著的演变和扩展。详细阐述了化工企业特有的社会责任实践内容，不仅包括传统的环保和安全生产，还涉及资源节约与循环利用、有害物质管理、绿色产品研发、员工培训与发展等方面。化工企业通过这些具体实践，能够在实现经济利益的同时，履行对社会和环境的责任，追求可持续发展。在对发达国家化工企业社会责任实践历程及驱动因素的分析中，介绍了发达国家化学工业的发展历程，梳理了这些国家的化工企业在社会责任实践方面的发展路径，展示了发达国家的化工企业从被动应对到主动履责的转变过程。最后，探讨了化工企业社会责任实践发展的未来趋势。随着全球环境问题和社会关注的不断加剧，化工企业的社会责任实践将进一步深化和扩展。

第四章 我国化工企业社会责任实践的发展和水平评价

第一节 我国化工企业社会责任实践的发展

我国已经发展成为全球最大的化工市场之一。根据国家统计局数据，2024 年底我国石化行业规模以上企业为 32183 家。这些企业涉及化肥、化工原料、精细化工产品、化学制品等多个领域。由于行业规模大且分布广泛，我国化工企业在经济和社会发展中扮演着重要角色。

一、我国化工企业的发展历程

（一）改革开放之前

我国化工企业的起步主要集中在恢复战后经济和建设基础工业上。由于战争破坏和经济困难，化工行业在这一时期面临着严峻的挑战，但也为后来的发展奠定了基础。20 世纪 50 年代，我国政府工作的重点是恢复农业生产和基础工业，这些领域对化肥的需求尤为迫切，化肥生产成为早期化工行业的重要任务，国家决定在全国范围内建设化肥厂，以满足农业发展的需要。60 年代，我国化工行业进入了工业化的初步阶段。随着国家经济的发展，化肥生产能力不断提升，也开始重视其他基础化工产品的生产，如合成氨、硫酸、氢氧化钠等。这些基础化工产品的生产为国家的工业发展提供了必需的原材料。在这一时期，化工企业的技术水平逐渐提高，生产设施逐渐改善，引进了国外的一些先进技术和设备，提高了化工产品的生产效率和质量。与此同时，国家还鼓励化工企业进行技术改造，以适应不断变化的市场需求。

（二）改革开放至 20 世纪末

1978 年，改革开放政策的实施标志着我国经济体制的重大转型。化工行业的改革主要集中在市场化、企业自主性和管理体制的改革。改革开放初期，市场经济的引入改变了化工企业的经营模式。政府逐步放宽了对化工企业的控制，鼓励企业自主决策和市场导向。1984 年，国务院发布《关于进一步扩大国营工业企业自主权的暂行规定》（国发〔1984〕67 号），赋予企业生产经营计划调整权、产品定价权、物资选购与资金使用权等十大自主权，化工企业开始探索市场化的生产和销售模式，逐步摆脱了过去依赖计划经济的束缚。国家还出台了一系列政策，鼓励企业进行技术改造和管理提升。1980 年的国务院政府工作报告提出了重点发展塑料、合成纤维、合成橡胶三大化工合成材料的发展战略，逐步替代传统轻工业原料，推动了化工原料结构的升级。1983 年，化工部发布了《化工企业全面质量管理暂行办法》，化工行业逐步建立起全过程质量管理体系，标志着我国化工行业从计划经济时期的粗放管理向现代科学管理的转型，为后续企业改革奠定了基础。

进入 90 年代，化工行业经历了结构调整和企业整合。为鼓励化工企业进行技术升级和生产设施改造，以提高生产效率和产品质量，许多老旧的化工厂被淘汰，新的现代化工厂开始兴起。改革还推动了民营企业和外资企业的进入，市场竞争加剧了行业的活力。民营化工企业在技术创新和市场开拓方面表现出色，为行业的发展注入了新的动力。外资企业的进入带来了先进技术和管理经验，提高了整个行业的技术水平。国家鼓励化工企业与国际企业合作，通过技术合作和合资方式引进先进技术，提高了企业的技术水平，也加速了我国化工行业的现代化进程。除了技术引进，自主研发也成为化工企业的重要发展方向。企业投资建立了研发中心和实验室，以开发新型化工产品和工艺。许多企业在新型高分子材料和精细化学品方面取得了突破。

（三）21世纪初至今

进入21世纪后，我国化工企业在全球化进程中取得了显著进展。企业在国内市场占据了重要地位，还积极拓展国际市场，开展全球化布局。在全球化进程中，部分化工企业通过并购和合作方式进入国际市场，获得了先进技术和市场渠道。2005年，中国化工集团收购了德国化工公司汉高的一部分业务，进一步扩展了国际市场份额。我国化工企业通过设立海外生产基地和销售网络，拓展了国际市场份额。一些企业在东南亚、中东等地区建立了生产设施和销售网络，以满足当地市场的需求。企业的国际化布局扩大了市场覆盖范围，提高了全球业务的综合竞争力。通过在国际市场的拓展，我国化工企业逐渐成为全球化工行业的重要参与者。

环保法规的严格实施促进了化工企业在绿色生产和可持续发展方面的积极探索。许多企业开始推广绿色生产模式，采用环保原材料和工艺，减少资源消耗和环境影响。政府也鼓励企业进行绿色技术创新，提供政策支持和财政补贴。通过绿色生产和技术创新，化工企业不仅提高了环保水平，也提升了企业的社会形象和市场竞争力。新材料的研发是化工企业技术创新的重要方向。企业投入大量资源进行新型高性能材料的开发，如高强度塑料、智能材料、纳米材料等。这些新材料在航空航天、汽车、电子、医疗等领域有着广泛应用，推动了相关行业的发展。

随着信息技术的发展，化工企业开始采用智能化生产系统和数字化技术，以提高生产效率和管理水平。智能化生产包括自动化控制、数据采集和分析、预测性维护等技术的应用。许多企业引入了先进的自动化控制系统，实现了生产过程的实时监控和调节，能够自动调整生产参数，提高生产稳定性和产品质量。大数据分析和人工智能技术也被广泛应用于生产过程的优化和管理中，帮助企业预测设备故障、优化生产流程、提升生产效率。企业的数字化转型提高了生产效率，改善了管理和决策能力，通过数据分析和智能化技术，化工企业能够更好地掌握市场需求和生产状况，做出更加准确的决策。

二、我国化工企业各个发展阶段的社会责任进展

我国化工企业在不同的发展阶段，其社会责任实践经历了从初步探索到系统化管理的过程。以下将详细列举化工企业在三个发展阶段的社会责任实践情况。

（一）早期起步阶段的社会责任发展

1. 经济发展与基础设施建设

在中华人民共和国成立后的初期，化工企业的社会责任主要集中在经济发展和基础设施建设方面。政府的重点是恢复战后经济，并推动基础工业的建设。化工企业在这一时期不仅满足了国家对化肥和基础化工品的需求，也在一定程度上推动了经济复兴和基础设施建设。

（1）基础化肥供应。中华人民共和国成立后，化肥生产是化工企业的重要任务。化肥的生产促进了农业生产的发展，提高了粮食产量，为国家的粮食安全提供了保障。化工企业在这一阶段的社会责任表现为保障化肥的稳定供应，帮助农民提高生产效率和生活水平。

（2）基础工业建设。早期化工企业参与了大量基础工业设施的建设，如化肥厂和基础化工品生产线。这些设施的建设提供了大量的就业机会，为国

家的工业化进程提供了重要的支持。企业在这一阶段的社会责任还体现在促进地方经济发展和基础设施建设方面。

（3）教育与培训。由于化工行业在这一时期刚刚起步，企业还承担了一定的教育与培训责任。为了满足生产需要，化工企业在技术和管理方面开展了大量的培训工作。政府和企业合作建设了一些化工技术培训机构，为行业培养了大量的技术人才。

2. 社会福利与员工待遇

虽然这一时期的福利体系相对简单，但企业在员工福利和待遇方面也做了一些基本工作。

（1）员工福利。企业提供了基本的生活保障，包括医疗、住房和工资等方面。在生产条件艰苦的环境下，企业努力改善员工的工作和生活条件，体现了基本的社会责任。

（2）工人生活条件。由于当时的生产环境和生活条件较为艰苦，企业在一定程度上承担了改善工人生活条件的责任。企业设立了工人宿舍、食堂等设施，为员工提供了基本的生活保障。企业还开展了一些文体活动，丰富员工的业余生活，提高员工的生活质量。

（二）改革开放与行业转型阶段的社会责任发展

1. 环境保护与可持续发展

改革开放后，随着市场经济的逐步推进，化工企业的社会责任开始向环境保护和可持续发展转型。政府对环境保护的要求逐步提高，企业也开始重视环保和可持续发展。

（1）污染治理。在20世纪八九十年代，随着环境污染问题的加剧，政府出台了一系列环保法规。化工企业在这一阶段开始投资建设污染治理设施，降低生产过程中的废气、废水和固废排放。许多企业建设了先进的废水处理厂和废气治理系统，以符合环保要求。

（2）绿色生产。化工企业开始推行绿色生产模式，采用环保原材料和工艺，减少资源消耗和环境影响。企业开始在生产过程中引入了先进的环保技术、催化剂技术和低能耗生产工艺，降低了对环境的负担。企业还开展了资源回收利用和废弃物管理，推动了循环经济的发展。

（3）环保投资。政府鼓励企业加大环保投资，提供财政补贴和政策支持。化工企业通过技术改造和设施升级，提高了环保水平。一些企业投资建设了高效的污水处理设备和废气回收系统，提高了环保设施的技术水平。

2. 企业社会责任的制度化

在改革开放时期，化工企业的社会责任管理开始制度化，企业内部建立了相应的社会责任管理体系，以规范和提升社会责任实践。

（1）企业内部管理。企业内部开始建立社会责任管理部门，制定相关政策和措施。有的企业设立了专门的社会责任委员会，负责监督和评估企业的社会责任实践。

（2）员工福利与权益。随着市场经济的发展，化工企业逐步提高了员工的工资和福利水平，提供了更为完善的医疗保险和养老保障，提供培训和晋升机会，提升员工的职业技能和发展空间。

（3）社区支持。化工企业在这一时期开始关注社区发展，开展了一些社会公益活动。一些企业资助了地方教育事业，建设了学校和培训机构。部分企业还参与了社区建设和扶贫工作，支持地方经济的发展和社会进步。

（三）现代化发展与国际化进程阶段的社会责任发展

1. 环保与可持续发展

进入 21 世纪后，我国化工企业在环保和可持续发展方面的社会责任得到了进一步强化。随着环保法规的日益严格和公众环保意识的提高，在环保方面的投入和实践成为化工企业社会责任的重要组成部分。

（1）污染控制技术的应用。化工企业在这一阶段加大了对污染控制技术的应用，引进了国际先进的环保设备和技术。一些企业投资建设了高效的废气净化和废水处理设施，采用了先进的环保工艺，如超临界流体萃取技术和低排放燃烧技术。

（2）绿色供应链管理。优秀的化工企业开始实施绿色供应链管理，要求供应商和合作伙伴也遵循环保标准。通过建立绿色供应链体系，企业能够更好地控制整个供应链的环境影响，推动供应链的可持续发展。部分企业还制定了供应商环保准则，定期评估供应商的环保表现。

（3）节能减排与低碳经济。化工企业积极推进节能减排，支持低碳经济的发展。通过实施能源管理系统，优化了生产过程中的能源使用，提高了能源效率。还开展了碳排放监测和减排项目，减少了温室气体的排放。

2. 企业社会责任的全球化

随着企业国际化进程的推进，化工企业的社会责任实践也逐步向全球化发展。

（1）国际化运营中的社会责任。企业在国际市场上开展业务时，注重遵守当地的法律法规和社会责任标准。我国化工企业在海外建设生产设施时，按照国际环保标准进行设计和建设，确保生产过程符合环保要求。企业还关注海外员工的福利和权益，提供良好的工作条件和职业发展机会。

（2）全球社会公益活动。企业在全球化进程中积极参与社会公益活动，支持全球社会的可持续发展。我国化工企业资助了国际人道主义援助项目，支持灾区救援和贫困地区的发展。企业还参与了全球环境保护行动，如植树造林和海洋保护项目。

（3）全球社会责任标准的遵循。我国化工企业在全球运营中逐步遵循国际社会责任标准，如联合国全球契约和 ISO 26000 社会责任指南。通过遵循这些标准，企业能够提高社会责任实践的规范性和国际化水平，增强全球业务的社会认可度。

3. 技术创新与社会责任

化工企业通过技术创新，推动了环保技术的发展。如研发新型环保催化剂和废水处理技术，提升了环保设施的处理能力。技术创新不仅提高了企业的生产效率，还减小了对环境的影响，推动了可持续发展。化工企业还通过技术创新提升了社会福利。一些化工企业开发了智能医疗设备和教育科技产品，为社会提供了更好的医疗和教育服务。企业还利用技术手段提高了员工的职业技能和生活质量，如在线培训和智能办公系统的应用。

三、我国化工企业社会责任实践面临的挑战

虽然我国化工企业的社会责任实践内容逐步深化，社会责任实践成效不断提升，但是仍然存在很多挑战。

（一）社会责任管理能力的挑战

许多化工企业在建立完善的社会责任管理体系方面存在困难。社会责任管理覆盖到了企业的各个方面，包括环境保护、安全生产、员工权益和社区关系等，这要求企业在组织架构、管理流程和绩效评价等方面进行系统性的设计和实施，然而我国许多化工企业在这方面的认识和能力不足，导致管理体系不健全。

化工企业的生产过程复杂，涉及多种化学反应和工艺流程，废弃物排放和资源消耗的管理也相对复杂。要实现绿色生产和资源高效利用，企业需要具备高水平的环境管理能力，制定科学的环境保护计划，实施有效的污染防治措施，定期进行环境绩效评估等。这些都对企业的管理能力提出了很高的要求。

（二）污染治理落后于行业发展

化工行业在快速发展的同时，污染治理水平却没有跟上行业的发展。化工企业的生产特点决定了其环境污染程度高、风险大，但由于对污染治理重

视程度不够、缺乏污染治理资金、环保技术人才缺失、污染的监管和处罚力度不够等诸多原因，截止到目前，我国化工污染的治理率还是很低。2016～2018 年，我国国务院、环保部等部门出台了多部环境治理政策法律，其中国石化行业是监控、整改重点。对于污染的治理问题，截止到 2017 年底，中央环保督察已实现对 31 个省份的全覆盖，仅 2017 年的问责人数就超过 1 万，全国遴选出危化品搬迁改造项目共 238 个，其中，按地区分类，中部地区改造项目最多达 100 个。越来越严格的环保检查，关停污染严重且治理水平差的化工企业，淘汰落后产能的大趋势，督促化工企业提高污染治理水平。

（三）技术创新的挑战

化工企业在减少污染排放、提高资源利用率方面需要依赖先进的环保技术和工艺。废水处理技术、废气净化设备、绿色化学工艺等都需要大量的研发投入和技术积累。我国许多企业特别是中小型企业在技术研发能力和资金投入方面存在不足，难以实现环保技术的突破和应用。

技术创新对安全生产的支持不足。安全生产是化工企业社会责任的重要组成部分，涉及生产过程的自动化控制、危险化学品的管理、安全防护设备的使用等方面。要减少安全事故的发生，企业需要不断引进和开发先进的安全生产技术和设备，提高安全管理水平。这些技术的开发和应用往往需要高额的投入和长期的努力，许多企业在这方面存在资金和技术上的困难。

（四）事故频发的挑战

化工企业安全生产事故在各类事故中的危害性是较大的，主要原因是化工企业的生产工艺特殊，生产条件及要求比较苛刻，化工企业的生产处于高温高压、连续反应状态，化工生产中的许多过程产物有毒有害，且有易燃易爆的特点。化工生产过程中的介质泄漏不仅会造成人身伤害和环境污染，还有可能发生爆炸和火灾。生产原料及其产成品的危险性大，就要求化工企业在生产设施、设备及管理制度上容不得有半点马虎，管理的疏忽或个人的违章操作，都可能造成不可逆转的安全事故，对企业的财产安全、员工的生命安全以及社会公共财产安全都将造成不可挽回的损害。曾在相当长的一段时期，我国化工企业的安全事故一直处于高发、频发状态，部分安全生产事故重复发生。随着国家监管层次的提高，安全生产形势有所好转。

（五）员工管理的挑战

我国化工企业对员工的人身健康状况保障不足，职业病发生概率高，导致人们"谈化色变"，造成人才大量流失。由于化工品制造行业属于高度危险行业，多数化学物品对人体有害，生产中如果设备密封不严，特别是在间歇操作中产生泄漏，极易造成操作人员的急性和慢性中毒。而且现在企业的化工装置趋于大型化，就使大量化学物质处于工艺过程中或储存状态，这样一旦发生泄漏，往往发生较大的灾难，涉及的员工比较多。

我国相当一部分化工企业在生产环境中投入不足，降低了对安全生产的环境条件要求，对员工保护的投入较低，导致因为工作环境而形成的职业发病率较高。另外，企业在职工培训上缺少投入，对职工的安全培训流于形式，对员工规范作业的监督力度不足，对员工的福利保障措施不到位等，都容易发生职业危害的情况。

保障员工的合法权益和福利待遇是企业社会责任的重要内容。受制于成本压力和管理水平的限制，我国的中小化工企业在员工权益和福利方面的投入不足，导致员工流动性大、工作积极性低，影响了企业的稳定和发展。

（六）企业文化的挑战

1. 社会责任文化的培育

企业文化对员工的行为和企业的发展有重要影响。培育社会责任文化，提升全体员工对社会责任的认知和认同，是企业履行社会责任的基础。目前我国化工企业在企业文化建设方面重视不足，缺乏系统的社会责任培训和宣传，员工对社会责任的认识和参与度较低。

2. 高层管理者的重视

企业高层管理者在社会责任履行中起着关键作用，只有高层管理者重视社会责任，并将其纳入企业发展战略，才能推动企业在各个方面落实社会责任。然而，一些企业的高层管理者过于关注短期经济利益，忽视了社会责任的重要性，导致相关政策和措施难以有效落实。

（七）市场竞争的挑战

1. 成本压力

在市场竞争激烈的环境下，化工企业面临着降低成本、提高效率的压力。履行社会责任需要企业在环保、安全、员工福利等方面投入大量资金，这在一定程度上增加了企业的经营成本。一些企业为了在竞争中取得优势，可能会选择降低社会责任投入，导致环保和安全问题的发生。

2. 利润空间

化工企业的利润空间相对有限，尤其是在原材料价格波动、市场需求变化的情况下，企业的经营压力较大。履行社会责任虽然有助于企业的长期发展和社会形象的提升，但在短期内可能难以带来直接的经济效益。化工企业在面临利润压力时，可能会削减社会责任方面的投入，影响相关工作的持续推进。

第二节　我国化工企业社会责任实践水平评价

上一节介绍了我国化工企业的发展阶段及每个阶段的社会责任进展，本节将结合国内外企业社会责任评价体系，以及我国化工企业的生产特点和利益相关者，构建我国化工企业社会责任实践评价指标体系，对我国化工企业社会责任实践水平进行评价，以掌握我国化工企业社会责任实践的实际水平。

一、化工企业社会责任实践评价体系

国外企业社会责任领域有代表性的评价体系主要有多米尼 400 社会指数（KLD）、道琼斯可持续发展指数（DJSI）、富时指数（FTSE4Good）、彭博披露评分数据（Bloomberg ESG Data）等，但这些评价结果都是针对国外的企业进行的评价，尚无对我国企业社会责任实践水平进行评价的应用。在学术研究领域，研究者除了利用上述评价体系的结果，也根据研究目的的需要，自行设计评价指标对企业的社会责任实践水平进行评价。尤其是针对不同行业对企业社会责任要求的差异，少数学者试图在特定行业中创立企业社会责任实践评价体系（Sardinha et al.，2011）。如 Zhao 等（2012）为建筑行业制定了企业社会责任实践指标体系，其中包括 11 个利益相关者类别中 30 个绩效问题的指标。同样在文献中也找到了其他特定于经济活动不同领域的企业社会责任实践评价体系，如旅游业（Roberts and Tribe，2008）、农业（Rigby et al.，2001）、采矿业（Azapagic，2004）和钢铁行业（Singh et al.，2007）。

国内外学者在研究企业社会责任实践水平时，通常选择企业社会责任信息披露评价作为企业社会责任实践水平评价的代理，其一是信息披露与实际社会责任水平之间存在紧密联系。企业社会责任信息披露直接反映其在社会责任方面的具体措施和成果。环保数据、员工福利情况和社区贡献等信息，直接展现了企业在这些方面的实际行动。高质量的信息披露不仅包括详细的企业社会责任活动和成果，还涉及对未来目标和计划的说明，以及对挑战和不足的诚实评价。深度披露通常意味着企业在社会责任方面的认真程度和透明度，这与其实际社会责任水平呈正相关。信息披露不仅能反映企业的实际行动，还能体现其社会责任管理水平和战略意图。因此，高水平的信息披露通常意味着企业在社会责任方面有系统的管理和战略规划。

其二是信息披露具有很高的可获得性和可量化性。企业的社会责任信息披露通常通过年度报告、可持续发展报告和企业网站等渠道公开发布，这些信息是系统化和结构化的，能够方便地收集和分析。信息披露指标是量化的，可以利用这些量化指标进行统计分析和比较。而实际企业社会责任实践涉及的方面广泛且复杂，量化和标准化较为困难。信息披露往往受到监管机构或第三方认证机构的审查，具有较高的透明度和公信力。尽管企业可能存在夸大其社会责任活动的动机，但在严密的审查和公众监督下，披露的信息通常还是具备较高可信度的。

因为信息披露在可获得性、可量化性、透明度和可信度等方面具有显著优势，同时能够较好地反映企业的实际社会责任水平，当前研究中常使用其来代替直接评估企业社会责任实践水平，成为评估和比较企业社会责任的有效工具。如黄群慧等（2009）基于三重底线理论，从经济、环境和社会三个方面建立了评价指标体系，基于内容分析法，对我国100强企业的社会责任报告进行了评价。陈文婕（2010）从资源与环境、员工、社会参与、产品与服务和其他相关利益者五个方面构建了评价指标体系，运用两值赋分法对我国电煤水、食品饮料和石化塑料行业的企业年报中披露的社会责任信息进行了评价。蔡海静等（2011）建立了社会责任实践指数，采用三值赋分法对企业整合报告中的社会责任信息进行了评价。毕茜等（2012）构建了我国企业环境实践评价指标体系，使用内容分析法对2006~2010年上市的582家企业样本进行了评价。张正勇（2013）使用内容分析法和结构化访谈，构建了企业社会责任实践评价指标体系，对我国2008~2010年A股上市公司披露的1207份社会责任报告进行了评价。张蒽等（2017）结合我国企业海外社会责任报告的发布情况和评价信息的可获得性，构建了海外企业社会责任报告质量评价指标体系，对我国19家企业发布的海外社会责任报告进行了评价。秦续忠等（2018）根据创业板中小企业的特征设计了评价指标体系，运用指数法对我国创业板的中小企业社会责任实践水平进行了评价。

另外，企业咨询机构推出的评价体系没有对利益相关者评价的分类结果，学术研究者运用指数法根据研究目的和需要对企业社会责任实践水平进行评价的方法较为成熟，为本书研究提供了借鉴。本书的研究目的不仅在于对我国化工企业社会责任实践总水平及对企业价值的影响进行研究，还探讨了我国化工企业对不同利益相关者社会责任实践对企业价值的影响，因此针对化工企业的特点，建立指标体系，客观地衡量我国上市化工企业社会责任实践水平，对各个利益相关者社会责任实践水平尤为重要。

二、我国化工企业社会责任实践评价指标体系

（一）一级指标的选择

一级指标是指对化工企业社会责任实践水平评价应该涵盖的主要方面。本书研究所构建的指标体系中的一级指标主要包括两个部分：第一部分是对企业社会责任治理的评价，包括企业管理层对社会责任的认知、企业战略及社会责任计划、组织内部如何治理企业社会责任，由谁负责，以及对企业社会责任信息披露的及时性、可靠性、沟通性的评价。即对企业从整体上思考社会责任对企业的战略意义，制定社会责任工作计划，系统规划社会责任工作。

第二部分是对利益相关者责任的评价。利益相关者为企业提供重要的人力、财力、物力以及合法性经营等资源，因此，利益相关者的范围和各自的利益期望决定了企业社会责任实践的内容。利益相关者理论在多数国家已经成为企业社会责任背景下的主导范式，因为它整合了合法性理论的规范方面和代理理论的积极方面，将社会责任实践作为企业满足利益相关者需求的机制（Martínez-Ferrero et al.，2015）。运用利益相关者理论设计我国化工企业社会责任实践评价指标体系也结合了我国目前社会责任信息披露的政策现状。2018 年 9 月，中国证监会在新一版《上市公司治理准则》第八章中专门对上市公司"利益相关者、环境保护与社会责任"提出要求，要求企业披露与利益相关者有关的社会责任信息，为企业社会责任信息披露搭起了框架。深圳证券交易所和上海证券交易所在上市公司社会责任指引中鼓励企业披露社会责任报告，并从利益相关者的角度，指出企业在社会责任报告中至少应当披露以下部分的内容：①股东和债权人权益保护；②职工权益保护；③供应商、客户和消费者权益保护；④环境保护与可持续发展；⑤公共关系和社会公益事业。鉴于证监会和证券交易所目前对我国上市企业社会责任信息披露的主导作用及后文研究利益相关者责任对企业价值影响的需要，本书从利益相关者的角度出发，建立对员工责任、对投资者和债权人责任、对生产安全责任、对消费者和供应商责任、对政府和其他社会责任、对环境责任六个一级指标作为化工企业社会责任实践水平评价指标。

（二）二级指标的设定

在二级指标的选择上，本书充分借鉴了当前的研究成果。Mascarenhas 等（2015）、Darton（2015）均指出企业社会责任实践水平评价体系应当尽可能选择足够少的指标，以便减少评价噪声。Dalal-Clayton 和 Bass（2002）、Mascarenhas 等（2015）认为指标体系应系统地排除不相关的或冗余的指标，评价指标应在研究边界内正确定义，并与研究目标一致。Liu（2014）、Tseng（2013）、Mascarenhas 等（2015）指出指标应该是可定量测量的，或者在操作上能用定量来表示。Roca 和 Searcy（2012）认为目前对企业社会责任报告评价的准确性存在相当大疑问的原因之一是对定性信息的重视程度相对较高，研究者应当尽量设计能用于衡量和比较的定量指标。本书结合了学者们已有的研究成果，二级指标包括 8 个定性指标和 27 个定量指标，指标含义如表 4-1 所示。

表 4-1 我国化工企业社会责任实践评价指标体系

一级指标	二级指标	指标含义
企业社会责任治理（Z）	Z_1 企业治理架构	企业的治理概况
	Z_2 企业社会责任战略或规划	企业社会责任理念、战略规划
	Z_3 企业社会责任治理组织体系	企业的社会责任领导机构、组织体系
	Z_4 董事会参与企业社会责任工作的情况	董事会如何发挥作用、参与社会责任治理
	Z_5 企业社会责任的沟通与反馈机制	信息使用者的沟通与反馈方式
	Z_6 第三方对企业社会责任的评价或鉴证	社会责任报告的第三方评价或鉴证情况
	Z_7 披露社会责任报告的时间	社会责任报告与年度报告的相距时间
员工责任（Y）	Y_1 员工雇佣情况	员工数量、劳动合同签约率
	Y_2 薪资情况	工资数额、工资增长率
	Y_3 员工福利情况	社会保险支出、五险一金支出、体检支出
	Y_4 员工培训教育	培训经费支出、培训次数、培训小时数
投资者和债权人责任（T）	T_1 对投资人实践情况	对投资者责任实践条数
	T_2 与投资人沟通情况	接待投资人沟通次数
	T_3 企业成长性	营业收入、增长率
	T_4 企业收益性	每股收益、净利润增长率、现金分红
	T_5 企业安全性	资产负债率、流动比率、速动比率
生产安全责任（S）	S_1 企业的安全生产管理体系	建立安全生产管理体系的制度和措施
	S_2 企业的安全生产投入	安全生产投入金额
	S_3 企业的安全生产情况	安全生产事故数
	S_4 员工伤亡情况	千人死亡率、千人受伤率
消费者和供应商责任（X）	X_1 产品质量情况	产品合格率
	X_2 顾客满意度水平	顾客满意度
	X_3 产品研发与技术创新情况	产品研发和技术创新投入、发明专利数量
	X_4 企业诚信情况	经济合同履约率
政府和其他社会责任（Q）	Q_1 企业纳税	企业纳税额
	Q_2 促进就业	吸纳的就业人数
	Q_3 公益或社会捐赠	公益或社会捐赠数额
	Q_4 志愿者活动	志愿者活动次数

续表

一级指标	二级指标	指标含义
环境责任 （H）	H₁ 企业的合规经营情况	违反环境法规次数及重大罚款金额
	H₂ 能源使用或能源效率	单位产值综合能耗
	H₃ 用水或用水效率	单位产值耗水量
	H₄ 废气排放	氮氧化物、硫氧化物等气体排放、减排量
	H₅ 废水排放	废水排放量、减排量
	H₆ 危险废弃物排放	万元产值固体废弃物排放量、减排量
	H₇ 环境防治情况	环保投入、污染治理支出

1. 企业社会责任治理

对企业社会责任治理的评价中，二级指标包括七个定性指标：①企业治理架构；②企业社会责任战略或规划；③企业社会责任治理组织体系；④董事会参与企业社会责任工作的情况；⑤企业社会责任的沟通与反馈机制；⑥第三方对企业社会责任的评价或鉴证；⑦披露社会责任报告的时间。

2. 员工责任

员工是企业生产和价值创造的具体实施者，是化工企业重要的利益相关者。化工企业的员工包括一线生产工人、工程技术人员和管理人员，员工的工作绩效除了跟自身知识能力有关，还受到其对工作态度和工作满意度的影响。当员工对工作满意度较高时，就会以积极的工作态度发挥自己的聪明才智，努力工作；当员工利益受到侵害时，会削弱员工的工作积极性和使命感，不仅影响工作效率，更有可能因为责任感的缺乏导致化工生产中的责任事故。因此，工资收入、福利待遇、工作环境的安全性等是化工企业员工的主要利益，员工对企业社会责任信息诉求也主要来自以上几个方面。化工企业对员工责任实践的评价共包括四个二级指标，均为定量指标：①员工雇佣情况；②薪资情况；③员工福利情况；④员工培训教育。

3. 投资者和债权人责任

投资者和债权人是化工企业重要的利益相关者。从我国化工企业的股权性质来看，国有上市化工企业的大股东是国家，集体上市化工企业的大股东是地方政府，还有其他多种身份的股东，如企业法人股、外资股、个人股等。股东最关心的是投入资本的保值增值情况，即股本的收益、股本的增长和股本是否安全等。债权人包括给企业提供贷款的银行或非银行的金融机构等，债权人最关心的是投入资本的安全性以及企业支付债务利息的能力。化工企业对投资者和债权人责任实践的评价共包括五个二级指标，均为定量指标：①对投资人实践情况；②与投资人沟通情况；③企业成长性；④企业收益性；⑤企业安全性。

4. 生产安全责任

对生产安全责任实践的评价共包括四个二级指标，其中一个定性指标和三个定量指标：①企业的安全生产管理体系；②企业的安全生产投入；③企业的安全生产情况；④员工伤亡情况。

5. 消费者和供应商责任

化工企业的消费者和供应商主要指其生产经营的上下游利益相关者，消费者是化工企业产品的客户和需求者，是化工企业实现价值的最终来源。消费者最为关注的是化工企业产品的质量和可靠性，产品的创新性，产品能够带给自己的感知质量，化工企业的售后服务质量，产品召回和培训制度是否完善等。供应商是化工企业生产资料的提供者，其最为关注的信息是化工企业是否重合同守信用，是否能够及时收回货款。消费者和供应商对化工企业的责任信息需求主要是企业是否了解客户需求，企业产品的创新性如何，企业在产品研发和创新的投入及成果如何，以及产品的顾客满意度，企业是否遵守商业道德、公平合作，合同履约率等信息。企业对消费者和供应商的责任实践不仅关系到企业自身的信誉、形象和经济利益，也会对供应商和整个产业链的安全平稳运行产生影响。特别是化工企业连续性生产的特点，决定了其上下游利益相关者比其他制造业更为重要。对消费者和供应商责任实践的评价共包括四个二级指标，均为定量指标：①产品质量情况；②顾客满意度水平；③产品研发与技术创新情况；④企业诚信情况。

6. 政府和其他社会责任

政府虽然不是化工企业的直接利益相关者，但和化工企业的关系也很紧密，尤其我国化工企业中的重要组成部分是国有企业，政府作为大股东，向企业投入大量资金，也期待有好的回报。政府对企业的要求体现在依法按章、及时足额缴纳各项税款，创造条件为社区提供就业机会，参与和支援当地政府的各项公共设施建设，为地方经济发展做贡献，配合政府工作，促进社会稳定和和谐发展等方面。社区是化工企业从事经营活动的场所及周边环境。社区作为一个整体，并不与化工企业进行交易活动，但社区对于化工企业来讲，有着特殊的意义。随着化工企业生产规模扩大，占用空间扩大可能会占用社区空间，如果遇到社区成员的阻碍，以及搬迁问题，会影响化工企业的生产活动。随着我国城市的快速扩张，化工企业周边相邻的新兴城区逐渐也变成大型社区，人们对安全的要求和对生活品质的追求，与化工企业自身生产特点带来的环境问题发生矛盾，人们"拒化""恐化"的观念很普遍。比如近年来，我国屡屡发生一些化工项目因受到社区居民的强烈排斥，甚至引发大规模群体事件而受到阻碍的事情。如彭州石化、大连 PX、宁波 PX、厦门 PX 等项目纷纷遭遇居民排斥最终被迫叫停或重新选址，天津大爆炸、青岛输油管道爆炸事件等化工事故，更加剧了化工企业与社区居民的矛盾，因此，如何建立公开透明的沟通机制，取得利益相关方信任，是化工企业需要解决的问题，尤其是对我国化工企业来说，坐拥全球发展最快的经济体和全球最大的市场，正处于项目投资的快速发展阶段，通过社会责任实践，与民众建立公开透明的沟通机制，都将有助于化工企业建立与社区居民的信任关系。对政府和其他社会责任实践的评价共包括四个二级指标，均为定量指标：①企业纳税；②促进就业；③公益或社会捐赠；④志愿者活动。

7. 环境责任

从前文对我国化工企业生产特点的分析中可以看出，化工企业高能耗、高污染、治理程度低的环境特点非常突出。近几年，我国环保政策逐渐强化，生态文明体制改革进程加快。从法律法规方面看，2018 年，《水污染防治法》《环境保护税法》等新环保法规正式施行；《环境保护税法》成为第一项专门用于加强污染防治和环境保护的税收法规；自 2018 年 1 月 1 日起，《生态环境损害赔偿制度改革方案》在全国试行；自 2019 年 1 月 1 日起，《土壤污染防治法》正式实施，我国开始禁止 4 类 24 种固体废料的进口……这些政策法规都促使化工企业通过履行环境责任积极应对环境合规性挑战。随着近几年 PM2.5 指数被纳入空气质量监测的范围，遍及全国大部分的雾霾问题，特别是各类环境污染事件频发加大了公众对环境问题的持续关注，要求化工企业履行环境责任的呼声越来越高。社会各方对化工企业环境责任实践诉求主要集中在企业对环境保护的方针和目标，以及能耗情况、各种污染物排放情况、环保投入、节能减排效果、污染治理支出等方面。对环境责任实践的评价共包括七个二级指标，均为定量指标：①企业的合规经营情况；②能源使用或能源效率；③用水或用水效率；④废气排放；⑤废水排放；⑥危险废弃物排放；⑦环境防治情况。

（三）评价方法

本书研究选择广义的内容分析法——指数法，作为我国化工企业社会责任实践水平的评价方法。通过对企业社会责任报告的内容进行分析，是国外学者衡量自愿性社会责任最常用的方法。本书借鉴国外学者 Sharif 和 Rashid（2014）、El-Halaby 和 Hussainey（2015）等以及国内学者王建明（2008）、沈洪涛等（2011）、秦续忠等（2018）的研究方法，也采用指数法评价我国化工企业社会责任实践水平。首先对指标体系中的二级指标逐项赋值打分，得到各个二级指标的得分，将属于同一个一级指标的得分相加，可以汇总出七个一级指标的得分，将一级指标的总分相加，即可得到化工企业社会责任实践总分，将总得分除以赋值标准约定的满分，就得到我国化工企业社会责任实践总指数。将各个一级指标的得分除以各个一级指标赋值标准约定的满分，就可以得到对各个利益相关者的责任指数。采用这种方法进行评价的主要缺陷是工作量大，需要对报告逐份仔细阅读，但是准确度较高，而且可以对各个利益相关者社会责任之间进行横向比较，有助于本书后续实证部分的研究。

三、我国化工企业社会责任实践水平评价结果

依照本书研究所建立的评价指标体系和评价方法对我国化工企业披露的474份社会责任报告进行评价，取得了474个总指数评价结果和3318个一级指标指数评价结果，表4-2对总指数和对各个一级指标指数做了描述性统计。

表4-2　企业社会责任实践评价指数的描述统计

指数	样本数	平均值（E）	最大值（X）	最小值（M）	标准偏差
CSDI	474	35.5119	86.7347	10.2041	12.2639
TI	474	44.3601	93.3333	0.0000	20.0756
ZI	474	37.9898	85.7143	0.0000	17.0305
XI	474	35.0035	100.0000	0.0000	18.4238
YI	474	43.2841	100.0000	0.0000	19.2735
SI	474	22.4684	91.6667	0.0000	19.1823
QI	474	30.7489	75.0000	0.0000	16.2085
HI	474	33.5644	100.0000	0.0000	21.2394

从表4-2企业社会责任实践总指数（CSDI）的描述统计中可以看出，我国化工企业社会责任实践总指数的平均值是35.5119，满分为100，这说明从总体来看，我国化工企业社会责任实践水平较低。从极限值来看，最小值为10.2041，最大值为86.7347，可以看出社会责任实践最好的企业和最差的企业之间的差距很大，从最大值来看，虽然我国化工企业社会责任实践水平总体较低，但已经涌现出了有代表性的企业，能够较好地理解企业社会责任的内涵和社会责任实践的有效性。从标准偏差12.2639可以看出已经发布的社会责任报告之间的水平差异很大，这种差异是否因为企业所处的生命周期阶段不同所造成，以及是否有统计学意义，将在下一章进一步研究。

　　从表4-2对各个利益相关者责任实践指数（TI）的平均值来看，我国化工企业对投资者和债权人责任实践水平最高，指数平均值为44.3601，排在其他利益相关方之前，说明化工企业认为投资者是最重要的利益相关者。其次是员工责任指数（YI），平均值为43.2841，也超过总指数的平均水平，说明化工企业特殊的生产特点容易对员工造成人身伤害和安全事故，企业比较重视员工福利和安全培训教育等。我国化工企业对生产安全责任的实践水平（SI）最低，平均指数仅为22.4684，远远低于对其他利益相关者的责任实践，从企业社会责任报告披露的内容来看，大多数企业都披露了如何进行安全生产的举措等信息，但是鲜有企业披露定量化的生产安全指标（如生产安全事故数、员工伤亡率、千人死亡率、千人受伤率等）信息。

本章小结

　　本章评估了我国化工企业的社会责任实践水平。回顾了我国化工企业的发展历程，包括早期起步阶段、改革开放与行业转型阶段以及现代化发展与国际化进程阶段。随着时间推移，化工企业的社会责任意识和实践内容逐步深化，尽管取得了显著进展，但化工企业在社会责任管理能力、技术创新、员工管理、企业文化和市场竞争等责任实践方面仍面临诸多挑战。接下来对目前的社会责任评价体系展开述评，指出了现有体系的特点和不足，结合我国化工企业的生产特点和利益相关者，构建了我国化工企业社会责任实践评价的指标体系和评价标准，通过指数分析法测度样本化工企业的社会责任实践水平。

第五章　化工企业社会责任实践对企业市场价值的影响及作用机制

第一节　文献综述与问题提出

国外文献对企业社会责任实践活动经济效果的研究主要集中在社会责任实践与企业市场价值的关系上，国外研究几乎都是以发达国家的企业为对象进行的，对企业社会责任实践与企业市场价值的关系并未形成统一结论，有的学者经过实证检验认为社会责任实践与企业市场价值正相关，如 McWilliams 等（2006）、Herbohn 等（2014）、Qiu 等（2016）、Yu 等（2018）；有的学者经过实证检验认为社会责任实践水平与企业市场价值负相关，如 Cowan 和 Deegan（2011）、Carnevale 等（2012）；有的学者则得出两者没有显著相关关系的结论，如 McWilliams 和 Siegel（2001）、Beck 等（2018）。

从国外学术界对两者关系研究的文献综述来看，大多数得出了企业社会责任实践正向影响企业绩效的结论，如 Friede 等（2015）对从 20 世纪 70 年代到 2015 年的 2200 项实证研究进行了总结，得出 90% 以上的文献认为企业社会责任实践行为对企业绩效产生非负向影响的结论，而且其中绝大多数是显著正向影响。Lu 和 Taylor（2016）对 192 项研究的整理发现大多数研究得出两者正向影响的结论，而且环境责任比其他社会责任对企业绩效的影响更显著，同时发现学者们在研究中使用的方法对研究结果有重大影响。总结来说，从国外研究来看，该领域的大多数研究都提出了企业社会责任实践与企业市场价值呈正相关的结论，也有部分研究提出两者之间无论如何都找不到可证明的显著关系，另有极少数的研究发现两者之间存在负相关关系。

同国外学者一样，国内学者对企业社会责任实践水平影响企业市场价值的研究结论也不一致。陈玉清和马丽丽（2005）认为，企业社会责任实践与企业市场价值之间没有显著相关性，但在不同行业两者之间关系有显著差异。温素彬和方苑（2008）以及刘想和刘银国（2014）等发现，企业社会责任活动的短期效果不显著，但长期来看会改善企业的财务绩效。刘冬荣等（2009）的研究发现企业社会责任信息披露与企业市场价值之间的相关关系为正，但并不显著。李新娥和彭华岗（2010）的研究发现企业社会责任信息披露对企业财务绩效没有显著影响，但企业社会责任信息披露得分与企业声誉得分存在显著的正相关性。袁蕴（2009）、沈洪涛和杨熠（2008）、张兆国等（2013）学者则得出两者之间呈显著正相关的研究结论。周雪和马舜羿（2019）发现积极承担社会责任对企业过度投资和投资不足产生正向调节作用。魏卉等（2020）考察企业社会责任履行对企业权益资本成本的影响，发现企业通过信息不对称和异质性风险两条中介路径可以有效降低权益资本成本，从而提高企业绩效。佟孟华等（2020）则验证了企业高污染环境责任信息对权益资本成本的负效应。韩子超和张友棠（2022）的研究发现企业社会责任信息印象管理对资本成本的影响呈现"U"形，适当的社会责任印象管理会降低资本成本，促进企业持续发展。郭然等（2024）从全球价值链的角度分析企业绿色研发究竟能否促进"中国制造"全球价值链跃迁，研究发现，在短期内企业绿色研发需要一个较长的动态反馈过程，无法在短期内获得收益，但随着研发工艺投入使用，落后产能逐渐淘汰，绿色研发会带领企业迎来向全球价值链的攀升，促进企业向高附加值的生产方式转变。汪茜和陈会茹（2024）也在研究中证实企业社会责任对财务绩效的影响呈现倒"U"形，有一个最佳投资度和投入量，在这个最佳点能够最大化地促进企业财务绩效的提高。

国内外学者未能就企业社会责任与企业市场价值的关系达成共识的原因主要有：首先，学者们所使用的企业市场价值衡量指标广泛且不一致，比如有的学者用基于市场的指标，包括股价、基金等（Fatemi et al.，2018），有的学者使用基于会计的指标如资产回报率（ROA）和股本回报率（Ferrell et al.，2016）。其次，对企业社会责任的衡量并没有统一的标准，由于企业社会责任活动的多维特征，企业不仅对应该履行哪些社会责任有不同理解，对企业社会责任水平的评价也有争议。最后，正如 Barnett 和 Salomon（2006）所指出的那样，企业社会责任水平与企业市场价值之间的关系可能既不是完全正向的也不是完全负向的，有必要进行更深入的研究。

随着对企业社会责任实践与企业市场价值关系研究的深入，企业社会责任实践对企业市场价值的作用机制成为部分学者关注的问题。国外学者 Aguinis 和 Glavas（2012）强调了当前研究中关于企业社会责任与企业绩效之间关系的差异性结论，并鼓励研究人员转向研究两者关系形成的作用机制。

大多数学者从资本成本的路径进行了研究。Frankel 等（1995）认为企业进行自愿性的社会责任实践能够消除企业内部和外部利益相关者之间存在的信息不对称，并在此过程中降低资本成本而提升企业市场价值。同样，Plumlee 等（2015）通过探索企业市场价值组成部分（预期未来现金流量和权益成本）与自愿环境披露质量之间的关系，结果发现自愿的环境实践通过现金流量和权益资本成本的中间作用而与公司价值相关。Dhaliwal 等（2011）、Ghoul 等（2011）研究发现，上一年股权资本成本较高的企业倾向于在当年开始披露企业社会责任活动，而具有较高社会责任实践的企业则可以随后一年降低股权资本成本，从而提高了企业财务绩效。Dhaliwal 等（2014）在对企业社会责任实践后果和影响机制的研究中纳入了资本成本和利益相关者导向两个变量，研究样本覆盖了 31 个国家和地区的企业，结果发现企业社会责任与股权资本成本之间存在负相关关系，从而影响企业市场价值，这种关系在利益相关者导向的国家更为明显。

国外部分文献从产品市场的路径展开研究。Hammann 等（2009）、Sweeney（2009）、Marín 等（2012）、Madueño 等（2016）将企业社会责任实践、利益相关者关系与企业业绩三个变量联系起来，最终的研究结论都指向同一个路径：企业社会责任实践影响了企业与利益相关者的关系从而提高了企业绩效。Saeidi 等（2015）认为直接研究企业社会责任与企业绩效之间的关系，导致研究结果并不精确，并在研究中将可持续竞争优势、声誉和客户满意度作为企业社会责任与企业绩效之间关系的三个调节变量，对 205 家伊朗制造业企业的研究结果表明，企业社会责任通过提高声誉和竞争优势间接促进了企业绩效。Xie 等（2017）通过探索客户满意度和制度环境在企业社会责任实践与财务绩效之间的联系中的作用，发现企业社会责任实践与财务绩效之间的关系完全由客户满意度调节，而良好的制度环境积极地加强企业社会责任工作对企业客户满意度的影响。Doorn 等（2021）探索了品牌企业的社会责任活动对消费者购买的影响，得出结论是企业的社会责任实践可以减弱消费者对产品质量的不确定性。Bardos 等（2020）使用跨行业的 364 家企业的 2505 个样本，研究了企业社会责任能够通过改变消费者对产品市场认知而影响企业市场价值。

从国内研究来看，路径与国外相仿。有的学者从资本成本和预期现金流的路径研究了企业社会责任实践对企业市场价值的作用机制，如杨璐和范英杰（2016）研究发现企业环境实践通过降低股权融资成本的路径提升了企业市场价值。李宏伟和黄国良（2015）以我国重污染企业为样本，验证了企业环境责任实践通过提高投资者信心的路径作用于企业市场价值。刘宇芬和刘英（2019）验证了碳实践对企业市场价值通过投资者信心的路径产生影响。杜湘红和伍奕玲（2016）建立了我国上市企业碳实践指标评价体系，利用评价结果考察了碳实践对企业市场价值的作用机制，发现碳实践对企业市场价值的提升作用部分通过投资者决策这一路径传递，投资者决策发挥了中介作用。刘建秋和宋献中（2010）的研究发现企业的信誉资本在企业社会责任对企业市场价值的影响中发挥了中介作用。周兵等（2016）对企业责任影响企业市场价值的作用机制进行了研究，结果发现企业的自由现金流在其中起部分中介的作用，中介效果为抑制性中介，即对主效应有降低作用。任力和洪喆（2017）间接研究了企业环境责任实践对企业市场价值的影响，从资本成本效应和预期现金流效应两种渠道研究发现企业环境实践的资本成本效应不存在，而预期现金流效应显著为负。

有的学者从产品市场的路径研究了企业社会责任实践对企业市场价值的影响。如周丽萍等（2016）论证了企业社会责任实践通过提高企业声誉的路径对企业长期财务绩效产生影响，但在企业社会责任实践对企业短期财务绩效的影响中，企业声誉不起传导作用。在产品价格方面，林志炳（2022）通过对供应链定价与制造策略的探索中发现零售商企业社会责任程度对绿色产品批发价格产生影响。李锋和王倩妮（2024）发现迭代产品的最佳上市时间和产品价格对企业总收益的影响，发现迭代产品上市后，上一代产品的价格下降，能够提高上一代产品的销售量，但是企业的总收益会随之下降。王正军和谢晓（2020）分为内部和外部相关者两个角度，探究企业承担内部和外部利益相关者社会责任对财务绩效的影响。何音等

（2020）检验了营销竞争力在企业社会责任与企业市场价值的关系中发挥部分中介作用。李江等（2020）基于情感迁移理论研究发现企业社会责任对消费者品牌评价有显著影响。

从国内外研究来看，无论是基于资本市场的路径还是基于产品市场的路径都是通过社会责任实践对利益相关者产生影响而作用于企业市场价值，前提都是利益相关者已经接收到了企业的社会责任实践信息。那么企业的社会责任实践一定会被利益相关者关注到吗？企业社会责任信息传递到利益相关者的路径是什么？对此，媒体关注进入了研究者的视角。

国外文献中，Kotha 等（2001）研究认为媒体曝光作为企业声誉建立的一个渠道对企业绩效产生了显著影响。Reverte（2009）依据合法性理论、利益相关者理论和代理理论对企业社会责任实践与媒体关注进行了研究，结果表明，与企业社会责任评级较低的企业相比，具有较高企业社会责任评级的企业呈现出统计学上显著的更大规模和更高的媒体曝光率。Seong 和 Oh（2018）使用涵盖企业社会责任活动的新闻文章，发现公开的社会责任活动与股东价值和未来经营业绩的改善呈正相关。Cahan 等（2015）的研究较为深入，不仅研究了社会责任实践水平高的企业是否获得了更多的媒体报道，还研究了企业是否使用社会责任实践来积极管理他们的媒体形象，其在研究中使用了所有关于公司的新闻报道，而不仅是那些关于具体企业社会责任举措的新闻报道，结果发现社会责任实践水平高的企业总体上获得了更多和更有利的新闻报道，在控制潜在的内生性后，发现这能够降低资本成本并增加企业的股权估值。Chang 等（2019）研究了媒体自由度在企业社会责任影响企业市场价值的中介作用，结果发现媒体自由度越高，企业社会责任活动与财务业绩的正相关作用越强。

国内学者陶文杰和金占明（2012）、董淑兰和刘浩（2018）将媒体关注度作为中介变量，研究得出企业社会责任实践通过提高媒体关注度，改善了企业的财务绩效，中介效应类型为部分中介效应。李慧云等（2016）以2014年A股上市公司为样本研究了媒体关注在上市企业碳实践对企业市场价值影响中的作用，得出媒体关注在碳实践水平对企业市场价值影响中有显著的中介效应，中介效应类型为部分中介效应。但是，邹绍辉和张聪瑞（2018）对我国煤炭企业环境责任实践水平与企业财务绩效的关系进行了研究，并考察了媒体关注的中介作用，得出媒体关注没有在两者之间起到传导作用的结论，即中介效应不显著。温素彬和周鎏鎏（2017）研究发现媒体关注在我国企业碳实践对财务绩效的影响中并没有发生线性影响，而是产生倒"U"形的调节作用。

从当前研究结果来看，研究结论有所差异，有的学者验证了媒体关注在企业社会责任实践对企业市场价值影响中的中介效应，有的学者得出没有发挥中介效应的结论，还有的学者得出两者之间有调节效应的结论，当前的研究结论提示可能在研究中遗失了其他变量，仍有变量对两者之间的作用机制产生影响。另外，目前的研究没有从行业角度展开，化工企业污染大，受社会关注高，化工企业特殊的生产特点使其成为媒体更为关注的对象，媒体报道在化工企业社会责任实践对企业市场价值的影响中可能发挥了比其他行业的企业更加重要的作用，同时处于不同生命周期的化工企业，媒体报道在企业社会责任实践到利益相关者的传导中所起的作用可能并不一致，但目前尚未见到对这些问题进行研究的文献。因此，本章基于企业生命周期的视角研究我国化工企业社会责任实践差异对企业市场价值的影响和作用机制。从企业生命周期的视角研究化工企业社会责任实践对企业市场价值的作用机制及差异，为打开企业社会责任实践与企业市场价值的关系"黑箱"提供新的理论视角，同时也能够帮助化工企业了解社会责任实践对企业市场价值作用"黑箱"中的内在机制，为我国化工企业提升社会责任实践水平和企业市场价值提供实践建议。

第二节　研究假设

一、企业生命周期的调节效应分析与研究假设

如上所述，在企业社会责任实践水平与企业市场价值关系的研究中，虽然有的学者证实了企业社会责任实践水平与企业市场价值之间呈显著正相关关系，但有的学者却未能证明两者之间有显著的相关性，相反，也有学者证实企业社会责任实践水平与企业市场价值呈负相关关系。这些相互矛盾的研究结果使人们对企业社会责任履行产生了怀疑。此时，少数学者从企业生命周期的视角提出了研究结论差异的原因，认为随着企业发展到不同的生命周期阶段，企业结构、盈利水平、管理方式都会为了适应企业不同阶段的发展特点而发生转变，企业社会责任履行也会有明显的变化。从研究结构上来看，一部分研究将企业生命周期作为调节变量，来探索企业在不同阶段的企业社会责任与其他因素之间的相互影响的变化。张继德等（2024）基于企业生命周期视角探索机构投资者持股情况分别在企业成长期、成熟期和衰退期对企业社会责任造成的不同程度的影响。张莉艳和张春钢（2024）从企业内部权力分配结构上展开研究，将企业生命周期作为调节变量，认为随着企业的成熟与发展，董事会结构性权力非均衡越能够推动企业社会责任的践行。还有一部分研究在异质性分析当中分析不同生命周期阶段对企业社会责任实践、企业 ESG 责任表现等因素的不同影响，或者是不同生命周期企业对企业技术创新等因素的异质性影响。孙蕊等（2024）在 ESG 实质性议题披露研究中将企业生命周期作为异质性分析的一个维度，发现衰退期的企业更注重 ESG 实

质性议题披露。王性玉和王倩雯（2024）在研究企业慈善捐赠与应计盈余管理之间的关系时涉及生命周期对企业慈善捐赠类型影响的探究，从而发现不同类型企业慈善捐赠对应计盈余管理的不同影响。刘方媛和吴云龙（2024）在数字化转型对企业 ESG 责任表现的影响研究中，对产权性质、行业污染程度和生命周期三个方面进行异质性检验。黄大禹等（2023）探索环境规制对企业 ESG 表现时，发现环境规制对成长期和成熟期企业的 ESG 表现具有显著正向影响。将生命周期作为调节变量的研究更偏向于将企业社会责任作为结果变量，研究致力于探索企业内部权力结构等因素如何在不同阶段对企业社会责任起到促进或抑制作用。

从研究主题来看，随着企业社会责任研究主题的拓展，生命周期视角下的企业社会责任研究也在不断地延伸。近年来，生命周期视角下企业社会责任的研究主题一方面集中在企业财务绩效上。企业作为盈利单位，财务指标始终是衡量企业盈利程度的最直观的指标，因此在企业社会责任研究中，财务指标和变量始终是不能忽视的重点和热点。李霞（2022）对财务绩效、高管持股与企业社会责任履行之间的关系进行探究，发现在企业生命周期的成熟阶段，财务绩效对企业社会责任履行有更强烈的促进作用，并且高管与企业利益趋同对两者关系具有正向的调节作用。另一方面集中在 ESG 表现上。随着环境问题、社会问题频繁出现，以及企业和社会的发展，公众对企业社会责任履行情况越来越关注。反映企业非财务指标的 ESG 同样引起了学者的关注。企业 ESG 表现是一个综合性概念，涵括环境（Environment）、社会（Social）和治理（Governance）三个维度，体现了社会责任的内涵，也更加强调了环境维度的重要性，通常与企业可持续发展、数字化转型等变量相结合进行研究。王晓红等（2024）讨论了企业战略激进度对企业 ESG 表现的影响以及数字化转型的中介效应，研究发现在一定的范围内，企业战略越激进，企业 ESG 表现越好，随着 ESG 表现越来越好，企业战略激进度对其影响是边际效应递增的，而这种积极影响只存在于企业的成熟阶段。李端等（2023）探究医药行业中企业 ESG 表现对于全要素生产率的影响，他们认为在企业初期阶段，随着 ESG 表现不断提高，它能够发挥信号传递的作用，向外界传达社会责任治理良好、践行环保节约的信息，从而促进全要素生产率，超过一定的范围后，随着 ESG 表现提高，反而会削弱全要素生产率。在这个过程中，企业在经历成长期和成熟期时有更好的 ESG 表现。张芳和于海婷（2024）从企业生命周期的视角出发，探究绿色信贷对制造业重污染企业绿色创新的影响，研究发现绿色信贷政策能够通过影响融资约束和研发投入抑制处于成长期和衰退期的重污染企业的绿色创新，通过影响融资约束和资本投资作用于成熟期的重污染企业的绿色创新。因此在对企业社会责任进行研究时，无论是将企业生命周期作为调节变量加入研究模型，还是将它作为异质性检验的一部分，企业生命周期都是一个重要的、值得讨论的视角，能够基于企业发展实际进行全面的探索。

化工企业的生产过程通常具有高度的连续性和稳定性。由于化工产品多为大宗原材料，其生产过程需要保持长时间的稳定运行，以确保产品质量和产量的稳定。生产过程的连续性使化工企业的生命周期更加清晰明确。处于不同生命周期的化工企业，其内在价值和外部环境都有显著差异，企业资源的有限性和利益相关者的利益冲突，造成企业社会责任实践水平可能存在差异，对企业市场价值也会产生影响。对于成长期的化工企业来说，生产和销售步入正轨，为了迅速扩张、争取更多资本的加入，企业会选择提高社会责任实践水平，影响外部投资者和消费者对企业的关注，以获取资源提升企业市场价值，但成长期的企业资源尚未达到最大化，履行社会责任与扩大规模之间存在资源的相互争夺与挤占，因此社会责任实践水平对企业市场价值的影响未达到最大。对于成熟期的化工企业来说，市场份额稳定，但收入的增长趋势也逐渐放缓，市场逐渐饱和，企业为了实现长期利益最大化，取得行业内的领导地位，会选择提高社会责任实践水平，以提升企业市场价值。成熟期的企业拥有足够的资源履行并披露对各个利益相关者的社会责任，社会责任实践水平也随之提高，能够帮助企业提升企业市场价值。对于衰退期的企业来说，经营水平下滑，甚至出现负的现金流，资金量严重不足，虽然企业为了挽留市场，重拾投资者和消费者的信心，会选择提高社会责任实践水平，以期提高企业市场价值，但企业迫于资源有限的压力，履行社会责任的能力较低，社会责任实践水平也较低，社会责任实践产生的经济效果不显著。

基于上述分析，本章提出如下假设：

假设 5-1：企业生命周期在我国化工企业社会责任实践水平对企业市场价值的影响中起调节作用（见图 5-1）。

假设 5-1a：成长期的化工企业社会责任实践水平对企业市场价值有显著的正向影响，但尚未达到最大。

假设 5-1b：成熟期的化工企业社会责任实践水平对企业市场价值有显著的正向影响，且影响最大。

假设 5-1c：衰退期的化工企业社会责任实践水平对企业市场价值无显著影响。

假设 5-1d：企业生命周期在我国化工企业社会责任实践水平对企业市场价值的影响中发挥调节效应。

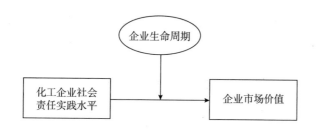

图 5-1 企业生命周期的调节效应概念模型

二、媒体报道的中介效应分析与研究假设

企业社会责任实践本身并不对企业市场价值产生影响。根据信号传递理论，企业社会责任实践对企业市场价值的影响要通过信号传递，作用于其他要素，从而影响企业市场价值。根据利益相关者理论，利益相关者是企业的资源供给方，企业通过投入更多时间、资金和资源来吸引和管理与各利益相关方的关系，进而提高社会责任实践水平，能够实现与利益相关者的良好沟通，影响利益相关者的资源供给，从而影响企业市场价值。当前国内外学者对企业社会责任实践作用于企业市场价值的研究主要从资本市场和产品市场两条路径展开，但无论是基于资本市场的路径还是基于产品市场的路径，都是通过社会责任实践对利益相关者产生影响而作用于企业市场价值，前提都是利益相关者已经接收到了企业的社会责任实践信息。那么企业的社会责任实践信息一定会被利益相关者接收到吗？企业社会责任实践信息通过什么途径传递到利益相关者？这种途径是否对企业市场价值产生影响？媒体是信息传递的核心参与者，因此本节从媒体报道的角度对我国化工企业社会责任实践水平影响企业市场价值的作用机制展开研究。

化工行业的生产特点决定了化工企业污染大、受社会关注程度高，虽然化工企业主动披露社会责任实践信息对于缓解信息不对称问题起到了一定的作用，但媒体作为公众获取信息的主要渠道，比企业自身发布的信息更有公信力。尤其是最近数年，企业自身披露的社会责任实践信息常常被认为出于印象管理的目的而导致可信度低、只披露表象、质量差等问题，不仅让利益相关者产生了怀疑，还加剧了利益相关者对企业的信任危机，甚至影响企业的合法性。因此，利益相关者除了通过企业的年报、企业社会责任报告、企业网站等途径获得企业履行社会责任的信息，更希望通过媒体对企业的报道获取企业履行社会责任的信息，因为后者的信息获取途径对利益相关者来说

可信度更高（陶文杰、金占明，2012）。陶莹和董大勇（2013）、柳学信等（2019）的研究结果表明为了满足利益相关者与企业之间信息不对称所产生的信息需求，媒体作为公认的第三方，也在积极寻求企业履行社会责任的信息，社会责任实践水平越高的企业，媒体关注度也越高。Dyck 和 Hussey（2008）的研究指出，媒体的作用是收集、选择、验证和重新包装信息，媒体报道大大降低了利益相关者群体所面临的信息成本。Lauterbach 和 Pajuste（2017）研究发现在媒体公信力较高的地区，当媒体被认为是可靠和专业的时候，其影响企业在社区内外的利益相关者关系产生了非常重要的作用。综合学者们的研究成果，本节认为化工企业通过主动履行并披露社会责任实践信息可以缓解与利益相关者之间的信息不对称问题，媒体报道在其中发挥了重要的作用。

媒体报道对企业的监督和治理效能已经得到了广泛研究，如 Zavyalova（2012）的研究表明，媒体报道对公众舆论的影响能够有效地补充企业内部治理的不足，促进企业经营管理水平的提高。郑志刚等（2011）的研究发现，媒体负面信息报道能够形成对经理人行为的外部约束，从而发挥治理功能，改善企业业绩。根据公司治理相关理论，有效的公司治理将会促进公司价值的提升（白重恩等，2005）。张烨（2009）认为媒体报道通过降低内幕交易和引导舆论来引导企业变革。醋卫华和李培功（2012）研究发现媒体报道在法律和市场环境不完善的情况下发挥了监督作用，促进了企业良好经营。孔东民等（2013）基于企业好行为和坏行为的视角研究了媒体报道对企业运营的影响，结果发现无论是从正面行为还是反面行为，媒体报道对企业运营均能够发挥有效监督的治理效能。

近些年虽然媒体报道对企业的治理效能得到了广泛并确切的研究，但对媒体报道在企业社会责任实践对企业市场价值作用中的传导机制研究较少，如本章在文献梳理中所述，从当前少数研究结果来看，研究结论有所差异，另外，目前的研究没有从行业角度展开，化工企业污染大，受社会关注高，化工企业特殊的生产特点使其成为媒体更为关注的对象，媒体报道在化工企业社会责任实践对企业市场价值的影响中可能发挥了更加重要的作用，同时处于不同生命周期的化工企业，媒体报道所起的作用可能并不一致，本章先研究媒体报道在我国化工企业社会责任实践水平对企业市场价值作用中的中介效应，下个部分在此基础上探讨企业不同生命周期阶段，媒体报道所发挥的中介效应是否一致。

基于上述分析，本节认为企业社会责任实践水平的提升能够提高媒体对化工企业的报道数量，媒体报道一方面在化工企业与利益相关者之间发挥了信息传递的中介作用，影响了利益相关者的资源供给，促进了企业市场价值提升。另一方面，媒体报道能发挥监督作用和间接的治理效能，促进企业市场价值提升，由此提出以下假设：

假设5-2：媒体报道在我国化工企业社会责任实践对企业市场价值的影响中起中介作用（见图5-2）。

假设5-2a：我国化工企业社会责任实践水平能够显著正向影响媒体报道。

假设5-2b：媒体报道在我国化工企业社会责任实践对企业市场价值的影响中有显著的中介效应。

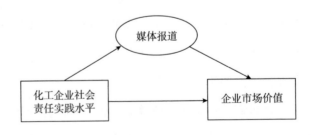

图5-2 媒体报道的中介效应概念模型

三、媒体报道在不同企业生命周期的中介效应分析与研究假设

基于上部分的理论分析，由于化工企业与利益相关者之间的信息不对称，使利益相关者不仅关注化工企业自身披露的社会责任实践信息，还从媒体对企业的报道中寻求企业社会责任实践信息，并因此影响其对企业的资源供给，从而影响企业市场价值。那么对于不同生命周期的化工企业来说，媒体报道在社会责任实践水平与企业市场价值之间所产生的中介效果是否一致呢？当前学术界对这一问题的研究匮乏，但研究结论有助于我们更深入地探讨和寻求化工企业社会责任实践影响企业市场价值的内在机制。当化工企业处于成长期，企业的市场价值并不明晰，利益相关者对企业经营状况的判断较难，更有可能从作为公立第三方的媒体报道中获取信息，并影响其对企业的资源供给，因此媒体报道在化工企业社会责任实践对企业市场价值作用中的中介效应占总效应的比重更大，甚至起到完全中介的效应。当化工企业处于成熟期，企业的生产经营状况经过了市场的长期检验，利益相关者对媒体报道信息的依赖程度降低，因此媒体报道在化工企业社会责任实践水平对企业市场价值作用中的中介效应占总效应的比重较小，起到部分中介的效应。

基于上述分析，本章提出如下假设：

假设5-3：不同企业生命周期阶段，媒体报道在我国化工企业社会责任实践对企业市场价值的影响中所产生的中介效应不同，媒体报道在成长期的化工企业社会责任实践对企业市场价值作用中的中介效应为完全中介效应，在成熟期为部分中介效应（见图5-3）。

四、不同企业生命周期利益相关者责任实践水平对企业市场价值的影响

利益相关者理论跳出了传统的股东至上理论的束缚，成为管理理论研究的主流之一，现有研究结果表明，企业与其利益相关者关系的质量与企业财

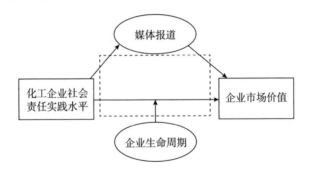

图5-3　企业生命周期、媒体报道与企业社会责任实践对企业市场价值影响的概念模型

务绩效之间存在正相关关系（Waddock and Graves，1997），与企业可持续的财富/长期价值存在正相关关系（Post et al.，2002），与企业声誉存在正相关关系（Maden et al.，2012）。社会责任实践是企业与利益相关者沟通的主要方式之一，履行对利益相关者的社会责任能够维护企业与利益相关者关系的质量，提高产品质量和市场地位与形象，而利益相关者的满意度、产品质量、产品地位和产品形象的提升能够提高企业市场价值（见图5-4）。

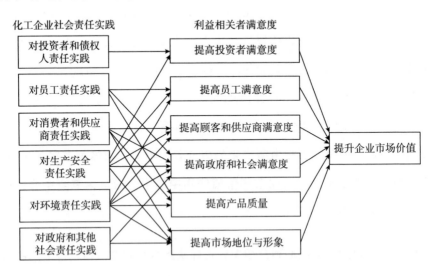

图5-4　利益相关者社会责任实践水平对企业市场价值的影响路径

根据企业生命周期理论和利益相关者理论，企业受资源和能力所限，在不同的企业生命周期阶段对不同的利益相关者的关注程度不一样，对不同利益相关者的社会责任实践水平也不一样。

成长期的化工企业市场增长较快，企业在这个时期致力于吸引投资和生产扩张，需要大量的资金来支持其扩张，因此提高对投资者和债权人的社会责任实践水平能够显著提高企业市场价值。与此同时，市场潜在竞争者开始进入，提高对消费者和供应商的社会责任实践水平能使企业获得更好的上下游产业链及提高市场份额，能够显著提高企业市场价值。成长期的化工企业没有多余的资金致力于社会捐赠等对其他社会责任的履行，同时企业受经营规模所限纳税较少，因此企业对这方面的社会责任实践较少，社会责任实践水平与企业市场价值负相关。

基于上述分析，提出以下假设：

假设 5-4a：成长期的化工企业提高对投资者和债权人的社会责任实践水平能够显著正向影响企业市场价值；成长期的化工企业提高对消费者和供应商的社会责任实践水平能够显著正向影响企业市场价值；成长期的化工企业对政府和其他社会责任实践水平与企业市场价值显著负相关。成长期的化工企业对其他利益相关者社会责任的实践水平与企业市场价值弱相关。

进入成熟期的化工企业，市场份额较为稳定，盈利能力增强，利润水平较高，这一时期的企业能够为股东和其他投资者带来最大经济利益，企业产品和规模的资本投入开始下降，因此对外部资金的需求量逐步下降，企业在这个生命周期阶段有了大量富余资金，往往比较重视自身形象，也有能力加强对员工责任的履行，以及提高社会捐赠水平和纳税总额，以提高企业声誉、改进员工福利并维护与政府和社会的关系。成熟期的化工企业建立了一定的知名度，受社会关注度提高，不利于环境的违规经营容易被发现，为避免对企业的声誉造成损害，同时企业也有了资源和能力进行环境投入和污染治理，因此成熟期的化工企业对员工的社会责任实践水平、对环境责任实践水平、对政府和其他社会责任的实践水平越高，对企业市场价值影响越大。

基于上述分析，提出以下假设：

假设 5-4b：成熟期的化工企业提高对员工责任实践水平、对环境责任实践水平和对政府与其他社会责任的实践水平能够显著正向影响企业市场价值。成熟期的化工企业对其他利益相关者社会责任的实践水平与企业市场价值弱相关。

衰退期的化工企业，由于经营压力和现金回流压力，往往比较重视对消费者和供应商的责任履行，给消费者和供应商提供更多的优惠，加大产品研发投入力度，开发更好的产品以重获增长点，实现衰退期的蜕变，履行更多的对消费者和供应商的社会责任，能够尽量获取市场份额和回流现金，因此对消费者和供应商的社会责任实践活动越多，对企业市场价值影响越大。员工作为企业内部利益相关者比较了解企业的生产经营状况，尤其是化工企业连续生产的特点，使其员工的稳定率对生产影响较大，当进入衰退期，如果企业能够履行更多的对员工的社会责任，能够增强员工的凝聚力，降低员工的离职率，有助于员工与企业同心协力共渡难关，提升企业市场价值。

基于上述分析，提出以下假设：

假设 5-4c：衰退期的化工企业提高对员工责任的实践水平能够显著正向影响企业市场价值。衰退期的化工企业对消费者和供应商的社会责任实践水平与企业市场价值显著正相关。衰退期的化工企业对其他利益相关者社会责任的实践水平与企业市场价值弱相关。

第三节　研究设计

一、变量设计

本章研究的主要变量分为五类，包括被解释变量、解释变量、调节变量、中介变量和控制变量，表5-1给出了本章研究所涉及的变量的具体解释，变量的具体定义如下：

表5-1　本章模型中涉及的变量、代码及定义一览

变量类别	变量名称	变量代码	变量定义
被解释变量	企业市场价值	TQ	托宾Q比率，即企业的市场价值与企业重置成本的比率
解释变量	化工企业社会责任实践总指数	$CSDI$	由第四章计算得到
	投资者和债权人责任指数	TI	由第四章计算得到
	员工责任指数	YI	由第四章计算得到
	消费者和供应商责任指数	XI	由第四章计算得到
	环境责任指数	HI	由第四章计算得到
	政府和其他社会责任指数	QI	由第四章计算得到
调节变量	企业生命周期	T	Dickinson现金流组合法划分企业生命周期阶段
中介变量	媒体报道	$MEDIA$	媒体报道总数加1的自然对数
控制变量	企业规模	$SIZE$	企业资产总额的自然对数
	盈利能力	ROA	总资产净利润率即年末净利润除以总资产
	偿债能力	LEV	资产负债率
	股权性质	EQU	哑变量，国有企业取1，非国有企业取0
	股权结构	TOP	第一大股东持股比例
	年度	$YEAR$	虚拟变量，用于控制年度因素的影响，当变量属于该年度时取值为1，否则为0

（一）被解释变量

在企业社会责任实践与企业经济价值或财务绩效相关性的研究中，有的学者使用每股收益（EPS）作为经济价值的替代指标，有的学者使用资产收益率（ROA）或净资产收益率（ROE）作为财务绩效的替代指标，也有学者使用托宾Q比率作为企业市场价值的替代指标。托宾Q比率是指企业资本的市场价值与其重置成本之比。如果该比率大于1，预示着该企业的获利投资机会增加，如果该比率小于1，意味着该企业的获利投资机会减少。托宾Q比率在理论和实践上的可操作性较强，且不像会计指标那样容易被人为操纵，因此本章使用

企业当年年末的托宾 Q 比率作为衡量企业市场价值的替代变量。

（二）解释变量

对假设 5-1、假设 5-2、假设 5-3 进行验证的一系列研究的解释变量是企业社会责任实践总水平，对假设 5-4a 至假设 5-4c 进行验证的一系列研究的解释变量是五个利益相关者责任指数。

（三）调节变量

本章的调节变量是企业生命周期。本章使用现金流组合法对披露社会责任报告的化工企业进行生命周期划分。结合我国化工上市企业的特点，我国企业申请上市的条件之一是企业已营利经营至少三年，能够上市的企业基本度过了初创期，因此本章改进了 Dickinson 现金流组合法，将样本企业划分为成长期、成熟期和衰退期三个阶段，如表 5-2 所示。

表5-2　我国化工企业生命周期的现金流组合划分标准

现金流净额	成长期	成熟期	衰退期
经营活动现金流净额	−	+	+
投资活动现金流净额	−	−	−
筹资活动现金流净额	+	+	−

注："+"为>0，"−"为<0。当筹资活动现金流净额为 0 时，根据经营活动现金流和投资活动现金流的特征，分别将企业计入成熟期或衰退期；当投资活动现金流净额为 0 时，根据经营活动现金流和筹资活动现金流的特征，分别将企业计入成熟期或衰退期。

在国泰安数据库中收集 474 个样本企业的经营活动现金流净额、投资活动现金流净额和筹资活动现金流净额，依据表 5-2 的划分标准将样本企业划分为三个生命周期阶段。描述性统计结果如表 5-3 所示，可以看出，我国披露社会责任报告的化工上市企业，处于成熟期和成长期的企业最多，分别占总样本数的 45.4% 和 43.2%，处于衰退期的企业较少，占总样本数的 11.4%。

表5-3 化工企业的生命周期划分结果

企业生命周期	成长期	成熟期	衰退期	总计
样本数（个）	205	215	54	474
占比（%）	43.2	45.4	11.4	100

本章借鉴宋常和刘司慧（2011）对企业生命周期划分平稳性的检验方法，来检验使用现金流组合法对我国化工企业生命周期判定结果的可靠性，结果如表5-4所示。可以看出，使用现金流组合法对我国化工企业所属生命周期的判定结果中，处于成长期的205个企业样本中，在次年仍处于成长期的样本为135个，占比为65.85%，在次年进入成熟期的样本为58个，占比为28.30%，两者总计占比94.15%。处于成熟期的企业样本中，在次年仍处于成熟期的样本为145个，占比为67.44%，在次年进入衰退期的样本为18个，占比为8.37%，两者总计占比75.81%。处于衰退期的企业样本中，在次年仍处于衰退期的样本为33个，占比为61.11%，另外的企业通过改变企业战略转型为其他生命周期阶段或者退出市场。从以上数据可以看出，使用现金流组合法对我国化工企业生命周期进行判定后，大多数样本企业在次年仍处于当前的生命周期阶段或者进入下一生命周期阶段，只有较少的企业出现跳跃，说明大多数企业符合企业生命周期演变的一般规律，也证明了本章对企业生命周期判定方法的稳定性。

表5-4 我国化工企业生命周期判定结果的可靠性

当年所属企业生命周期	样本数（个）	次年所属的企业生命周期					
		成长期		成熟期		衰退期	
		样本（个）	占比（%）	样本（个）	占比（%）	样本（个）	占比（%）
成长期	205	135	65.85	58	28.30	12	5.85
成熟期	215	52	24.19	145	67.44	18	8.37
衰退期	54	7	12.96	14	25.93	33	61.11
总计	474						

（四）中介变量

本章的中介变量是媒体报道，为了避免变量间可能产生的内生性问题，选择以企业披露社会责任报告的当日为时间窗口，收集样本企业自社会责任报告披露日起至当年年末的媒体报道数量。

媒体报道信息的来源有两类，一类是纸质媒体报道，另一类是互联网媒体报道，虽然互联网媒体报道在当前发挥了越来越重要的作用，但互联网报道存在大量转载和重复的情况，并且结合我国当前媒体的现状，多数重要的纸质媒体报道都有网络渠道，其他互联网媒体报道也多是转载纸质媒体的网络报道。国外学者 Johnson 和 Kaye（2015）指出，调查显示，报纸被认为是比网络更可靠的媒体，因为相比之下它们可以提供更客观的信息。同时，国内学者徐莉萍等（2011）认为报纸媒体对上市公司的报道与网络媒体对上市公司的报道存在高度的正相关性。因此本章借鉴陶文杰和金占明（2012）、孔东民等（2013）、邹绍辉和张聪瑞（2018）、徐莉萍等（2018）、柳学信等（2019）各位学者的做法，对于媒体报道数据选择对中国知网"中国重要报纸全文数据库"中全国重要的 500 多种重要报纸数据库的搜索。在搜索时以每家样本企业的全称、简称、曾用名和股票代码为主题进行搜索，得到每家样本企业自社会责任报告披露日起至当年年末的媒体报道总数量。

媒体报道的内容有负面信息报道和非负面信息报道两种。非负面信息报道能够提高企业声誉，从而影响企业市场价值已经得到广泛论证，最近几年，媒体负面信息报道对企业治理的影响也得到论证。李培功和沈艺峰（2010）的研究显示，媒体负面信息报道能够促使上市公司改正违规行为，发挥间接的治理效能，并且媒体负面报道引起行政机构介入后，国有控股的上市公司在改正违规行为方面更加积极。郑志刚等（2011）的研究发现，媒体负面信息报道能够形成对经理人行为的外部约束，从而发挥治理功能，改善企业业绩。在对我国披露社会责任报告的化工上市企业股权性质的统计发现，半数以上的企业为国有控股企业，媒体负面信息报道能够发挥的治理效能更强，因此本章在选择媒体报道作为影响我国化工企业社会责任实践对企业市场价值作用的中介效应时，不区分媒体报道内容的性质。同时，考虑到在实际搜索过程中出现有的企业媒体报道数为零的情况，并且媒体报道变量与其他变量之间的量纲差异较大，因此对媒体报道数加 1 取对数处理，得到每个样本企业在窗口年度内的媒体报道水平。

（五）控制变量

国内外都有研究证实，企业规模会对企业市场价值产生影响，但是对于企业规模与企业市场价值之间的关系得出了不同的结论。本章以企业总资产的自然对数来控制企业规模对上市化工企业市场价值的影响。企业盈利能力会对企业市场价值产生显著影响，一般来说企业的盈利能力越高，企业市场价值也就越大。为了控制这个因素，在模型中引入盈利能力作为控制变量。企业资本结构中负债比例越高，来自债权人收回贷款或停止继续放贷的可能性越大，过高的债务比例，会增加企业财务风险，使企业陷入财务危机甚至破产的可能性也加大，因此也会影响企业市场价值，本章把偿债能力纳入控制变量。国有控股企业与非国有控股企业相比，接收到来自政府的资源更高，因此可能影响企业市场价值，本章把股权性质纳入控制变量。企业所有权和经营权的分离产生委托代理关系。委托代理关系虽然本质上利用了代理人的相对专业优势，但代理人和委托人之间的效应函数不一样，两者之间的代理冲突是企业市场价值提升的难题，企业第一大股东所占比例越高，意味着股权集中度越高，因此本章认为股权集中度会影响化工企业的企业市场价值，将其纳入控制变量。

综合以往学者的研究，为了检验我国化工企业社会责任实践对企业市场价值的影响，在建立的多元回归模型中控制企业规模（*SIZE*）、盈利能力（*ROA*）、偿债能力（*LEV*）、股权性质（*EQU*）、股权结构（*TOP*）及年度

（*YEAR*）六个变量。

二、模型设计

根据上述理论分析和研究假设，建立模型（5-1）检验假设 5-1 即企业生命周期在我国化工企业社会责任实践水平对企业市场价值的影响中起调节效应；建立模型（5-2）检验假设 5-2a 即我国化工企业社会责任实践水平能够显著正向影响媒体报道，通过模型（5-2）和模型（5-3）检验假设 5-2b 即媒体报道在我国化工企业社会责任实践对企业市场价值的影响中有显著的中介效应，并检验假设 5-3 即不同企业生命周期阶段，媒体报道在我国化工企业社会责任实践对企业市场价值的影响中所产生的中介效应不同；建立模型（5-4）检验假设 5-4a、假设 5-4b、假设 5-4c 即不同企业生命周期阶段我国化工企业对各个利益相关者社会责任实践水平与企业市场价值的关系。各变量的代码含义详见表 5-1，ε 为随机误差。

$$TQ_{it} = \beta_0 + \beta_1 CSDI_{it} + \beta_2 SIZE_{it} + \beta_3 ROA_{it} + \beta_4 LEV_{it} + \beta_5 EQU_{it} + \beta_6 TOP_{it} + \sum YEAR + \varepsilon_{it} \qquad \text{模型（5-1）}$$

$$MEDIA_{it} = \gamma_0 + \gamma_1 CSDI_{it} + \gamma_2 SIZE_{it} + \gamma_3 ROA_{it} + \gamma_4 LEV_{it} + \gamma_5 EQU_{it} + \gamma_6 TOP_{it} + \sum YEAR + \varepsilon_{it} \qquad \text{模型（5-2）}$$

$$TQ_{it} = \delta_0 + \delta_1 CSDI_{it} + \delta_2 MEDIA_{it} + \delta_3 SIZE_{it} + \delta_4 ROA_{it} + \delta_5 LEV_{it} + \delta_6 EQU_{it} + \delta_7 TOP_{it} + \sum YEAR + \varepsilon_{it} \qquad \text{模型（5-3）}$$

$$TQ_{it} = \varphi_0 + \varphi_1 TI_{it} + \varphi_2 YI_{it} + \varphi_3 XI_{it} + \varphi_4 HI_{it} + \varphi_5 QI_{it} + \varphi_6 SIZE_{it} + \varphi_7 ROA_{it} + \varphi_8 LEV_{it} + \varphi_9 EQU_{it} + \varphi_{10} TOP_{it} + \sum YEAR + \varepsilon_{it} \qquad \text{模型（5-4）}$$

三、样本和数据

本章的研究样本是发布社会责任报告的化工企业，样本总数共 474 个。

被解释变量托宾 Q 比率的数据来自国泰安数据库。企业规模、盈利能力、偿债能力、股权结构、股权性质的指标数据来自国泰安数据库中的财务分析报告。化工企业社会责任实践总指数和对各个利益相关者的责任实践指数的数据来自第四章的评价结果。媒体报道数据来自中国知网"中国重要报纸全文数据库"。为了消除年份对结果的影响及避免多重共线性问题,借鉴以往的研究方法,本章在进行调节效应和中介效应的回归检验之前,先对样本数据进行了中心化处理,以期更好地观测自变量对因变量的影响。

第四节 实证检验及结果分析

一、描述性分析

表 5-5 至表 5-7 报告了各个企业生命周期阶段的化工企业在模型中涉及的变量。从被解释变量——企业市场价值的替代变量托宾 Q 比率来看,成熟期化工企业托宾 Q 比率的均值是 2.1432,高于全样本的平均水平,在三个企业生命周期阶段中最高,说明企业市场价值在成熟期最被市场认可,达到了最高,成长期的托宾 Q 比率的均值是 1.9714,在三个企业生命周期阶段中最低,这也与实际情况相符,说明处于成长期的企业市场前景不明,由此也提示企业社会责任履行情况的外部信息供给(如媒体报道)可能在企业社会责任实践对企业市场价值的作用中产生更大的影响,具体情况如何需要回归分析进行验证。

表 5-5　成长期的化工企业各变量的描述性统计

变量名称	最小值（M）	最大值（X）	平均值（E）	标准偏差
TQ	0.8062	11.6617	1.9714	1.2853
CSDI	10.2041	67.3469	34.5097	11.3705
MEDIA	0.0000	53.0000	12.9220	9.6174
TI	0.0000	93.3333	42.5691	19.0662
YI	8.3333	83.3333	41.3008	17.2745
XI	0.0000	83.3333	32.6423	17.0263
HI	0.0000	90.4762	33.0664	21.6036
QI	0.0000	75.0000	28.8618	15.6662
EQU	0.0000	1.0000	0.5463	0.4991
ROA	-0.4697	7.4451	0.0663	0.5213
SIZE	19.1979	25.1351	22.7497	1.1942
LEV	0.0829	1.3518	0.5098	0.1999
TOP	6.4069	68.4615	34.4883	14.8553

表 5-6　成熟期的化工企业各变量的描述性统计

变量名称	最小值（M）	最大值（X）	平均值（E）	标准偏差
TQ	0.8572	8.1837	2.1432	1.3062
CSDI	12.2449	86.7347	37.5320	13.3506
MEDIA	0.0000	70.0000	14.2465	14.7945
TI	0.0000	93.3333	46.9768	21.0204
YI	0.0000	100.0000	46.0853	20.7244
XI	0.0000	100.0000	38.1008	19.8534
HI	0.0000	100.0000	33.8649	21.1243
QI	0.0000	75.0000	33.8760	16.5012
EQU	0.0000	1.0000	0.6000	0.4910
ROA	-0.2207	0.2204	0.0500	0.0620
SIZE	20.0807	25.1415	22.4195	1.2139
LEV	0.0140	1.0066	0.4383	0.2110
TOP	6.4501	72.1529	34.8357	12.5675

表 5-7　衰退期的化工企业各变量的描述性统计

变量名称	最小值（M）	最大值（X）	平均值（E）	标准偏差
TQ	0.9386	8.5908	2.0409	1.4347
CSDI	17.3469	52.0408	31.2736	9.2851
MEDIA	0.0000	48.0000	7.0000	9.7710
TI	0.0000	80.0000	40.7408	18.9745
YI	0.0000	75.0000	39.6605	19.2859
XI	0.0000	91.6667	31.6358	15.8097
HI	0.0000	76.1905	27.4250	19.5560
QI	0.0000	66.6667	25.4630	14.7850
EQU	0.0000	1.0000	0.5741	0.4991
ROA	-1.5771	0.2734	0.0054	0.2300
SIZE	19.6548	24.7443	22.1791	1.1518
LEV	0.0454	2.3024	0.4676	0.3445
TOP	13.2678	65.6575	37.9120	13.5176

模型（5-1）、模型（5-2）和模型（5-3）的解释变量——化工企业社会责任实践总指数，代表我国化工企业社会责任实践总水平，从描述性统计中可以看出，成熟期的化工企业社会责任实践总指数平均值最高，说明成熟期的化工企业社会责任实践水平最高，其次是成长期，衰退期最低。模型（5-4）的解释变量是对投资者和债权人责任指数（TI）、对员工责任指数（YI）、对消费者和供应商责任指数（XI）、对环境责任指数（HI）和对政府和其他社会责任指数（QI）。

模型的中介变量是媒体报道，从各个企业生命周期的样本来看，成熟期媒体报道数量最高，平均值为14.2465，其次为成长期，平均值为12.9220，媒体报道数量最低的是衰退期的企业，平均值仅为7条，可以看出样本之间的差异较大，是否会影响其在企业社会责任实践水平对企业市场价值作用中的中介效果，有待于回归分析的实证检验。

控制变量股权性质的平均值在成熟期最大，成长期最低，这与我国化工企业发展状况相符。成长期的企业需快速响应市场需求和技术迭代，非国有资本在决策效率、市场敏感度方面更具优势，更倾向于在成长期占据主导地位，而国有资本审批流程较长，介入速度较慢。另外，化工企业在成熟期通常已形成规模化、规范化运营，符合国有资本对重点行业的战略布局。企业盈利能力和资产规模在成长期达到最大，成熟期开始降低，衰退期降到整个企业生命周期的最低。资产负债水平在成长期最大，与成长期的企业规模快速扩张相符，在成熟期降至最低，这与成熟期企业对产品和规模投入下降，有更多的资金转向偿债，降低负债水平有关。股权集中度成长期最低，成熟期上升，到衰退期达到最大。

二、企业生命周期的调节效应检验

为研究企业生命周期在我国化工企业社会责任实践对企业市场价值作用中的调节效应，本章根据 Baron 和 Kenny（1986）、温忠麟等（2012）对调节效应分析方法的归纳，当自变量为连续变量，而调节变量为类别变量时，可以按调节变量的取值对样本分组，在每组内做自变量与因变量的线性回归分析，然后检验这些回归系数是否相等，如果不全相等，则调节效应显著。

本章将我国化工企业按企业生命周期划分为成长期、成熟期和衰退期，调节变量生命周期是类别变量，因此遵循上述研究思路，同时借鉴李云鹤和李湛（2012）、谢佩洪和汪春霞（2017）、郭景先和苑泽明（2018）等学者研究生命周期调节效应的方法，分组研究生命周期在我国化工企业社会责任实践水平与企业市场价值关系中的调节作用。

首先对三个生命周期阶段的化工企业，在控制了企业规模、盈利能力、偿债能力、股权结构、股权性质、年度等变量下，将社会责任实践总指数分

别与企业市场价值进行回归分析，回归结果如表5-8所示。各组回归模型的
Durbin-Watson 统计值在 [1，3] 之间，且接近2，说明残差满足独立性的条
件。方差膨胀因子 VIF 均小于10，容差 T 均大于0.1，说明模型不存在严重
的多重共线性问题。回归结果与研究假设的验证结果如下：

表5-8　各生命周期化工企业社会责任实践总指数与企业市场价值的回归统计

变量	成长期		成熟期		衰退期	
	系数	VIF	系数	VIF	系数	VIF
β_0	13.204*** (7.781)		12.063*** (7.198)		19.963*** (4.316)	
CSDI	0.015** (2.313)	1.105	0.031*** (5.679)	1.371	0.018 (0.772)	1.710
EQU	0.061 (0.346)	1.606	0.351** (2.233)	1.554	−0.076 (−0.184)	1.557
ROA	−0.365** (−2.560)	1.140	6.366*** (4.697)	1.842	−0.845 (−0.447)	5.708
SIZE	−0.510*** (−6.609)	1.749	−0.506*** (6.189)	2.569	−0.842*** (−3.658)	2.572
LEV	−0.998** (−2.137)	1.795	0.024 (0.047)	3.018	0.441 (0.358)	5.838
TOP	−0.004 (−0.713)	1.118	−0.010* (−1.787)	1.284	0.002 (0.116)	1.719
YEAR	控制		控制		控制	
Adjusted R-square	0.400		0.519		0.297	
F-statistics	9.515		15.450		2.599	
Sig.	0.000		0.000		0.009	
N	205		215		54	

注：***、**、*分别表示1%、5%、10%的显著性水平。

成长期化工企业样本的多元回归结果中，调整后的 R^2 为40.0%，F 统计
量为9.515，整体模型 Sig. 值为0.000，表明模型在整体上通过了显著性检

验，化工企业社会责任实践总指数与企业市场价值的显著性检验中，回归系数为 0.015，t 值为 2.313，在 5% 的水平上显著相关，表明成长期的化工企业社会责任实践总指数越高，企业市场价值越大，影响系数小于成熟期的样本企业，因此假设 5-1a 得到了验证，假设成立。

成熟期化工企业样本的多元回归结果中，调整后的 R^2 为 51.9%，拟合优度较好，F 统计量为 15.450，整体模型 Sig. 值为 0.000，表明模型在整体上通过了显著性检验，化工企业社会责任实践总指数与企业市场价值的显著性检验中，回归系数为 0.031，t 值为 5.679，在 1% 的水平上显著相关，表明成熟期的化工企业社会责任实践总指数越高，企业市场价值越大，且影响系数达到最大，因此假设 5-1b 得到了验证，假设成立。

衰退期化工企业样本的多元回归结果中，调整后的 R^2 为 29.7%，F 统计量为 2.599，整体模型 Sig. 值为 0.009，表明模型在整体上通过了显著性检验，化工企业社会责任实践总指数与企业市场价值的显著性检验中，回归系数为 0.018，t 值为 0.772，未通过显著性检验。回归系数符号为正，表明衰退期的化工企业社会责任实践总指数与企业市场价值有正向相关性，但没有统计学意义，因此假设 5-1c 得到了验证，假设成立。

从各生命周期的社会责任实践总指数与企业市场价值的回归结果来看，支持了本章提出的研究假设 5-1a、假设 5-1b 和假设 5-1c。成长期和成熟期的化工企业社会责任实践总指数与企业市场价值分别在 5% 和 1% 的水平上显著正相关，说明成长期和成熟期的化工企业提高社会责任实践水平，能够显著正向影响企业市场价值。衰退期的化工企业，社会责任实践总指数与企业市场价值的相关系数为正，说明衰退期的化工企业提高社会责任实践水平对提高企业市场价值有正向影响，没有通过显著性检验。从控制变量来看，企业规模与因变量在三个生命周期阶段都呈显著负相关关系，说明企业规模越大，托宾 Q 值越小。负债水平在成长期与企业市场价值呈显著负相关，说明企业在成长期负债过高会降低企业市场价值，成熟期和衰退期没有通过显著性检验。股权性质在成熟期与企业市场价值呈显著正相关关系，说明成熟期的化工企业国有控股比非国有控股对企业市场价值影响更大，在成长期和衰退期与企业市场价值无显著相关关系。企业盈利能力在成长期与企业市场价值呈显著负相关关系，在成熟期与企业市场价值呈显著正相关关系，衰退期与企业市场价值关系不大，说明在企业急速扩张的成长期，盈利能力可能并不稳定，投资者并不单纯依靠盈利情况判断企业市场价值，而当企业进入成熟期，经营生产状况比较稳定，企业的盈利水平越高，对企业市场价值的影响越大。股权结构在成熟期与企业市场价值呈显著负相关关系，在成长期和衰退期对企业市场价值无显著影响。

按照调节变量将总样本分为三组，并对三组样本企业的社会责任实践水平与企业市场价值分别进行回归之后，检验各组回归的回归系数是否有显著差异，以验证企业生命周期的调节作用。从回归结果来看，成长期和成熟期的化工企业社会责任实践水平对企业市场价值有显著的正向影响，而对衰退期的化工企业来说，社会责任实践水平与企业市场价值没有显著的相关关系，据此可以验证企业生命周期在成长期与衰退期之间以及成熟期与衰退期之间的调节作用显著，接下来检验成长期和成熟期的回归系数是否有显著差异，以验证企业生命周期对成长期和成熟期的企业社会责任实践水平与企业市场价值的调节效应是否存在。

根据以往学者们的研究，首先采用费雪 Z 转换判断成长期和成熟期化工企业社会责任实践水平对企业市场价值的影响系数是否存在显著差异。零假设是模型（5-1）中的成长期化工企业社会责任实践水平对企业市场价值回归的标准化系数等于成熟期化工企业社会责任实践水平对企业市场价值回归的标准化系数，计算费雪 Z 转换值|fisherz|>1.96（双尾检验，$\alpha=0.05$），因此拒绝原始假设，认为成长期和成熟期企业社会责任实践水平对企业市场价

值的标准化系数不相等，两者有显著差异，企业生命周期起调节作用。

采用费雪 Z 转换检验的是标准化系数的差异，要求两样本之间必须同质，若误差变异过大，有可能造成自变量与因变量之间的相关关系不真实，为了得到更加稳健的检验结果，本章根据 Duncan（1975）的研究结论，运用式（5-1）再对成长期和成熟期的化工企业社会责任实践水平对企业市场价值的非标准化系数进行 Z 检验。

$$Z = \frac{(b_1 - b_2)}{\sqrt{se_{b1}^2 + se_{b2}^2}}$$
式（5-1）

依照式（5-1）计算我国化工企业成长期和成熟期社会责任实践水平对企业市场价值的回归系数非标准化 Z 检验值为-2.04859，|Z|>1.96，在 5% 的水平上通过了显著性检验，因此拒绝原始假设，认为成长期和成熟期企业社会责任实践水平对企业市场价值的非标准化系数存在显著差异。据此，费雪 Z 转换和非标准化系数的 Z 检验均通过了显著性水平为 5% 的假设检验，证明我国化工企业社会责任实践水平对企业市场价值的影响在成长期和成熟期有显著差异，从 Z 检验值的符号来看，成熟期的化工企业社会责任实践水平对企业市场价值的影响显著高于成长期的企业，生命周期起调节作用，因此假设 5-1d 得以验证。

三、媒体报道的中介效应检验

本章参照 Sobel（1982）、Baron 和 Kenny（1986）、温忠麟等（2006）提出的中介效应检验方法逐步检验媒体报道在我国化工企业社会责任实践水平对企业市场价值作用中的中介效应。在进行中介效应的回归检验之前，先对样本数据进行了中心化处理。中介变量及系数关系如图 5-5 所示，检验步骤如图 5-6 所示，为方便查看系数关系，同时列出检验模型（5-1）至模型（5-3）（同前文，为方便查看，此处再次列出）。

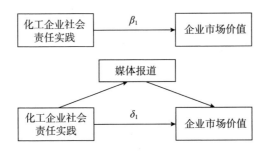

图 5-5　中介效应系数示意

$$TQ_{it} = \beta_0 + \beta_1 CSDI_{it} + \beta_2 SIZE_{it} + \beta_3 ROA_{it} + \beta_4 LEV_{it} + \beta_5 EQU_{it} + \beta_6 TOP_{it} +$$

$$\sum YEAR + \varepsilon_{it} \qquad\qquad 模型（5-1）$$

$$MEDIA_{it} = \gamma_0 + \gamma_1 CSDI_{it} + \gamma_2 SIZE_{it} + \gamma_3 ROA_{it} + \gamma_4 LEV_{it} + \gamma_5 EQU_{it} +$$

$$\gamma_6 TOP_{it} + \sum YEAR + \varepsilon_{it} \qquad\qquad 模型（5-2）$$

$$TQ_{it} = \delta_0 + \delta_1 CSDI_{it} + \delta_2 MEDIA_{it} + \delta_3 SIZE_{it} + \delta_4 ROA_{it} + \delta_5 LEV_{it} + \delta_6 EQU_{it} +$$

$$\delta_7 TOP_{it} + \sum YEAR + \varepsilon_{it} \qquad\qquad 模型（5-3）$$

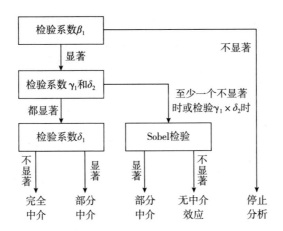

图 5-6　媒体报道的中介效应检验步骤

第一步，对模型（5-1）进行回归，检验化工企业社会责任实践水平对企业市场价值作用的主效应是否显著，若回归系数 β_1 不显著则终止检验。

第二步，对模型（5-2）进行回归，检验化工企业社会责任实践水平对媒体报道的影响。若回归系数 γ_1 显著，则进行第三步骤的检验。

第三步，对模型（5-3）进行回归，检验化工企业社会责任实践水平和媒体报道共同对企业市场价值的影响。若回归系数 δ_1 和 δ_2 都显著，则证明媒体报道在我国化工企业社会责任实践水平对企业市场价值的作用中起部分中介作用，若 δ_2 显著而 δ_1 不显著，则说明媒体报道在我国化工企业社会责任实践水平对企业市场价值的作用中起完全中介作用，为使研究结果更严谨，应当进行第四步的 Sobel 检验。同时，若 γ_1 和 δ_2 至少有一个不显著，也进行第四步 Sobel 检验。

第四步，为了更严谨地探析媒体报道在化工企业社会责任实践水平对企业市场价值作用中的中介效应是否存在，根据 Fiedler 等（2011）的研究，应当对回归系数 γ_1 和 δ_2 的乘积进行 Sobel 检验，以判断间接效应是否显著。

表 5-9 报告了第一步、第二步和第三步的检验结果。

表 5-9　媒体报道在企业社会责任实践水平对企业市场价值作用中的中介效应回归结果

变量	模型（5-1）		模型（5-2）		模型（5-3）	
	系数	VIF	系数	VIF	系数	VIF
常量	11.853 *** (11.530)		-3.630 *** (-4.323)		12.875 *** (12.600)	
CSDI	0.028 *** (6.779)	1.149	0.034 *** (10.189)	1.149	0.018 *** (4.110)	1.410
MEDIA					0.282 *** (5.047)	1.357
EQU	0.015 (0.140)	1.373	-0.160 * (-1.775)	1.373	-0.060 (-0.561)	1.382
ROA	-0.358 *** (-2.657)	1.048	0.191 * (1.737)	1.048	-0.412 *** (-3.127)	1.055
SIZE	-0.515 *** (-10.769)	1.554	0.157 *** (4.009)	1.554	-0.559 *** (-11.794)	1.609

续表

变量	模型（5-1）		模型（5-2）		模型（5-3）	
	系数	VIF	系数	VIF	系数	VIF
LEV	−0.453* (−1.749)	1.601	−0.426** (−2.013)	1.601	−0.333 (−1.314)	1.616
TOP	−0.003 (−0.958)	1.116	0.001 (0.396)	1.116	−0.004 (−1.077)	1.116
YEAR	控制		控制		控制	
Durbin-Watson	1.967		2.019		1.950	
R-square	0.425		0.263		0.455	
Adjusted R-square	0.405		0.238		0.435	
F-statistics	21.117		10.210		22.438	
Sig.	0.000		0.000		0.000	

注：***、**、*分别表示1%、5%、10%的显著性水平。

第（1）～（2）列报告了模型（5-1）的回归结果，模型以企业市场价值为因变量检验了化工企业社会责任实践水平对企业市场价值作用的主效应，回归方程的拟合优度调整后的 R^2 为40.5%，F 检验值为21.117，总体 Sig. 值小于0.01，说明模型在整体上通过了显著性检验，各变量的方差膨胀因子均小于2，说明不存在多重共线性问题。回归系数 β_1 的 t 检验值为6.779，在1%的水平上显著相关，说明主效应显著存在，可以进行下一步的检验。

第（3）～（4）列报告了模型（5-2）的回归结果。模型检验了化工企业社会责任实践水平对媒体报道的影响，回归方程的拟合优度调整后的 R^2 为23.8%，F 检验值为10.210，总体 Sig. 值小于0.01，说明模型在整体上通过了显著性检验，各变量的方差膨胀因子均小于2，说明不存在多重共线性问题。我国化工企业社会责任实践总指数与媒体报道的显著性检验中，回归系数 γ_1 为0.034，t 值为10.189，在1%的水平上显著相关，表明我国化工企业社会责任实践水平越高，媒体报道数量越大，假设5-2a得以验证。

第（5）～（6）列报告了模型（5-3）的回归结果。模型检验了化工企业社会责任实践水平和媒体报道共同对企业市场价值的影响，回归方程的拟合优度调整后的 R^2 为 43.5%，F 检验值为 22.438，从拟合优度来看，在企业社会责任实践水平对企业市场价值作用的模型中加入中介变量媒体报道之后，拟合优度整体上升，间接地证明了媒体报道的中介作用。模型总体 Sig. 值小于 0.01，说明模型在整体上通过了显著性检验，各变量的方差膨胀因子均小于 2，说明不存在多重共线性问题。我国化工企业社会责任实践总指数与企业市场价值的显著性检验中，回归系数 δ_1 为 0.018，t 值为 4.110，在 1% 的显著性水平上通过了检验，媒体报道与企业市场价值的显著性检验中，回归系数 δ_2 为 0.282，t 值为 5.047，在 1% 的显著性水平上通过了检验。从三个模型系数的检验结果来看，验证了假设 5-2b，说明媒体报道在我国化工企业社会责任实践水平对企业市场价值的作用中起中介效应，媒体报道是企业社会责任实践提升企业市场价值的有效路径。

为了检验研究结果的稳健性，本章继续进行第四步骤的分析，对企业社会责任实践水平影响企业市场价值的间接效应即回归系数 γ_1 和 δ_2 的交乘项进行 Sobel 检验［见式（5-2）］，验证间接效果存在的显著性。

$$\text{Sobel Z} = \frac{\gamma_1 \times \delta_2}{\sqrt{\gamma_1^2 \times SE_{\delta_2}^{\ 2} + \delta_2^2 \times SE_{\gamma_1}^{\ 2}}} \qquad \text{式（5-2）}$$

在式（5-2）中，γ_1 和 δ_2 均为非标准化系数，在 $\alpha = 0.05$ 下，$|\text{Sobel Z}| > 1.96$ 即为显著。经过计算，媒体报道在我国化工企业社会责任实践水平对企业市场价值作用中的间接效应 Sobel Z = 4.601893185，$|\text{Sobel Z}| > 1.96$，证明媒体报道的中介效应显著存在。本节的实证结果表明媒体报道在我国化工企业社会责任实践水平对企业市场价值的影响中起中介作用，媒体报道是企业社会责任实践提升企业市场价值的有效路径。

四、媒体报道在不同企业生命周期的中介效应检验

本部分接下来研究不同企业生命周期阶段的化工企业媒体报道在企业社会责任实践水平对企业市场价值作用中的中介效应的区别。依据上个部分对中介效应的检验步骤，如果自变量对因变量的主效应不存在，也就没有继续检验中介效应的必要性。从前文的分析中得出，衰退期的化工企业社会责任实践水平对企业市场价值无显著影响，因此以企业生命周期进行分组后，结合前文的研究结果，本部分只需要研究成长期的化工企业和成熟期的化工企业媒体报道在社会责任实践水平对企业市场价值作用中所起的间接效应是否相同。按照企业生命周期分组之后，对成长期和成熟期的化工企业分别运用模型（5-1）、模型（5-2）和模型（5-3）进行回归分析，探析不同企业生命周期阶段媒体报道的中介效果是否一致。回归结果如表5-10所示。

表5-10　媒体报道在成长期和成熟期的化工企业中的中介效应

变量	(1)	(2)	(3)	(4)	(5)	(6)
常量	11.676*** (7.018)	-3.22*** (-2.703)	12.611*** (7.582)	11.101*** (6.678)	-1.625 (-1.010)	11.435*** (6.984)
CSDI	0.015** (2.313)	0.025*** (5.423)	0.008 (1.124)	0.031*** (5.679)	0.034*** (6.387)	0.024*** (4.085)
MEDIA			0.290*** (2.907)			0.206** (2.851)
EQU	0.061 (0.346)	-0.198 (-1.561)	0.119 (0.679)	0.351** (2.233)	0.090 (0.589)	0.332 (2.151)
ROA	-0.365** (-2.560)	0.157 (1.535)	-0.411*** (-2.918)	6.366*** (4.697)	1.951 (1.488)	5.964*** (4.455)
SIZE	-0.510*** (-6.609)	0.149*** (2.688)	-0.553*** (-7.172)	-0.506*** (-6.189)	0.061 (0.770)	-0.518*** (-6.445)
LEV	-0.998** (-2.137)	-0.536 (-1.602)	-0.843* (-1.827)	0.024 (0.047)	-0.644 (-1.306)	0.157 (0.312)

续表

变量	（1）	（2）	（3）	（4）	（5）	（6）
TOP	−0.004 （−0.713）	−0.001 （−0.359）	−0.003 （−0.651）	−0.010* （−1.787）	0.003 （0.647）	−0.011* （−1.948）
YEAR	控制	控制	控制	控制	控制	控制
R^2	0.447	0.214	0.471	0.555	0.324	0.573
Adjusted R^2	0.400	0.148	0.423	0.519	0.270	0.536
F	9.515	3.206	9.807	15.450	5.939	15.543
Sig.	0.000	0.000	0.000	0.000	0.000	0.000
N	205	205	205	215	215	215

注：***、**、*分别表示1%、5%、10%的显著性水平。

表5-10中列（1）、列（2）、列（3）是对成长期的化工企业媒体报道在社会责任实践水平对企业市场价值作用中的中介效应检验，列（4）、列（5）、列（6）是对成熟期的化工企业媒体报道在社会责任实践水平对企业市场价值作用中的中介效应检验。从六组方程的回归结果来看，Durbin-Watson统计结果均在［1-3］，说明各个回归方程满足残差独立的条件，各组回归方程的共线性统计量方差膨胀因子均小于3，说明各个回归方程不存在多重共线性问题。

列（1）是成长期的化工企业样本对模型（5-1）的回归结果，从结果来看，成长期的化工企业社会责任实践水平对企业市场价值作用的主效应在0.05的水平上显著存在；列（2）是成长期的化工企业样本对模型（5-2）的回归结果，从结果来看，成长期的化工企业提高社会责任实践水平能够显著影响媒体报道数量，非标准化回归系数为0.025，t检验值为5.423，在1%的水平上显著；列（3）是成长期的化工企业样本对模型（5-3）的回归结果，从结果来看，企业社会责任实践水平对企业市场价值的直接效应系数为0.008，t检验值为1.124，没有通过显著性检验，也就是说，在纳入中介变量媒体报道后，企业社会责任实践水平对企业市场价值作用的直接效应不显著，媒体报道对企业市场价值的回归系数为 0.290，t 检验值为 2.907，通过了 1%显著性水平的检验，媒体报道起完全中介的作用。为了进一步验证媒体报道中介效应的存在，对间接效应的非标准化系数乘积运用式（5-2）进行 Sobel 检验，得到成长期样本的 Sobel $Z_{成长期} = 2.509$，大于 1.96，通过了 $\alpha = 0.05$ 的显著性检验，验证了在成长期的企业中，媒体报道在企业社会责任实践水平对企业市场价值作用中的中介效应，媒体报道起完全中介的作用。

表 5-10 中列（4）是成熟期的化工企业样本对模型（5-1）的回归结果，从结果来看，成熟期的化工企业社会责任实践水平对企业市场价值作用的主效应在 1%的水平上显著，回归系数为 0.031，t 检验值为 5.679；列（5）是成熟期的化工企业样本对模型（5-2）的回归结果，从结果来看，成熟期的化工企业提高社会责任实践水平能够显著影响媒体报道数量，非标准化回归系数为 0.034，t 检验值为 6.387，在 1%的水平上显著；列（6）是成熟期的企业样本对模型（5-3）的回归结果，从结果来看，企业社会责任实践水平对企业市场价值的直接效应系数为 0.024，t 检验值为 4.085，通过了 1%显著性水平的检验，也就是说，在纳入中介变量媒体报道后，企业社会责任实践水平对企业市场价值作用的直接效应仍然显著存在，这和成长期的回归结果有所差异。媒体报道对企业市场价值的回归系数为 0.206，t 检验值为 2.851，通过了 5%显著性水平的检验，这与成长期的企业相比，显著性水平有所降低。从列（4）、列（5）和列（6）的检验结果来看，在成熟期化工企业社会责任实践水平对企业市场价值的作用中，媒体报道的中介效应显著，为部分中介。为了进一步验证媒体报道中介效应的存在，对间接效应的非标准化系数乘积运用式（5-2）进行 Sobel 检验，得到成熟期样本的 Sobel $Z_{成熟期} = 2.637$，大于 1.96，通过了 $\alpha = 0.01$ 的显著性检验，验证了在成熟期的企业中，媒体报道在企业社会责任实践水平对企业市场价值作用中的部分

中介效应，可以计算出媒体报道所产生的间接效应占总效应的比例为

$$\frac{0.437 \times 0.162}{0.315} \times 100\% = 22.47\%。$$

表5-11总结了媒体报道在不同企业生命周期阶段我国化工企业社会责任实践水平对企业市场价值作用中的中介效应差异，假设5-3得以验证。

表5-11 媒体报道在不同企业生命周期化工企业社会责任实践水平对企业市场价值作用中效应汇总

企业生命周期阶段	总效应	直接效应	间接效应	中介型态
成长期	显著	不显著	显著	完全中介
成熟期	显著	显著	显著	部分中介
衰退期	不显著			

五、不同企业生命周期对利益相关者责任实践水平与企业市场价值的检验

由前文研究可知，在不同企业生命周期阶段，化工企业对投资者和债权人责任实践、对员工责任实践、对消费者和供应商责任实践、对环境责任实践、对政府和其他社会责任实践存在显著差异，因此，本部分根据模型（5-4），将存在显著差异的五个指数纳入自变量，检验我国化工企业各个生命周期对不同利益相关者责任实践指数与企业市场价值的相关性。

首先对模型中的主要变量做相关性分析，结果如表5-12、表5-13和表5-14所示，从各个变量的两两相关系数来看，均低于0.5，说明变量之间不存在严重的多重共线性问题。

从成长期样本的相关性分析（见表5-12）中可以看出我国化工企业对投资者和债权人责任实践指数和对消费者和供应商责任实践指数与企业市场价值在1%的显著性水平上有正向相关性，对政府和其他社会责任实践指数与企业市场价值在1%的显著性水平上有负向相关性，对员工责任实践指数和

对环境责任实践指数与企业市场价值没有显著相关性，从单变量的两两相关性分析来看基本验证假设 5-4a。

表 5-12 成长期样本主要变量的 Pearson 相关性检验

变量	TQ	TI	YI	XI	HI	QI
TQ	1					
TI	0.248**	1				
	0.000					
YI	0.083	0.349**	1			
	0.236	0.000				
XI	0.381**	0.245**	0.402**	1		
	0.000	0.000	0.000			
HI	0.120	0.212**	0.329**	0.326**	1	
	0.087	0.002	0.000	0.000		
QI	−0.203**	0.256**	0.440**	0.237**	0.182**	1
	0.004	0.000	0.000	0.001	0.009	

注：**代表在置信度（双测）为 0.01 时，相关性是显著的。

从成熟期样本的相关性分析（见表 5-13）中可以看出我国化工企业对投资者和债权人责任实践指数、对员工责任实践指数、对消费者和供应商责任实践指数、对环境责任实践指数和对政府和其他社会责任实践指数均与企业市场价值在 1% 的显著性水平上有正向相关性，但单变量的相关关系不一定准确，从单变量的两两相关性分析来看基本验证假设 5-4b。

表 5-13 成熟期样本主要变量的 Pearson 相关性检验

变量	TQ	TI	YI	XI	HI	QI
TQ	1					
TI	0.301**	1				
	0.000					

续表

变量		TQ	TI	YI	XI	HI	QI
YI		0.279 **	0.229 **	1.000			
		0.000	0.001				
XI		0.426 **	0.383 **	0.345 **	1.000		
		0.000	0.000	0.000			
HI		0.345 **	0.282 **	0.341 **	0.449 **	1.000	
		0.000	0.000	0.000	0.000		
QI		0.266 **	0.279 **	0.357 **	0.427 **	0.377 **	1.000
		0.000	0.000	0.000	0.000	0.000	

注：＊＊代表在置信度（双测）为 0.01 时，相关性是显著的。

从衰退期样本的相关性分析（见表 5-14）中可以看出我国化工企业对员工责任实践指数与企业市场价值在 1% 的显著性水平上有正向相关性，与假设 5-4c 相符，对消费者和供应商责任实践指数与企业市场价值为正相关关系，但没有通过显著性检验，对环境责任实践指数与企业市场价值在 5% 的显著性水平上呈负相关，与政府和其他社会责任实践指数与企业市场价值的相关性不强。

表 5-14　衰退期样本主要变量的 Pearson 相关性检验

变量		TQ	TI	YI	XI	HI	QI
TQ		1					
TI		0.105	1				
		0.449					
YI		0.372 **	0.119	1			
		0.006	0.393				
XI		0.197	0.029	0.358 **	1		
		0.154	0.837	0.008			
HI		-0.280 *	0.043	0.218	0.078	1	
		0.040	0.759	0.113	0.573		

续表

变量	TQ	TI	YI	XI	HI	QI
QI	−0.040	0.328*	0.063	0.155	0.144	1
	0.772	0.016	0.651	0.264	0.298	

注：**、*分别代表在置信度（双测）为 0.01 和 0.05 时，相关性是显著的。

以上是从各变量两两之间的相关性分析中简单得出的信息，各个因素之间的相互影响需要进一步做变量之间的回归分析。

表 5-15 报告了各个企业生命周期阶段，有显著性差异的利益相关者的责任实践水平对企业市场价值的影响。从各个企业生命周期中各变量的共线性统计结果来看，方差膨胀因子 VIF 均小于 10，一般认为方差膨胀因子 VIF>10 或者容差 T<0.1 时，模型存在严重的多重共线性。从相关系数、方差膨胀因子和容差的结果来看，说明回归模型不存在严重的共线性问题。从 Durbin-Watson 统计值来看，各组模型均在 [1-3]，说明残差符合独立性要求。

表 5-15　不同企业生命周期下对各利益相关者责任指数对企业市场价值的回归结果

变量	成长期		成熟期		衰退期	
	系数	t	系数	t	系数	t
TI	0.112*	1.856	−0.091	−1.620	0.000	0.001
YI	−0.018	−0.267	0.115**	2.047	0.278*	1.746
XI	0.251***	3.800	−0.009	−0.137	0.070	0.431
HI	0.011	0.177	0.206***	3.318	−0.121	−0.700
QI	−0.175***	−2.689	0.128**	2.197	0.052	0.323
EQU	0.053	0.790	0.151**	2.563	0.013	0.088
ROA	−0.156***	−2.761	0.332***	5.113	−0.190	−0.579
SIZE	−0.375***	−5.080	−0.492***	−6.359	−0.537**	−2.551
LEV	−0.148**	−2.077	−0.019	−0.232	0.058	0.176

变量	成长期		成熟期		衰退期	
	系数	t	系数	t	系数	t
TOP	−0.044	−0.785	−0.116**	−2.151	0.000	0.000
YEAR	控制		控制		控制	
R−square	0.494		0.569		0.338	
Adjusted *R*−square	0.439		0.524		0.301	
F−statistics	8.987		12.789		2.268	
Sig.	0.000		0.000		0.019	
N	205		215		54	

注：＊＊＊、＊＊、＊分别表示1%、5%、10%的显著性水平。

在成长期的模型中，调整后 R^2 为43.9%，说明方程的拟合优度较好。从成长期对各个利益相关者责任指数与企业市场价值的回归结果中可以看出，在成长期的利益相关者中，我国化工企业对投资者和债权人的责任实践指数、对消费者和供应商的责任实践指数与企业市场价值呈正相关关系，前者在10%的水平上显著相关，后者在1%的水平上显著相关，对政府和其他社会责任实践指数与企业市场价值在1%的水平上呈显著负相关关系，对员工责任实践指数和环境责任实践指数与企业市场价值呈弱相关关系，假设5-4a得以验证。这说明成长期的化工企业重视对消费者和供应商的责任维护，能够快速争取市场，显著提高企业市场价值。成长期的化工企业发展迅速，需要资金投入较大，如果及时履行与投资者相关的社会责任，就能够显著提升企业市场价值。同时，当企业处于成长期，快速扩张和市场规模扩大都需要资源投入，因此企业无暇顾及对政府和其他社会责任的履行，如果企业不顾资源所限投入过多，则会造成企业实力和价值的降低。

在成熟期的模型中，调整后 R^2 为52.4%，说明方程的拟合优度较好。从成熟期对各个利益相关者责任实践指数与企业市场价值的回归结果中可以看出，化工企业对环境责任实践指数与企业市场价值在1%的水平上呈正相关（p<0.01），对员工责任实践指数和对政府与其他社会责任实践指数与企业市场价值在5%的水平上显著正相关（p<0.05），假设5-4b得以验证，这说明成熟期的化工企业有了足够的资源和能力进行环保投入，改进环境指标，特别是化工企业对周围居民和环境影响较大，提高环境责任实践水平能够缓解公众压力，促进企业形象提升，提高企业市场价值。成熟期的企业为员工提供更好的福利，符合员工的期望，能够带来员工的认同感，提升企业市场价值。同时，进入成熟期的企业有更大的能力履行纳税、吸引就业等社会责任，有更大的能力进行社会公益捐赠活动，因此这方面的实践也会增多，提高了企业的社会声誉和政府关注，对企业市场价值提升较大。

当化工企业进入衰退期，对员工的社会责任实践指数与企业市场价值在10%的水平上显著正相关，说明进入衰退期，如果企业履行更多的是对员工的社会责任，就能够增强员工的凝聚力，降低员工的离职率，有助于员工与企业同心协力共渡难关，提升企业市场价值，与假设5-4c相符。对消费者和供应商的社会责任实践指数与企业市场价值的回归系数为0.070，t检验值为0.431，没有通过显著检验，但相关性为正，说明在衰退期对消费者和供应商实践水平的提高对企业市场价值有正向影响，但没有统计学意义，因此没有完全验证假设5-4c，一方面可能是进入衰退期的化工企业通过增加产品研发投入力度，对企业市场价值的影响不够显著，另一方面可能是衰退期的样本较少，使回归结果不显著。

六、研究结论

本节通过四个部分的实证研究得出以下结论：

第一，企业生命周期在我国化工企业社会责任实践水平对企业市场价值影响中的调节效应检验结果显示：成长期和成熟期的化工企业社会责任实践总指数与企业市场价值呈显著正相关，说明成长期和成熟期的化工企业提高社会责任实践水平，能够显著正向影响企业市场价值；衰退期的化工企业的社会责任实践总指数与企业市场价值的相关系数为正，但影响并不显著。从影响系数来看，成长期和成熟期的样本之间影响系数的差异性通过了费雪 Z 检验和非标准化 Z 检验，实证结果证明三个生命周期阶段的化工企业社会责任实践水平对企业市场价值的影响有显著差异，成长期的化工企业提高社会责任实践水平，能够显著提升企业市场价值，但成长期的企业资源尚未达到最大化，因此社会责任实践对企业市场价值的影响未达到最大。成熟期的化工企业拥有足够的资源履行对各个利益相关者的社会责任，社会责任实践水平对提升企业市场价值的影响达到最大。衰退期的化工企业迫于资源有限的压力，企业社会责任实践水平较低，社会责任实践产生的经济效果不显著，企业生命周期在我国化工企业社会责任实践水平对企业市场价值的影响中起调节效应。

第二，以媒体报道为中介变量检验化工企业社会责任实践水平对企业市场价值的作用机制，结果表明我国化工企业社会责任实践水平越高，媒体报道数量越多。将媒体报道和企业社会责任实践指数共同纳入模型考察对企业市场价值的影响，从模型系数的检验结果及 Sobel 检验结果来看，媒体报道在我国化工企业社会责任实践水平对企业市场价值的作用中起中介效应，实证结果证明化工企业污染大、受社会关注高，化工企业特殊的生产特点使其成为媒体关注的对象，媒体报道在化工企业社会责任实践水平对企业市场价值的影响中发挥了重要的作用，媒体报道是化工企业社会责任实践提升企业市场价值的有效路径。

第三，检验不同企业生命周期阶段媒体报道中介效应的差异，结果显示，成长期样本中，在纳入中介变量媒体报道后，企业社会责任实践水平对企业市场价值作用的直接效应不显著，媒体报道起完全中介的作用，检验结果同时通过了 α = 0.05 水平的 Sobel 检验，检验结果稳定可靠。成熟期样本中，在纳入中介变量媒体报道后，企业社会责任实践水平对企业市场价值作用的直接效应仍然显著存在，媒体报道起部分中介的作用，检验结果同时通过了 α = 0.05 水平的 Sobel 检验，检验结果稳定可靠。实证结果表明，当化工企业处于成长期，媒体报道在化工企业社会责任实践水平对企业市场价值的影响中所起的作用更大，发挥了完全中介的效应。当化工企业处于成熟期，媒体报道在化工企业社会责任实践水平对企业市场价值作用中的中介效应占总效应的比重较小，发挥了部分中介的效应。

　　第四，检验不同企业生命周期阶段我国化工企业对各个利益相关者社会责任实践水平对企业市场价值的影响，结果显示：在成长期的利益相关者中，我国化工企业对投资者的社会责任实践指数、对消费者和供应商的社会责任实践指数与企业市场价值呈正相关关系，前者在 10% 的水平上显著相关，后者在 1% 的水平上显著相关，对政府和其他社会责任实践指数与企业市场价值在 1% 的水平上呈显著负相关关系，对员工责任实践指数和环境责任实践指数与企业市场价值呈弱相关关系。在成熟期的利益相关者中，化工企业对环境责任实践指数与企业市场价值在 1% 的水平上呈正相关关系，对员工责任实践指数和对政府与其他社会责任实践指数与企业市场价值在 5% 的水平上呈显著正相关，对其他利益相关者责任实践指数与企业市场价值呈弱相关关系。在衰退期的企业样本中，对员工责任实践指数与企业市场价值在 10% 的水平上呈显著正相关，对消费者和供应商的社会责任实践指数与企业市场价值的回归系数没有通过显著检验，但相关性为正，说明在衰退期对消费者和供应商实践水平的提高对企业市场价值有正向影响，但没有统计学意义。

　　从四个部分的实证检验结果来看，基本验证了本章提出的研究假设。

第五节　稳健性检验

为了验证所建立模型回归结果的可靠性，本节使用两种方法进行稳健性检验。首先修正模型可能产生的异方差问题，使用加权最小二乘法进行稳健性检验，其次使用变量变换的方法进行稳健性检验。

一、加权最小二乘法

检验异方差的基本思想是，检验随机误差项的方差与自变量 X 的变动是否相关，本节借鉴周建等（2012）、李小青和胡朝霞（2016）、喻登科和严影（2019）的研究成果，用残差的绝对值代表随机误差项的方差，利用 Spearman 等级相关系数检验随机误差项的方差与本章所建立各个模型的自变量之间的相关性，并使用加权最小二乘法对存在异方差的模型进行修正，根据修正后的回归结果检验本章所建模型的稳健性。步骤是先对模型进行普通最小二乘回归，估计各个模型的残差项，将残差项的平方作为原模型中随机干扰项方差序列的近似估计值，取对数后与自变量重新拟合，以此构建辅助方程求得各模型的权重函数，将权重函数残差绝对值的倒数作为加权的权重，对原模型重新估计，以校正异方差。

从表 5-16 中可以看出成长期和成熟期的化工企业社会责任实践水平对企业市场价值的 OLS 回归均存在异方差，因此先进行 OLS 回归取得模型（5-1）的残差平方项 μ_{it}^2，构建权重函数辅助方程 $f(x_i)$ 如模型（5-4）所示，对模型（5-4）进行 OLS 估计求得权重函数项，对其取绝对值的倒数，构建模型（5-5）重新拟合。表 5-17 报告了应用加权最小二乘法，企业生命周期在我国化工企业社会责任实践水平对企业市场价值作用中的调节效应检验结果。

表 5-16　模型（5-1）｜e｜与自变量的 Spearman 相关系数表

变量	成长期样本 OLS 拟合｜e｜	成熟期本 OLS 拟合｜e｜	衰退期样本 OLS 拟合｜e｜
$CSDI$	0.152*	0.328**	0.206
	(0.030)	(0.000)	(0.134)

注：** 表示相关性在 0.01 级别显著，* 表示相关性在 0.05 级别显著（双尾）。表中第一行报告了相关系数，第二行报告了显著性。

$$\log(\mu_{it}^2) = \beta_0 + \beta_1 CSDI_{it} + \beta_2 SIZE_{it} + \beta_3 ROA_{it} + \beta_4 LEV_{it} + \beta_5 EQU_{it} +$$

$$\beta_6 TOP_{it} + \sum YEAR + \varepsilon_{it} \qquad \text{模型（5-4）}$$

$$\frac{TQ_{it}}{|\hat{f}(x_i)|} = \frac{\beta_0}{|\hat{f}(x_i)|} + \beta_1 \frac{CSDI_{it}}{|\hat{f}(x_i)|} + \beta_2 \frac{SIZE_{it}}{|\hat{f}(x_i)|} + \beta_3 \frac{ROA_{it}}{|\hat{f}(x_i)|} + \beta_4 \frac{LEV_{it}}{|\hat{f}(x_i)|} +$$

$$\beta_5 \frac{EQU_{it}}{|\hat{f}(x_i)|} + \beta_6 \frac{TOP_{it}}{|\hat{f}(x_i)|} + \frac{\sum YEAR}{|\hat{f}(x_i)|} + \frac{\varepsilon_{it}}{|\hat{f}(x_i)|} \qquad \text{模型（5-5）}$$

从表 5-17 的回归结果中可以看出，修正了异方差后，各组模型的拟合优度都有所上升，本节所考察的解释变量——各个企业生命周期的化工企业社会责任实践总指数对企业市场价值的影响与前文的回归结果基本一致。成长期样本的拟合优度为 75.0%，成长期的化工企业社会责任实践指数与企业市场价值的相关系数为正，t 检验值为 3.438，在 1%的水平上显著相关。成熟期样本的拟合优度为 59.4%，成熟期的化工企业社会责任实践指数与企业市场价值的相关系数为正，t 检验值为 5.793，在 1%的显著性水平上有统计学意义。与前文的检验结果相比，结论基本一致，支持了假设 5-1a、假设 5-1b 和假设 5-1c。成长期和成熟期标准化回归系数的费雪 Z 检验值为-4.071，非标准化回归系数 Z 检验值为-2.186，均通过显著性水平为 5%的显著性检验，支持了假设 5-1d，因此加权最小二乘法修正异方差之后的拟合结果证明本章假设 5-1a、假设 5-1b、假设 5-1c 和假设 5-1d 的实证研究结果是稳健的。

化工企业社会责任实践与企业价值研究

表 5-17 企业生命周期的调节效应稳健性检验结果（加权最小二乘法）

变量	成长期（WLS）	成熟期（WLS）	衰退期（OLS）
CSDI	0.014*** (3.438)	0.028*** (5.793)	0.018 (0.772)
EQU	-0.081 (-0.680)	0.165 (1.120)	-0.076 (-0.184)
ROA	-0.271*** (-5.019)	6.240*** (5.235)	-0.845 (-0.447)
SIZE	-0.362*** (-6.377)	-0.468*** (-6.541)	-0.842*** (-3.658)
LEV	-1.196*** (-4.183)	0.115 (0.289)	0.441 (0.358)
TOP	0.002 (0.449)	-0.015*** (-2.926)	0.002 (0.116)
YEAR	控制	控制	控制
R-square	0.770	0.626	0.483
Adjusted R-square	0.750	0.594	0.297
F-statistics	39.322	20.589	2.599
Sig.	0.000	0.000	0.009
N	205	215	54

注：①***、**、*分别表示1%、5%、10%的显著性水平。②因变量：托宾Q值。

从表 5-18 和表 5-19 中可以看出，模型（5-2）不存在异方差，因此不需要校正，构建模型（5-3）的权重函数辅助方程，对权重函数项的残差取绝对值的倒数作为权重，使用加权最小二乘法对模型（5-3）重新拟合。

表 5-18 模型（5-2）|e|与自变量的 Spearman 相关系数

变量	全样本 OLS 拟合 |e|	成长期样本 OLS 拟合 |e|	成熟期样本 OLS 拟合 |e|
CSDI	0.066 (0.154)	0.059 (0.404)	0.031 (0.648)

注：表中第一行报告了相关系数，第二行报告了显著性。

表 5-19　模型（5-3）│e│与自变量的 Spearman 相关系数

变量	全样本 OLS 拟合│e│	成长期样本 OLS 拟合│e│	成熟期样本 OLS 拟合│e│
CSDI	0.206 ** (0.002)	0.321 (0.070)	0.330 ** (0.000)
MEDIA	0.120 (0.078)	0.226 ** (0.007)	0.204 ** (0.003)

注：** 表示相关性在 0.01 级别显著，* 表示相关性在 0.05 级别显著（双尾）。

表 5-20 报告了应用加权最小二乘法，媒体报道在我国化工企业社会责任实践水平对企业市场价值作用中的中介效应和不同企业生命周期阶段媒体报道中介效应的差异。主效应不再列出，仅列出模型（5-2）和使用加权最小二乘法拟合的模型（5-3）中的中介效应。表 5-20 中列（1）、列（3）、列（5）分别是全样本、成长期、成熟期我国化工企业社会责任实践指数对媒体报道的影响结果，列（2）、列（4）、列（6）分别是全样本、成长期、成熟期媒体报道和企业社会责任实践指数对企业市场价值共同影响的加权最小二乘回归结果。从修正异方差之后的拟合结果来看，列（2）、列（4）、列（6）的拟合优度都有显著上升。

表 5-20　媒体报道的中介效应稳健性检验结果（加权最小二乘法）

变量	(1)	(2)	(3)	(4)	(5)	(6)
CSDI	0.034 *** (10.189)	0.016 *** (5.766)	0.025 *** (5.423)	0.003 (1.149)	0.034 *** (6.387)	0.026 *** (4.838)
MEDIA		0.228 *** (5.933)		0.289 *** (5.352)		0.251 *** (3.487)
EQU	−0.160 * (−1.775)	−0.002 (−0.027)	−0.198 (−1.561)	−0.289 *** (−3.377)	0.090 (0.589)	0.240 (1.629)
ROA	0.191 * (1.737)	−0.319 *** (−3.816)	0.157 (1.535)	−0.262 *** (−12.069)	1.951 (1.488)	5.359 *** (4.225)
SIZE	0.157 *** (4.009)	−0.446 *** (−14.220)	0.149 *** (2.688)	−0.328 *** (−10.636)	0.061 (0.770)	−0.548 *** (−7.092)

变量	（1）	（2）	（3）	（4）	（5）	（6）
LEV	-0.426**	-0.517***	-0.536	-0.964***	-0.644	0.169
	(-2.013)	(-2.631)	(-1.602)	(-6.539)	(-1.306)	(0.342)
TOP	0.001	-0.009***	-0.001	0.010***	0.003	-0.015***
	(0.396)	(-4.011)	(-0.359)	(4.095)	(0.647)	(-2.793)
YEAR	控制	控制	控制	控制	控制	控制
R-square	0.263	0.619	0.214	0.899	0.324	0.706
Adjusted R-square	0.238	0.597	0.148	0.890	0.270	0.681
F	10.210	42.185	3.206	97.744	5.939	27.873
Sig.	0.000	0.000	0.000	0.000	0.000	0.000
N	474	474	205	205	215	215

注：***、**、*分别表示1%、5%、10%的显著性水平；列（2）、列（4）、列（6）的因变量为托宾Q值；列（1）、列（3）、列（5）的因变量为媒体报道。

从表5-20的列（1）和列（2）中可以看出，全样本企业社会责任实践水平对企业市场价值的作用中，直接效应和媒体报道的间接效应均显著存在，经计算Sobel Z=5.323，|Sobel Z|>1.96，验证了假设5-2a和假设5-2b。从列（3）中可以看出，成长期的企业样本中，企业社会责任实践指数对媒体报道的回归系数是0.025，t检验值为5.423，在1%的水平上显著相关。列（4）在企业社会责任实践指数对企业市场价值的回归中纳入中介变量媒体报道后，加权最小二乘回归中直接效应的非标准化系数为0.003，t值为1.149，没有通过显著性检验，说明纳入中介变量后，直接效应不再存在，媒体报道对企业市场价值的非标准化回归系数为0.289，t检验值为5.352，通过了水平为1%的显著性检验，媒体报道起完全中介作用，经计算Sobel Z$_{成长期}$=3.654，|Sobel Z$_{成长期}$|>1.96，中介效应显著存在。列（5）是成熟期企业样本社会责任实践指数对企业市场价值的回归结果，可以看出企业社会责任实践指数对媒体报道在1%的显著性水平上有正向影响。列（6）报告了在企业

社会责任实践指数对企业市场价值的回归中纳入中介变量媒体报道的加权最小二乘回归结果，直接效应非标准化系数为 0.026，t 检验值为 4.838，通过了 1% 水平的显著性检验，直接效应存在；媒体报道对企业市场价值的非标准化回归系数为 0.251，t 检验值为 3.487，通过了 1% 显著性水平的检验，中介效应为部分中介，Sobel $Z_{成熟期}$ = 3.102，|Sobel $Z_{成熟期}$| > 1.96，中介效应显著存在。列（3）至列（6）的回归结果支持了假设 5-3。由此，应用加权最小二乘法对异方差进行校正后，假设 5-2a、假设 5-2b 和假设 5-3 的结论依然成立，模型检验结果稳健可靠。

从表 5-21 所示模型（5-4）的各个企业生命周期 OLS 回归残差与各自变量的相关性来看，衰退期的样本不存在异方差，因此不需要校正，对成长期和成熟期的企业样本，构建模型（5-4）的权重函数辅助方程，对权重函数项的残差取绝对值的倒数作为权重，分别使用加权最小二乘法对模型（5-4）重新拟合，表 5-22 报告了应用加权最小二乘法，成长期和成熟期对各个利益相关者社会责任实践指数对企业市场价值的影响。

表 5-21　模型（5-4）|e|与自变量的 Spearman 相关系数

变量	成长期样本 OLS 拟合的 |e|	成熟期样本 OLS 拟合的 |e|	衰退期样本 OLS 拟合的 |e|
TI	0.083 (0.236)	0.109 (0.109)	0.172 (0.214)
YI	−0.001 (0.985)	0.314** (0.000)	0.102 (0.463)
XI	0.241** (0.000)	0.178** (0.009)	0.050 (0.717)
HI	0.113 (0.108)	0.300** (0.000)	0.029 (0.833)
QI	−0.137 (0.051)	0.197** (0.004)	0.176 (0.203)

注：＊＊表示相关性在 0.01 级别显著，＊表示相关性在 0.05 级别显著（双尾）。表中第一行报告了相关系数，第二行报告了显著性。

表 5-22　不同企业生命周期下对各个利益相关者社会责任实践水平与

企业市场价值的稳健性检验结果（加权最小二乘法）

变量	成长期		成熟期	
	系数	t 值	系数	t 值
TI	0.178***	3.636	−0.082	−1.113
YI	−0.090	−1.305	0.165***	2.808
XI	0.157**	2.070	−0.104	−1.199
HI	0.037	0.475	0.287***	4.542
QI	−0.365***	−3.865	0.178***	3.162
EQU	−0.034	−0.690	0.251***	2.631
ROA	−0.379***	−7.437	0.539***	4.783
SIZE	−0.345***	−5.998	−0.791***	−6.709
LEV	−0.512***	−4.810	−0.114	−1.479
TOP	0.018	0.448	−0.322***	−3.216
YEAR	控制		控制	
R-square	0.872		0.626	
Adjusted R-square	0.858		0.588	
F-statistics	62.679		16.264	
Sig.	0.000		0.000	
N	205		215	

注：①***、**、*分别表示 1%、5%、10% 的显著性水平；②因变量：托宾 Q 值。

从表 5-22 中可以看出，成长期企业样本应用加权最小二乘法回归，对投资者和债权人社会责任实践指数对企业市场价值的回归系数为 0.178，t 检验值为 3.636，在 1% 的水平上显著正相关；对消费者和供应商责任实践指数对企业市场价值的回归系数为 0.157，t 检验值为 2.070，在 5% 的水平上显著正相关；对政府和其他社会责任实践指数对企业市场价值的回归系数为 −0.365，t 检验值为 −3.865，在 1% 的水平上显著负相关，回归结果同样支持了假设 5-4a。成熟期企业样本应用加权最小二乘法回归，对员工责任实践指数对企业市场价值的回归系数为 0.165，t 检验值为 2.808，在 1%的水平上显著正相关，对环境责任实践指数对企业市场价值的回归系数为 0.287，t 检验值为 4.542，在 1%的水平上显著正相关，对政府和其他社会责任实践指数对企业市场价值的回归系数为 0.178，t 检验值为 3.162，在 1%的水平上显著正相关，回归结果同样支持了假设 5-4b，因此应用加权最小二乘法进行回归后，结果支持了前文的模型结论，由此证明假设 5-4 的实证研究结果是稳健的。

二、变量变换法

在使用加权最小二乘法消除异方差重新估计的稳健性检验之后，本章还使用替换指标的方法验证模型回归结果的稳健性。考虑到托宾 Q 指标固有的缺陷，再选用企业财务会计指标进行结果的稳健性检验，使用企业每股营业收入作为替代指标重新回归，对我国化工企业社会责任实践水平对企业市场价值的影响和作用机制进行稳健性检验。表 5-23 报告了企业生命周期在我国化工企业社会责任实践水平对企业市场价值作用中的调节效应。表 5-24 报告了媒体报道在我国化工企业社会责任实践水平对企业市场价值作用中的中介效应和不同企业生命周期阶段媒体报道中介效应的差异。表 5-25 报告了不同企业生命周期阶段对各个利益相关者社会责任实践指数对企业市场价值的影响。

从表 5-23 的回归结果中可以看出，除了控制变量对被解释变量的影响稍有差异，本章所考察的解释变量——各个企业生命周期的化工企业社会责任实践总指数对企业市场价值的影响与变量变换之前的回归结果基本一致。变量变换之后，成长期样本的拟合优度为 25.0%，成长期的化工企业社会责任实践指数与企业市场价值的相关系数为正，t 检验值为 1.940，在 10%的水平上显著相关。成熟期样本的拟合优度为 42.5%，成熟期的化工企业社会责任实践指数与企业市场价值的相关系数为正，t 检验值为 6.945，在 1%的显著性水平上有统计学意义。衰退期的化工企业社会责任实践指数与企业市场价值的相关系数为正，t 检验值为 1.179，没有通过显著性检验。与前文的检验结果相比，结论基本一致，支持了假设 5-1a、假设 5-1b 和假设 5-1c。成长期和成熟期标准化回归系数的费雪 Z 检验值为 -3.310，非标准化回归系数 Z 检验值为 -3.140，均通过 5% 水平的显著性检验，支持了假设 5-1d。各组回归模型的 Durbin-Watson 统计值在 [1，3] 之间，方差膨胀因子均小于 3，说明不存在多重共线性。由此证明变量变换之后，假设 5-1a、假设 5-1b、假设 5-1c 和假设 5-1d 的实证研究结果是稳健的。

表 5-23　企业生命周期的调节效应稳健性检验结果（变量变换法）

变量	成长期	成熟期	衰退期
$CSDI$	0.087 * (1.940)	0.274 *** (6.945)	0.094 (1.179)
EQU	1.700 (1.378)	2.088 * (1.828)	2.707 * (1.913)
ROA	0.201 (0.202)	26.216 *** (2.662)	3.875 (0.598)
$SIZE$	2.124 *** (3.946)	1.570 *** (2.643)	2.738 *** (3.473)
LEV	6.039 * (1.854)	15.305 *** (4.131)	2.982 (0.707)
TOP	0.057 (1.643)	0.109 *** (2.681)	0.004 (0.070)
$YEAR$	控制	控制	控制
R-square	0.309	0.468	0.620
Adjusted R-square	0.250	0.425	0.483
F-statistics	5.256	10.886	4.542
Sig.	0.000	0.000	0.000
N	205	215	54

注：① *** 、** 、* 分别表示 1%、5%、10% 的显著性水平；②因变量：每股营业收入。

对变量变换之后媒体报道的中介效应进行稳健性检验，结果如表 5-24 所示。主效应不再列出，仅列出模型（5-2）和模型（5-3）中的中介

效应。列（1）、列（3）、列（5）分别是全样本、成长期、成熟期我国化工企业社会责任实践指数对媒体报道的影响结果，列（2）、列（4）、列（6）分别是变量变换之后全样本、成长期、成熟期媒体报道和企业社会责任实践指数对企业市场价值的共同影响结果。由列（1）和列（2）可以看出，变量变换之后全样本企业社会责任实践对企业市场价值的作用中，直接效应和媒体报道的间接效应均显著存在，经计算 Sobel Z = 3.389，|Sobel Z| > 1.96，验证了假设 5-2a 和假设 5-2b。从列（3）中可以看出，成长期的企业样本中，企业社会责任实践指数对媒体报道的回归系数是 0.025，t 检验值为 5.423，在 1% 的水平上显著相关；企业社会责任实践对企业市场价值的作用中，列（4）在企业社会责任实践指数对企业市场价值的回归中纳入中介变量媒体报道后，直接效应的非标准化系数为 0.052，t 值为 1.093，没有通过显著性检验，说明纳入中介变量后，直接效应不再存在，媒体报道对企业市场价值的非标准化回归系数为 1.389，t 检验值为 1.970，通过了显著性水平为 10% 的显著性检验，媒体报道起完全中介作用，经计算，Sobel $Z_{成长期}$ = 3.310，|Sobel $Z_{成长期}$| > 1.96，中介效应显著存在。列（5）是成熟期企业样本社会责任实践指数对企业市场价值的回归结果，可以看出企业社会责任实践指数对媒体报道在 1% 的水平上有正向影响，列（6）报告了变量变换之后在企业社会责任实践指数对企业市场价值的回归中纳入中介变量媒体报道的结果，直接效应非标准化系数为 0.220，t 检验值为 5.193，通过了显著性检验，直接效应存在，媒体报道对企业市场价值的非标准化回归系数为 1.598，t 检验值为 3.056，通过了 1% 显著性水平的检验，中介效应为部分中介，Sobel $Z_{成熟期}$ = -2.787，|Sobel $Z_{成熟期}$| > 1.96，中介效应显著存在。列（3）至列（6）的回归结果支持了假设 5-3。至此，变量变换之后的回归结果证明，假设 5-2a、假设 5-2b 和假设 5-3 的实证研究结果稳健可靠。

表 5-24　媒体报道在全样本和不同企业生命周期样本的中介效应

稳健性检验结果（变量变换法）

变量	（1）	（2）	（3）	（4）	（5）	（6）
CSDI	0.034***	0.139***	0.025***	0.052	0.034***	0.220***
	(10.189)	(4.745)	(5.423)	(1.093)	(6.387)	(5.193)
MEDIA		1.321***		1.389*		1.598***
		(3.555)		(1.970)		(3.056)
EQU	−0.160*	2.525***	−0.198	1.975	0.090	1.945*
	(−1.775)	(3.520)	(−1.561)	(1.602)	(0.589)	(1.737)
ROA	0.191*	0.547	0.157	0.017	1.951	23.099**
	(1.737)	(0.624)	(1.535)	(0.017)	(1.488)	(2.381)
SIZE	0.157***	2.313***	0.149***	1.917***	0.061	1.473**
	(4.009)	(7.323)	(2.688)	(3.523)	(0.770)	(2.527)
LEV	−0.426**	5.021***	−0.536	6.783**	−0.644	16.334***
	(−2.013)	(2.977)	(−1.602)	(2.084)	(−1.306)	(4.481)
TOP	0.001	0.051**	−0.001	0.059*	0.003	0.103**
	(0.396)	(2.213)	(−0.359)	(1.706)	(0.647)	(2.594)
YEAR	控制	控制	控制	控制	控制	控制
R^2	0.263	0.374	0.214	0.323	0.324	0.492
Adjusted R^2	0.238	0.351	0.148	0.262	0.270	0.448
F	10.210	16.047	3.206	5.251	5.939	11.227
Sig.	0.000	0.000	0.000	0.000	0.000	0.000
N	474	474	205	205	215	215

注：***、**、*分别表示1%、5%、10%的显著性水平；列（2）、列（4）、列（6）的因变量为每股营业收入；列（1）、列（3）、列（5）的因变量为媒体报道。

从表 5-25 中可以看出，变量变换之后成长期的企业样本中，对投资者和债权人社会责任实践指数对企业市场价值的回归系数为 0.175，t 检验值为 2.305，在 5%的水平上显著正相关，对消费者和供应商责任实践指数对企业市场价值的回归系数为 0.201，t 检验值为 2.424，在 5%的水平上显著正相关，对政府和其他社会责任实践指数对企业市场价值的回归系数为−0.187，t 检验值为−2.286，在 5%的水平上显著负相关，回归结果支持了假设 5-4a。

成熟期的企业样本中，对员工责任实践指数对企业市场价值的回归系数为0.171，t检验值为2.432，在5%的水平上显著正相关；对环境责任实践指数对企业市场价值的回归系数为0.222，t检验值为2.861，在1%的水平上显著正相关；对政府和其他社会责任实践指数对企业市场价值的回归系数为0.169，t检验值为2.324，在5%的水平上显著正相关，回归结果支持了假设5-4b。衰退期的企业样本中，对各个利益相关者责任实践指数与企业市场价值的相关系数均没有通过显著性检验，这与模型的结果不相符，无法验证前文模型结果的稳健性，考虑主要原因是披露社会责任报告的化工企业进入衰退期的样本较少，在控制了年度等一系列变量之后相关关系不再显著。从变换变量后对不同生命周期下各个利益相关者责任实践指数对企业市场价值作用的检验结果来看，除了衰退期可能因为样本量太小的缘故之外，基本支持了前文的模型结论，由此证明假设5-4的实证研究结果是稳健的。

表5-25　不同企业生命周期对各个利益相关者社会责任实践水平

与企业市场价值的稳健性检验结果（变量变换法）

变量	成长期		成熟期		衰退期	
	系数	t值	系数	t值	系数	t值
TI	0.175**	2.305	-0.011	-0.154	0.174	1.330
YI	-0.031	-0.369	0.171**	2.432	0.052	0.358
XI	0.201**	2.424	0.004	0.045	0.199	1.350
HI	0.098	1.262	0.222***	2.861	0.169	1.073
QI	-0.187**	-2.286	0.169**	2.324	-0.105	-0.717
EQU	0.096	1.132	0.090	1.215	0.262*	1.886
ROA	-0.027	-0.388	0.150*	1.848	0.031	0.106
SIZE	0.317***	3.423	0.068	0.701	0.544***	2.847
LEV	0.111	1.237	0.329***	3.172	0.032	0.108
TOP	0.075	1.070	0.124*	1.839	0.122	0.777
YEAR	控制		控制		控制	

续表

变量	成长期		成熟期		衰退期	
	系数	t 值	系数	t 值	系数	t 值
R-square	0.203		0.325		0.619	
Adjusted R-square	0.116		0.255		0.423	
F-statistics	2.343		4.661		3.162	
Sig.	0.000		0.000		0.002	
N	205		215		54	

注：因变量为每股营业收入。

本章同时使用了加权最小二乘法和变量变换法进行了模型的稳健性检验。使用加权最小二乘法修正异方差后对模型重新进行了估计，拟合优度有所提高，拟合结果与前文一致。使用每股营业收入替代托宾 Q 值，对模型再次进行检验，除了极个别变量之外，拟合结果基本与前文一致，证明本章的实证结果具有一定的稳健性。

本章小结

本章以披露社会责任报告的化工企业为样本，研究了我国化工企业社会责任实践水平对企业市场价值的影响和作用机制。首先，检验了企业生命周期在我国化工企业社会责任实践水平对企业市场价值影响中的调节效应。其次，以媒体报道为中介变量检验了化工企业社会责任实践水平对企业市场价值的作用机制。再次，检验了不同企业生命周期阶段媒体报道中介效应的差异。最后，检验了不同企业生命周期阶段我国化工企业对各个利益相关者社会责任实践水平对企业市场价值的影响。

由实证部分得出的结果证明，三个企业生命周期阶段的我国化工企业社会责任实践水平对企业市场价值的影响有显著差异，成熟期的化工企业责任实践水平对企业市场价值的影响最大，其次是成长期的企业，而衰退期的化工企业社会责任实践水平对企业市场价值则无显著影响，企业生命周期起调节效应。从影响机制来看，媒体报道在我国化工企业社会责任实践水平对企业市场价值的作用中起中介效应，媒体报道是企业社会责任实践提升企业市场价值的有效路径。结合企业生命周期研究我国化工企业社会责任实践水平对企业市场价值的作用机制，对于成长期的企业，媒体报道在企业社会责任实践水平对企业市场价值作用中的中介效果为完全中介效应；对于成熟期的企业，媒体报道在企业社会责任实践水平对企业市场价值作用中的中介效果为部分中介，媒体报道在不同生命周期的企业社会责任实践水平影响企业市场价值的作用机制有所差异。最后，检验了各个企业生命周期阶段我国化工企业对不同利益相关者社会责任实践水平对企业市场价值的影响。从检验结果来看，企业受资源和能力所限，在不同的企业生命周期阶段对不同的利益相关者的关注程度不一样，对不同利益相关者的社会责任实践水平不一样，对企业市场价值的影响也不一样。为了检验本章所建立模型的稳健性，分别使用加权最小二乘法修正异方差后对模型重新进行了估计，拟合优度有所提高，拟合结果与前文一致，又使用每股营业收入替代托宾 Q 值，对模型再次进行检验，除了极个别变量之外，拟合结果基本与前文一致，证明本章的实证结果具有一定的稳健性。

　　从企业生命周期的视角，研究化工企业社会责任实践水平对企业市场价值的作用机制及差异，为打开企业社会责任实践与企业市场价值的关系"黑箱"提供新的理论视角，同时也帮助化工企业了解社会责任实践对企业市场价值作用"黑箱"中的内在机制，能够为我国化工企业提升社会责任实践水平和企业市场价值提供实践建议。

第六章 化工企业社会责任实践对顾客共创价值的影响及作用机制

第一节 问题的提出

从第五章的研究中可知，关于企业社会责任实践与企业价值之间作用机制的相关研究，各个领域学者的探讨角度各不相同、各有偏重，对资本成本、产品市场、预期现金流和利益相关者等路径的探索较为广泛，所得出的结论也有所差异。上一章独辟蹊径，从企业生命周期的视角探索我国化工企业社会责任实践水平对企业市场价值的影响，揭示了企业生命周期在我国化工企业社会责任实践对企业市场价值影响中的调节效应，并基于企业生命周期的视角和媒体报道的中介效应，研究了我国化工企业社会责任实践对企业市场价值的作用机制。

但以上研究仍然是从企业角度出发探讨企业社会责任实践与企业价值的关系，着眼于与企业绩效提高息息相关的经济因素。对财务指标的研究确实能够准确地衡量企业价值的增减，在日后的企业经营中对相关指标的管理与控制会更加明晰，然而企业盈利并非完全依靠理性客观的数据得来。财务报表无法全面地反映企业全部的绩效增长，如社会绩效、环境绩效等，均属于企业价值的一部分，在日后经营中会逐渐转化为财务绩效，这种转化是隐形的且难以辨别的，因此从非财务的视角来分析企业社会责任对企业价值的影响是非常必要的。在企业社会责任实践所涉及的不同利益相关者中，消费者代表着巨大的经济影响和评估效果的多样性，因此可能成为企业社会责任实践创造价值的重要渠道，但目前理论界对这一路径的研究实践较少，我国企业对此传导机制的了解较为模糊，需要学术界展开理论上的深入探索，这成为本章研究的另一个着力点。

根据社会交换理论的互惠原则，人们倾向于通过回报同等的福利来帮助那些曾经帮助过他们的人，企业社会责任的利他主义性质使消费者在一定程度上感知到自己从企业所获得的利益，成为受益者，从而使消费者产生回报企业的意愿和行为，进行产品分享、使用反馈和重复购买等顾客价值创造行为，体现顾客与企业良好的"互惠互助"关系。因此，本章通过探究化工企业社会责任实践与顾客价值创造行为之间的作用机制，来进一步分析化工企业社会责任实践影响企业价值的中间过程，并借助以下两个理论来分析其中的中介因素：

（1）个体-环境匹配理论来自组织心理学领域，一般来说，人与环境的契合是指"人与环境所持有的价值观、规范和其他属性之间的匹配程度"，它包括三个主要原则。首先，人们天生就有动力去寻找适合自己的环境，或者调整自己以适应环境。其次，相比于单独预测人类行为，结合人与环境来共同预测更简单一些。最后，当个人和环境属性相互兼容时，就会达到最佳结果。正如个体-环境匹配理论所表明的那样，个人和组织价值观的相容性会产生个体心理反应，这是个体做出与企业相关行为的基础。因为与企业相适应的顾客可能与企业具有相似的价值观，这反过来又激励他们表现出某些行为。首先，与企业社会责任观念相适应的顾客通常具有积极的社会责任观念，这使他们形成想长期与企业一起成长的强烈愿望。其次，与企业契合度更高的顾客更有可能认同并内化企业的价值观。最后会体现在行动上，在市场上给予回馈。

（2）认知情感系统理论认为人们在日常生活中会通过认知系统和情感系统做出决策。其中认知系统进行理性考量，情感系统以更加直观和可感性的方式处理信息，从而直接影响决策结果，理解个体如何对特定事件产生情绪反应。当遇到一件令人愤怒的事情时，体验到郁闷的情感是人类的正常心理反应，因为人们的认知情感系统在接收到该事件的信息后，会产生相应的情绪反应和心境。但是在认知的过程中，认知感受起着关键的作用，它主要提供个人状态的信息，有无惊喜、无聊或熟悉感。认知感受对判断所起到的作用主要取决于认知活动的难易程度。容易的认知感受过程往往会带来愉快的感觉，这种情感反应本身可以作为决策的基础。在购买产品之前消费者很难准确判断产品质量水平的高低，对产品的认知感受具有很大的不确定性和被影响的空间。因此消费者对产品质量的认知是消费者对产品或服务的质量所做的抽象、主观的评价。根据线索利用理论，外部环境中存在的一些信息都是消费者可以利用的线索，企业社会责任行为作为企业释放出来的信息，当消费者对企业产品质量进行判断时，这些信息就是被捕捉到的线索，被消费者所利用从而影响消费者产品质量感知。

以上两种理论都从不同角度为个体行为决策提供了参考，本章借鉴个体-环境匹配理论和认知情感系统理论来对化工企业社会责任实践和顾客共创价值行为进行探索。高水平的企业社会责任作为一种补充性匹配，能够增强顾客感知价值观的一致性，进而触发个体的认知-情感单元。在认知评价和情绪触发的过程中，顾客对企业信任感与认同感的增加会促使顾客对企业表现出较高的互惠倾向，从而帮助企业共同创造价值。由此，本章在关系营销与治理中识别出可能与化工企业社会责任实践和顾客价值创造行为存在影响作用的认知单元与情感单元-产品质量感知与顾客情感性承诺。在此基础上，利用认知情感整合模型，深入探讨这两个内在因素之间的联系。借助链式中介模型回答化工企业社会责任实践与顾客价值创造行为之间存在何种作用机制的问题，从而解释企业社会责任对企业价值作用"黑箱"中的内在机制。

第二节　当前研究与文献述评

一、顾客主导下的企业价值研究

国内外对于企业价值的研究大多是从财务管理领域开始的，将价值理解为企业未来的获利能力，通过现有资产价值、未来投资机会的现值构成和债务等来对企业价值进行衡量。后来，有学者认为企业价值不仅是企业现有资产的账面价值。面对市场环境的变动，企业能够通过动态能力来适应宏观环境、获取竞争优势，企业价值的研究扩展到战略管理领域及整个经营管理过程中。陆正飞和施瑜（2002）从市场交换理论出发，在考察企业价值来源时将企业适应市场、为股东创造增值财富和企业风险考虑其中。史恭龙等（2023）发现采掘行业中企业安全投入、内部控制对提高企业价值具有显著作用。

随着环境与资源问题引起越来越广泛的关注，环境作为利益相关方之一，越来越多的人关注它对企业价值的影响。薛天航和郭沁（2022）剖析 ESG 表现对企业价值产生的影响，发现对市场化程度高的企业、国有企业和低耗能企业价值的提升有明显促进作用。何源明和梁梓苏（2023）探索物流企业的减排策略、碳绩效与企业价值之间的关系，发现顾客也是企业一个重要的利益相关方，它给企业所带来的价值难以估量也不容忽视。

顾客作为企业的重要利益相关方，在企业价值创造中扮演着关键角色。尽管传统上企业价值的评价主要涉及财务指标，但随着外部环境的变化，企业与顾客之间的互动日益紧密。顾客不再只是被动的需求目标，而是价值的共同创造者。Woodruff（1997）指出，以客户为导向的公司可以为客户提供卓越的价值，从而获得巨大的增长机会。Qi等（2014）提出衡量组织价值的指标有两种：客户忠诚度和客户光顾行为。其中，顾客忠诚度可以看作情感组织价值，顾客光顾行为是行为组织价值。从外部环境变化的角度来看，随着智能、互联设备已经深入到日常生活中，顾客能够掌握更多企业与产品的信息，能够通过社交媒体与其他顾客沟通交流，顾客对企业的影响不仅是作为一名购买者。顾客正在从被动的需求目标演变为价值的共同创造者，企业不得不重视顾客在企业创造价值中的作用。

顾客利益是价值共同创造活动成功的关键组成部分，因此为了占据市场份额，提高核心竞争力，企业会更加关注顾客的利益，以此谋利。根据 Narver 和 Slate 的定义，顾客导向是"对目标买家的充分理解，能够持续地为他们创造卓越的价值"。换句话说，以顾客为导向的企业采取行动满足顾客的需求，为顾客提供卓越的价值，例如，对顾客信守承诺、提供售后服务、测量顾客满意度等，并最终改善企业的财务业绩。Kim 和 Mauborgne（1997）提出企业价值的创新驱使企业关注顾客诉求，重新考虑和提供产品和服务。企业的生存始于顾客，企业的价值获得也来源于顾客。基于此，有学者选择从顾客的视角对企业价值展开研究，他们认为企业自身价值创造过程的核心是顾客主导下的价值创新，因此企业应及时观察随着外部环境变化，顾客需求发生了哪些变化，保证企业有针对性地应对，并且制定合适的企业价值创造路径。Goduscheit 和 Faullant（2018）提到中小型企业往往根据客户的直接需求做出投资决定和进行创新，不敢在产品中引入过多的其他的新元素，这种以客户为导向的做法可能会使企业规避风险。Jang 和 Kim（2023）认为客户参与度能够显著影响品牌管理和可持续行为。Shen 等（2023）探究在造船企业中，客户能力对企业可持续创新的影响，发现客户根据市场情况对企业和行业进行预测的能力极大地影响了企业的产品创新和规模。

郭爱云和杜德斌（2018）认为消费者与品牌的契合会使消费者进行对品牌的回馈行为，如主动地宣传与推荐品牌和参与产品创造等，形成消费者品牌价值创造，从而提高品牌价值。孙骞（2022）认为随着互联网的普及，消费者更容易受到从众心理的影响，消费者更愿意相互之间进行询问互动，形成交流，从而参与到电商企业价值共创中。林杰和张小三（2022）基于互动导向理论认为消费者观念、互动响应以及消费者授权有利于企业与消费者相互的深入了解，使企业内部资源合理配置，加快企业发展，并且能够根据消费者反馈调整价值主张，进而赢取消费者认可，提高企业价值。

综合以上，学者们已经证明了顾客在企业价值创造中的重要角色。当企业寻求引入服务创新、绩效提升或规避风险时，顾客在指导服务创新发展和企业价值提升方面发挥着重要作用。但由于顾客角度与企业角度的差异，对需求或企业未来发展的看法可能较狭隘，要避免过度依赖顾客的参与活动，仍需要进行大量顾客参与企业价值创造的动态过程研究。

二、基于关系营销的顾客价值创造行为研究

随着对顾客价值创造行为重要性的认识，其内部动机的相关研究也逐渐增多。Eccles（1983）提出了行为的重要决定因素：内在价值和效用价值。内在价值是指顾客从参与共同创造的任务中获得的乐趣；效用价值是指共同创造的任务与个人未来计划之间的匹配程度，即顾客为个人未来发展所进行的活动。据此，Lee 和 Kim（2018）从顾客获利的角度研究发现，顾客出于认知利益、社会整合利益和享乐利益会增加价值共同创造的意愿，在这个视角下强调顾客出于自身利益而进行价值创造行为。然而顾客感知到的利益本身具有主观性，尤其是从中获得乐趣或享乐等，可以看出顾客对企业的态度以及与企业之间的关系是更潜在的影响因素。Hollebeek 等（2019）在研究中认可这样一种观点：顾客参与反映了一种心理状态，这种状态是由于顾客与服务关系中的焦点对象（如品牌）的互动体验而产生的，并且提出顾客契合度在增强顾客体验和价值共同创造的有效性方面都具有重要作用。Luu 等（2019）通过考察企业社会责任在 B2B 旅游服务背景下的作用，发现以消费者为导向的价值创造行为对企业价值具有鲜明的促进作用。Bettencourt 等（2014）认为在市场营销策略中以商品为主导的逻辑可能并不准确，以消费者为主导的价值的共同创造能够明显对企业的竞争优势产生积极的影响。

Amoako（2019）认为关系营销是一个价值创造的过程，旨在留住现有的顾客，发展企业与外部顾客牢固的关系，使顾客做出回购决策，并为品牌宣传。菲利普·科特勒指出营销体系 4.0 时代的顾客购买路径已变为"了解、吸引、问询、行动、拥护"模式，其中"拥护"主要体现为"重复购买""溢价购买""推荐给他人"等顾客价值创造行为。这一系列顾客角色外行为离不开顾客与企业建立的"强关系"模式，在这种模式下，消费者与企业之间实现了交易交换转变为深层次的关系交换，并促使消费者表现出更高的互惠倾向，产生更多对企业有益的行为。

目前，口碑行为、公民行为和顾客行为意图等"利企业"行为，是学术界对顾客价值创造行为方面的研究重点。从个体的观念态度角度看，顾客对企业的承诺、信任以及满意度会影响他们对企业产生积极的行为意图。如 Liu

（2017）研究发现顾客产生口碑意愿、提交正面评级受到顾客信任的影响；Zhou 等（2022）指出顾客契合度与顾客心理所有权能够增加对品牌的忠诚度，同时积极地影响了人们对品牌的口碑；从企业的关系管理角度，顾客关系的管理有助于产生口碑推荐，如 Vandewalle 等（1995）研究发现客户关系的管理能够促进顾客之间的信息分享；张德鹏等（2020）在探索心理所有权和关系质量对口碑推荐行为的影响中，认为从根本上建立顾客与企业的牢固关系，有利于顾客产生"利企业"行为。

近年来，随着社交网络的兴起，"粉丝经济"诞生，其中"粉丝"就是消费基础，是潜在的顾客群体。基于对偶像、博主或品牌的喜爱成为粉丝，而进行购买、分享和互动，本身就体现着关系营销与顾客价值创造的内涵。唐云（2020）根据关系营销模式提出构建粉丝经济生态链和媒介生态经济，以此增强粉丝与平台的互动，保障顾客反馈信息能够即时传达到企业，从而帮助企业准确地掌握市场，优化生产战略。Marolt 等（2020）研究发现企业发起的顾客参与对营销绩效有积极作用，这意味着企业启动的顾客参与可以改善客户级别、产品市场和会计绩效结果。宋旭超（2023）通过探究电商直播对农产品营销的影响机制，发现企业与粉丝之间的情感联系而产生的粉丝经济效应，能够促进消费者与企业互动的主动性与能动性，最终促成产品的高质量营销。

综上所述，顾客价值创造行为本质上属于关系型行为，是有利于提升企业价值的"亲企业"行为，在现有顾企关系的相关研究中，既包括将其作为驱动力的作用，来评估其对交易行为影响的研究，如对顾客保留、重复购买和顾客市场份额等的影响，也包括探究与客户满意度和忠诚度等内在观念态度方面的关系研究。因此，对于顾客而言，顾客价值创造行为是消费者基于与企业在价值取向上的"同一"而表现出的自主性回馈行为，值得注意的是：自主性回馈行为包含着顾客在观念态度上对企业的认同与积极互动；对于企业而言，顾客价值创造行为远远超越了顾客进行简单的购买行为而带来的传统价值，基于顾企关系而产生的心理层面的倾向，给企业带来的口碑、满意度评价和推荐等影响，对企业长期维持发展优势至关重要。

三、文献述评

目前，已有部分学者对企业社会责任实践的影响、企业价值的评价、两者之间关系进行了一定程度研究，这些研究为本章研究的开展提供了坚实的基础和借鉴，但仍存在以下的不足之处：

第一，现有的企业价值评估侧重于评估企业内部价值要素，却较少考虑能够反映外部价值的顾客要素。借鉴顾客价值迁移理论，越来越多的企业将顾客内化为自身的战略性资产，顾客也成为企业价值的重要来源。因此，未来有待于研究顾客视角下的企业价值创造。

第二，在企业社会责任对企业价值作用机制的研究中，大多以产品市场、资本成本和预期现金流等反映现金流入量的路径展开研究。根据效用论，产品质量感知高的消费者更愿意为产品支付溢价，并产生积极的口碑效应，从而帮助企业实现高水平的现金流，给企业带来高市场价值。因此，有待于以消费者产品质量感知为路径，进一步研究企业社会责任实践对企业价值的影响。

第三，对于增值业务而言，实现顾客满意度是在顾客和企业之间建立相互依存关系的关键，这种相互依存关系将客户和企业紧密联系在一起，形成互惠互利的伙伴关系。因此，不同于以往关注于企业社会责任对购买决策等基本交易型行为的影响机制，未来有待于探讨企业社会责任与关系型行为之间的内在机制。

第四，化工企业的生产经营具有特殊性，其产品特性往往涉及潜在的环境风险，企业的社会责任实践更容易影响消费者的价值感知，并对顾客价值创造行为产生影响。然而，现有文献中对这一领域的研究相对较少。通过深入研究化工企业在社会责任实践中的表现，能够揭示其在顾客价值创造中的具体机制和路径，从而为企业优化社会责任策略提供理论支持。这不仅具有重要的学术价值，还有助于推动化工企业实现可持续发展，提高市场竞争力，并在社会责任和经济效益之间找到平衡，最终实现多方共赢。

第三节 研究假设与模型

前一节从消费者的角度出发，梳理了顾客主导下的企业价值研究和顾客价值创造行为的相关文献，并探讨了它们之间的联系。本节将在这些现有研究成果的基础上，进一步探讨化工企业社会责任实践对顾客价值创造行为的影响，以及这些影响如何在消费者视角下发挥作用。

一、研究假设

（一）化工企业社会责任实践与顾客价值创造行为

本节认为，顾客价值创造行为是顾客对化工企业提供的产品或服务的一种积极回馈。顾客通过自发地为企业产品宣传、品牌推广，以及为产品升级提出建议等行为，能够为化工企业的声誉和产品质量的提升做出重要贡献。从企业社会责任的内涵来看，化工企业在追求经济利益最大化的同时，也需要维护环境、社区等公共利益，这本身就涉及消费者的利益。当消费者意识到这一点后，会产生互惠感知，并基于社会交换理论，对化工企业的社会责任行为进行回报，从而主动参与到价值创造的过程中。从价值迁移的角度来看，顾客的价值创造行为反映了他们内在需求与观念的变化，即顾客不再仅仅关注产品或服务的享乐价值与体验价值，而是希望通过自己的行动来提升自身的社会性价值。顾客会更加关注化工企业在社会责任方面的投入和努力，并以此来评判企业的社会责任表现与顾客期望之间的差异，进而影响他们对社会责任价值创造的回应。根据亲社会行为理论，亲社会行为的驱动因素包括有形的外部回报和用于提升自我实现的内部回报。这些因素能够让消费者在社会交往中感受到受益，从而将提供回报视为理所当然，其中化工企业的社会责任价值创造便是一种亲社会行为。当化工企业的行为与顾客感受到值得信赖与真诚的态度时，顾客会基于该品牌来表达自己的价值观与理念，产生强烈的群体认同感，从而积极参与到价值共创的过程中。对于消费者而言，化工企业主动承担社会责任来维护社会公众的利益，满足了顾客潜在的利益诉求，因而作为回报，顾客也会表现出对化工企业的亲社会行为，即顾客会自愿实施对化工企业价值创造、价值传递和经营绩效具有正向促进作用的亲企业行为。因此，本章提出如下假设：

假设 6-1：化工企业的社会责任实践水平对顾客价值创造行为具有直接驱动作用。

（二）产品质量感知的中介作用

产品质量感知是顾客根据自身目的、需求和获得的信息线索，对化工企业的产品或服务作出的主观评价。与客观质量的主要区别在于，感知质量不仅局限于对产品某一具体属性的描述，而且包含着主观性的概括。从客观感知角度来看，产品本身质量好坏的感知是影响消费者响应的主要原因。根据线索诊断理论，积极的社会责任信息作为提供给顾客的线索，能够使顾客联想到化工企业的能力和专业性，降低顾客对产品质量的不确定性感知，促使顾客做出积极的消费行为。Zeithaml（1988）强调了消费者评估产品质量时外部线索的重要性。田敏和萧庆龙（2016）基于联合网络记忆理论，指出化工企业的社会责任能够引起顾客对企业产品或服务质量和诚信度等联想，从而能够提高顾客对企业的认同，增强顾客对企业的支持。从主观感知角度来看，顾客价值感知构成复杂，是关于产品属性和功能等特征的全面的主观的感知，不仅包括产品本身属性的内涵，更强调因人而异的主观感知。产品能被消费者感知到的象征性意义变得尤为重要。有学者指出感知质量作为行为态度，在企业的社会责任对消费者购买意愿影响中有显著中介作用。孙阁斐（2023）提出零售企业的社会责任能够改变顾客对产品的抽象评价，并以此为依据做出购买决策。从上述文献中可以看出，感性因素和理性因素都会影响顾客对服务和产品的评价，而感性因素对顾客体验的影响尤其重要。企业社会责任也是体验的提供者，因为在日常生活中每个个体都拥有一定程度的社会责任感，担负着或多或少的社会责任，化工企业的社会责任行为能够带给消费者触动，既为消费者提供了情感上的体验，并且促使消费者也产生社会责任感，在深层次的价值认同的驱使下，回应化工企业的社会责任行为有了个体内部而来的动力。结合顾客价值迁移的视角，顾客更加关注具有象征意义和社会情感的价值要素。因此，化工企业的社会责任不仅只是评判产品质量感知的外部线索，更是能够满足消费者内在需求的新价值要素。在此条件下，顾客在评估产品或服务的质量时，会更容易受到化工企业的社会责任这一外在线索的刺激。当这种价值要素的刺激符合个体心理预期时，更容易激发出个体的价值创造行为。因此，本章提出如下假设：

假设 6-2：产品质量感知在化工企业的社会责任实践水平与顾客价值创造行为的关系中具有中介作用。

（三）顾客情感性承诺的中介作用

在化工企业中，顾客的情感性承诺扮演着至关重要的角色。Meyer 和 Allen（1991）在组织行为研究中提出了由三个组成部分组成的承诺［情感承诺、持续承诺（计算承诺）和规范承诺］。情感承诺被定义为"对该组织的情感依恋，形成强烈的个人认同，参与该组织并享有该组织的成员资格"。目前，关于情感承诺中介作用的研究，大多从组织内部的角度出发，探索其在企业社会责任与员工行为关系中的中介作用，如刘德军等（2020）发现，情感承诺在员工的企业社会责任归因与帮助行为之间起中介作用。类似地，王立鹤等（2015）研究发现，情感承诺中介了企业社会责任感知与反生产行为之间的关系。从组织外部来看，顾客情感性承诺是描述顾客参与化工企业价值创造的重要变量。王雪冬等（2014）明确提出，顾客参与企业价值创造的价值主张本质上是企业和顾客在一系列自发进行的交流互动中所形成的一种承诺。因此，顾客情感性承诺是顾客愿意与企业建立心理契约的情感响应，反映了顾客对企业的情感依附程度，其与顾客内在的目标、价值观认同以及情感基础密不可分。已有研究表明，企业社会责任能够对顾企心理契约的建立产生影响，当企业社会责任履行时间和匹配度变化时，顾客对企业行为的归因以及感受到的善意都会有所改变，情感响应也有所不同。当企业社会责任行为缺失或者企业社会责任行为水平不能达到顾客的期望时，顾客会感受到企业未能遵守双方在心理或情感方面达成的契约，产生情感承诺违背的感知。而高企业社会责任水平能够向顾客释放负责任的企业的信息，从而增强顾客对企业的情感基础和价值认同。顾客对化工企业的情感基础与价值认同能够对其商家选择或产品选择偏好产生影响。顾客越是感受到企业是负责任的企业，就越能感受到企业对承诺的履行与自己心理预期的满足。基于互惠原则，消费者会相应地履行自己对企业的情感承诺，对企业产生利好的意图，这将有助于坚定消费者与高社会责任水平企业的交易信念。由此，一方面，通过基本的购买行为，顾客能够提高化工企业产品的购买量，从而提高企业业绩；另一方面，顾客基于对企业的情感性承诺，会超越购买行为做出更复杂的价值创造行为，如自发地投入对产品的宣传等。因此，本章提出以下假设：

假设6-3：顾客情感性承诺在化工企业社会责任实践水平与顾客价值创造行为的关系中具有中介作用。

（四）产品质量感知和顾客情感性承诺的连续中介作用

Mischel 和 Shoda（1995）提出的认知情感系统理论认为，个体的认知单元和情感单元是相互作用的系统，当个体面临某一事件或情境特征时，某些认知-情感单元会被激活，从而引起某种行为的产生。化工产品的特殊性使消费者相对不容易对其产品质量产生直接感知，在化工企业的产品中，产品质量感知是消费者的一种主观评判，这种评判是建立在产品价值、价格和客观质量等一系列认知基础上的，属于个体的认知单元。顾客情感性承诺表达了顾客对企业的心理契约与情感依附，属于个体的情感单元。

当化工企业所履行的社会责任与消费者的自我感知相重合，作为一种外部线索，企业社会责任很可能会刺激个人处理有关化工企业提供的产品或服务的信息，引导其认知单元形成对产品质量的综合感知。刘刊和杨楠（2020）基于共享出行平台考察平台服务质量对用户情感认知的影响，发现服务质量的好坏会影响外向性用户对平台的情感评判，从而导致高的客户满意度和回头率等。Peng 和 Chen（2019）研究发现豪华酒店的服务与功能价值会影响消费者的情绪与情感，进而影响他们对豪华酒店的依恋和复购意愿。由此可见，当企业产品或服务的质量满足消费者预期标准时，消费者会对企业产生好感，形成与企业的情感基础，在行为上表现为做出高满意度、认同与信任等。当产品质量不符合消费者期望时，消费者更有可能对企业产生负面情感，更容易让消费者远离价值创造行为甚至出现对企业的排斥。因此，本章提出以下假设：

假设6-4：产品质量感知和顾客情感性承诺在化工企业社会责任实践水平与顾客价值创造行为的关系中具有链式中介作用。

（五）企业社会责任支持的调节作用

现有大量实证研究均显示，企业社会责任响应会受到消费者对企业社会责任支持度的影响，发现企业社会责任支持可以调节企业社会责任表现对企业评价和消费者购买意愿的影响，然而，这种调节机制还缺乏在企业社会责任价值创造情境中的分析。马龙龙（2011）根据消费者复杂的人格特质提出，企业社会责任对消费者决策产生作用的另一个前提是符合消费者的自我概念，即企业社会责任行为所传达的企业价值观符合消费者的价值取向。Sen和 Bhattacharya（2001）研究发现企业社会责任支持水平较高的消费者往往能在履行社会责任的企业身上看到与自身更趋于一致的价值取向。因此，企业社会责任支持作为一种反映个体对企业社会责任行为总体支持度的价值观取向，与低社会责任支持度的顾客相比，高支持度的顾客会基于企业社会责任的优秀水平，更容易对企业社会责任创造的社会价值产生深刻感知，并体会到企业与自身价值观之间的高度匹配性，从而达到认知和情感上的共鸣，获得心理上的满足。在这种情况下，顾客心理上的契合更容易激发出顾客的价值创造行为。因此，本章提出以下假设：

假设 6-5：企业社会责任支持正向调节了化工企业社会责任实践水平与顾客价值创造行为之间的正向相关关系。

二、研究模型

（一）理论模型构建

在已有的相关研究及理论分析的基础上，本章构建了如图 6-1 所示的研究模型。化工企业社会责任实践通过产品质量感知和顾客情感性承诺的连续中介路径，对顾客价值创造行为产生正面影响，从而促使企业未来现金流的波动性减小，进而实现企业增值。作为一种自发性的亲企业行为，顾客价值创造行为可能还会受到顾客个人价值取向以及对待社会责任的态度所影响，由此引入消费者个体特征-企业社会责任支持作为调节变量。

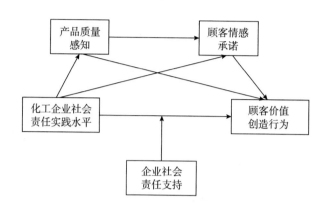

图 6-1　本章研究模型

（二）假设汇总

在假设推演的基础上，为清晰反映本章的理论假设分布，具体汇总结果如表 6-1 所示。

表 6-1　理论假设汇总

假设编号	研究假设
6-1	化工企业的社会责任实践水平对顾客价值创造行为具有直接驱动作用
6-2	产品质量感知在化工企业的社会责任实践水平与顾客价值创造行为的关系中具有中介作用
6-3	顾客情感性承诺在化工企业社会责任实践水平与顾客价值创造行为的关系中具有中介作用
6-4	产品质量感知和顾客情感性承诺在化工企业社会责任实践水平与顾客价值创造行为的关系中具有链式中介作用
6-5	企业社会责任支持正向调节了化工企业社会责任实践水平与顾客价值创造行为之间的正向相关关系

第四节　研究设计与数据收集

一、问卷设计

本章通过问卷调查法来收集数据，调查问卷设计为两部分：第一部分调查受访者的个人信息，包含年龄、性别、月收入和学历四个题项。第二部分是消费者对化工企业社会责任实践、产品质量感知、顾客情感性承诺、顾客价值创造行为和企业社会责任支持的题项进行评分。

在正式问卷发放之前进行了预调研。预调研的范围是山东省五所城市的消费者，共收回有效问卷 162 份，根据问题对问卷不合理之处进行及时的修正，最终得到了本章研究所需要的调查问卷。

二、变量测量

本章参照以往成熟的问卷调研方法并使用李克特 7 级量表法对所提出的变量进行测量，具体汇总情况如表 6-2 所示。根据题项内容与真实感受的符合程度，1~7 分代表从"完全不同意"到"完全同意"。对化工企业社会责任实践水平（CS）的调查，本章研究参考了刘凤军和李辉（2014）的研究成果，并根据具体情境调整了表达，其中包含 4 个题项。对产品质量感知（CP）的调查，本章研究借鉴了刘艳秋等的研究成果，针对具体情景对表达做了修改，包括 4 个题项。对顾客情感性承诺（QG）的调查，本章研究参考了 Meyer 和 Allen（1991）、Gruen 等（2000）的研究成果，通过 3 个问项进行测量。对顾客价值创造行为（GK）的调查，本章研究参考了 Yi 和 Gong

（2013）的量表，包含 4 个题项。对企业社会责任支持（*SZ*）的调查，本章研究参考了 Mohr 和 Webb（2005）的量表，并根据具体情境调整了表达，包含 6 个题项。考虑到人口统计学变量可能会对组织环境中个体结果变量具有影响，本章研究选择性别（*Gender*）、学历（*Degree*）和月收入（*Income*）作为控制变量。

表 6-2　变量测量量表

变量	题项	来源
化工企业社会责任实践水平（*CS*）	企业对慈善、环境等方面的投入高于同行业内的其他企业	刘凤军和李辉
	与企业收入和利润相比，企业在社会责任方面的投入比例较大	
	企业向消费者提供更多真实信息，极少与消费者发生法律纠纷	
	企业的员工发生职业病和工伤事故比同行业其他企业少	
产品质量感知（*CP*）	企业的产品质量安全是有保证的	刘艳秋等
	企业的产品质量很稳定	
	企业的产品品质是值得信赖的	
	该企业产品的质量比其他企业同类产品的质量要好	
顾客情感性承诺（*QG*）	我喜欢跟别人谈论这家企业	Meyer 和 Allen Gruen 等
	我关注别人包括报纸、电视、微博等媒体对这家企业的评价	
	我对这家企业有认同感和归属感	
顾客价值创造行为（*GK*）	我会向企业提供其正在收集或其尚未意识到的问题及建议	Yi 和 Gong
	我会向他人对产品进行积极的推荐和宣传	
	我会解答他人关于该企业的问题，并告诉他们在购买和使用产品时的注意事项	
	我会通过网络或者其他途径传播该企业及其产品的正面信息	
企业社会责任支持（*SZ*）	化工企业应该承担社会责任，这当中应包含更广泛的社会问题	Mohr 和 Webb
	化工企业应尽量以对社会负责的态度来运作	
	化工企业应支持自己的员工在社区做志愿者工作	
	化工企业应捐赠部分产品或物资给需要的人	
	化工企业社会责任应该成为购买决策的考量因素	
	在同类产品中，对履行社会责任的化工企业的产品更有兴趣	

三、正式调研与样本构成

本章研究选择线上和线下结合调查的方式，共收回 453 份问卷，删除 55 份无效问卷，最终剩余 398 份有效问卷，有效回收率 87.86%。

调查样本的特征如下：性别方面，男性占比 41.96%；女性占比 58.04%。年龄段方面，处于 18~30 岁的人数最多，占比达到了 65.08%；18 岁以下的占比 1.50%；31~50 岁的人数共 117 人，占总受访人数的 29.40%；51 岁及以上的占比 4.02%。月收入方面，3000 元以上共 240 人，占总样本的 60.30%；1000 元以下的占比 15.58%；1000~3000 元的占比 24.12%。教育程度方面，共有 311 人处于本科及以上学历水平，占总样本的 78.14%；中专及以下的学历占 9.30%；大专学历占 12.56%。受访者的整体教育水平和收入水平较高，说明被调查者大都能够较好地理解和把握问卷的内容。

第五节　实证分析与假设检验

上一节已经将问卷设计、变量测量和正式调研等模块进行了详尽的分析阐述，分析结果能够为本节的实证检验做好准备。本节主要对所提出的研究假设进行实证检验。为了确保假设检验的合理性，首先分析各个潜变量的信效度，其次利用多元回归分析检验化工企业社会责任实践水平与顾客价值创造行为之间的关系、产品质量感知和顾客情感性承诺的中介作用以及企业社会责任支持的调节效应，最后利用 Bootstrap 方法检验产品质量感知和顾客情感性承诺的连续中介作用。

一、描述性统计分析

本节对各变量实施描述性统计，其中包含了各变量的最大值、最小值、均值、标准差、偏度和峰度，其中标准差可以对消费者的问题回答的离散度进行反映，偏度和峰度反映样本是否符合正态分布，具体分析如表 6-3 所示。

表 6-3　描述性统计分析

潜变量	题项	最小值	最大值	均值	标准差	偏度	峰度
化工企业社会责任实践水平（CS）	CS1	1	7	5.08	1.316	-0.576	0.408
	CS2	1	7	5.07	1.321	-0.464	-0.178
	CS3	1	7	5.11	1.370	-0.610	0.102
	CS4	1	7	5.21	1.154	-0.409	0.099
产品质量感知（CP）	CP1	1	7	5.35	1.220	-0.807	0.929
	CP2	1	7	5.33	1.270	-0.716	0.393
	CP3	1	7	5.41	1.226	-0.835	0.868
	CP4	1	7	5.25	1.224	-0.816	0.948
顾客情感性承诺（QG）	QG1	1	7	4.87	1.560	-0.658	-0.189
	QG2	1	7	5.03	1.451	-0.795	0.373
	QG3	1	7	4.92	1.571	-0.731	-0.136
顾客价值创造行为（GK）	GK1	1	7	4.79	1.465	-0.630	-0.186
	GK2	1	7	4.88	1.486	-0.666	-0.020
	GK3	1	7	5.03	1.471	-0.816	0.161
	GK4	1	7	4.94	1.484	-0.764	0.166
企业社会责任支持（SZ）	SZ1	1	7	5.56	1.153	-0.919	1.199
	SZ2	1	7	5.67	1.145	-1.059	1.718
	SZ3	1	7	5.53	1.176	-0.837	1.156
	SZ4	1	7	5.60	1.181	-0.895	1.171
	SZ5	1	7	5.58	1.165	-1.007	1.495
	SZ6	1	7	5.72	1.130	-1.088	1.901

二、共同方法偏差检验

由于采用自我评价的调查问卷方式收集数据，且所有变量均由一个被调查者填写，可能存在共同方法偏差问题，本节使用 Harman 单因素检验法对可能存在的共同方法偏差进行检验。构建一个单因子模型，其拟合效果不理想：$\chi^2/df = 11.936$，$CFI = 0.668$，$TLI = 0.631$，$RMSEA = 0.166$，$SRMR = 0.128$，远未达到各指标临界值；而由本节的变量构成的五因子模型，其验证性因子分析的各项指标则很理想：$\chi^2/df = 2.321$，$CFI = 0.962$，$TLI = 0.955$，$RMSEA = 0.058$，$SRMR = 0.036$。

同时，鉴于单因素检验方法有可能不灵敏，再采用双因子模型进行检验，即在原有因子基础上加入方法因子作为全局因子。如果加入方法因子之后，模型拟合指数优化程度很高（例如，CFI 和 TLI 提高幅度超过 0.1，$RMSEA$ 和 $SRMR$ 降低幅度超过 0.05），说明存在严重的共同方法偏差。经检验，五因子模型加入方法因子之后，模型拟合指标并未明显提高：$\chi^2/df = 2.108$，$CFI = 0.972$，$TLI = 0.963$，$RMSEA = 0.053$，$SRMR = 0.033$。以上两种检验结果表明，本节研究的共同方法偏差程度处于可接受水平，不会对研究结果产生严重影响。

三、信度和效度检验

本章使用 SPSS 24.0 和 AMOS 25.0 进行统计分析，对测量量表进行信度和效度分析。所有变量测度项的 Cronbach's α 值在 0.878 和 0.923 之间，均大于 0.8，说明本节研究模型具有较好的内部一致性，即量表通过信度检验。在进行因子分析之前，需要进行变量的 KMO 测度和 Bartlett 球形检验。本问卷整体量表的 KMO 值为 0.944，Bartlett 球形检验的 Sig. = 0.000。验证性因子分析得出所有变量的标准负荷均在 0.731 和 0.884 之间，均超过 0.7；每个因

子的 *AVE* 值在 0.597 和 0.748 之间，大于 0.5 的临界值，表明每个变量测度项的收敛效度均处于较高水平。变量的复合信度（*CR*）值均在 0.878 和 0.922 之间，超过 0.8，说明量表具有较高的内部一致性，具体如表 6-4 所示。

表 6-4　量表可靠性分析结果

潜变量	测度项	标准负荷	Cronbach's α 值	*CR*	*AVE*
化工企业社会 责任实践水平（*CS*）	*CS*1	0.855	0.877	0.881	0.649
	*CS*2	0.830			
	*CS*3	0.788			
	*CS*4	0.745			
产品质量感知 （*CP*）	*CP*1	0.857	0.899	0.900	0.694
	*CP*2	0.842			
	*CP*3	0.879			
	*CP*4	0.748			
顾客情感性承诺 （*QG*）	*QG*1	0.867	0.878	0.922	0.748
	*QG*2	0.774			
	*QG*3	0.877			
顾客价值创造行为 （*GK*）	*GK*1	0.853	0.923	0.878	0.707
	*GK*2	0.868			
	*GK*3	0.855			
	*GK*4	0.884			
企业社会责任支持 （*SZ*）	*SZ*1	0.756	0.899	0.899	0.597
	*SZ*2	0.789			
	*SZ*3	0.778			
	*SZ*4	0.768			
	*SZ*5	0.813			
	*SZ*6	0.731			

四、相关性检验

相关性分析的指标代表两两变量间的联系紧密程度，只有当相关性元素处于某种联系时，才可能实施回归分析。本节研究所有涉及变量的均值、标准差及相关系数如表6-5所示，其中性别、学历和月收入为控制变量。根据表6-5可得：①化工企业社会责任实践水平与顾客价值创造行为（$r = 0.659$，$p < 0.01$）呈显著正相关；②化工企业社会责任实践水平与产品质量感知（$r = 0.724$，$p < 0.01$）呈显著正相关，产品质量感知与顾客价值创造行为（$r = 0.597$，$p < 0.01$）呈显著正相关；③化工企业社会责任实践水平与顾客情感性承诺（$r = 0.679$，$p < 0.01$）显著正相关，顾客情感性承诺与顾客价值创造行为（$r = 0.817$，$p < 0.01$）呈显著正相关；④产品质量感知与顾客情感性承诺（$r = 0.603$，$p < 0.01$）呈显著正相关；⑤企业社会责任支持与化工企业社会责任实践水平（$r = 0.352$，$p < 0.01$）、产品质量感知（$r = 0.438$，$p < 0.01$）、顾客情感性承诺（$r = 0.365$，$p < 0.01$）、顾客价值创造行为（$r = 0.396$，$p < 0.01$）均显著正相关。变量相关性分析结果初步验证了本书的研究假设。

表6-5　各变量相关性分析

变量	均值	标准差	Gender	Degree	Income	CS	CP	QG	GK
Gender	1.580	0.494							
Degree	3.890	0.858	−0.083						
Income	3.120	1.512	−0.163**	−0.019					
CS	5.118	1.105	−0.016	−0.143**	0.211**				
CP	5.336	1.081	0.026	−0.099*	0.150**	0.724**			
QG	4.936	1.370	0.003	−0.232**	0.263**	0.679**	0.603**		
GK	4.911	1.330	−0.009	−0.235**	0.244**	0.659**	0.597**	0.817**	
SZ	5.608	0.944	0.026	0.001	0.159**	0.352**	0.438**	0.365**	0.396**

注：**、*分别表示在 $p < 0.01$、$p < 0.05$ 的水平上显著。

五、假设检验

（一）中介效应检验

本节研究首先采用 Baron 和 Kennyde 的逐步回归分析法，对产品质量感知和顾客情感性承诺在化工企业社会责任实践水平和顾客价值创造行为之间的中介作用进行检验，分析结果如表6-6所示。

表6-6　多元线性回归分析结果

类别	CP	QG	GK				
	模型1	模型2	模型3	模型4	模型5	模型6	模型7
自变量							
CS	0.709***	0.784***	0.739***	0.518***	0.231***	0.663***	0.633**
中介变量							
CP				0.313***			
QG					0.648***		
调节变量							
SZ						0.264***	0.338***
交互项							
CS×SZ							0.087*
控制变量							
Gender	0.086	0.062	0.020	−0.007	−0.021	−0.007	−0.001
Degree	0.010	−0.218***	−0.224***	−0.227***	−0.083	−0.240***	−0.251***
Income	0.003	0.119**	0.100**	0.099**	0.023	0.084*	0.087**
R^2	0.725	0.704	0.683	0.705	0.831	0.496	0.502
调整 R^2	0.525	0.496	0.466	0.497	0.690	0.490	0.494
F	108.743***	96.662***	85.785***	77.391***	174.784***	77.253***	65.634*

注：***、**、*分别表示1%、5%、10%的显著性水平。

第一阶段，将化工企业社会责任实践水平对顾客价值创造行为做回归，结果如模型3所示，化工企业社会责任实践水平对顾客价值创造行为具有显著正向影响（$\beta=0.739$，$p<0.01$），假设 6-1 得到验证。第二阶段，将化工企业社会责任实践水平对产品质量感知和顾客情感性承诺分别做回归，结果如模型 1 和模型 2 所示，化工企业社会责任实践水平显著正向影响产品质量感知（$\beta=0.709$，$p<0.01$）和顾客情感性承诺（$\beta=0.784$，$p<0.01$）。第三阶段，引入中介变量产品质量感知，并将化工企业社会责任实践水平对顾客价值创造行为做回归，结果如模型 4 所示，化工企业社会责任实践水平（$\beta=0.518$，$p<0.01$）和产品质量感知（$\beta=0.313$，$p<0.01$）仍对顾客价值创造行为具有显著正向影响，但是化工企业社会责任实践水平对顾客价值创造行为的回归系数变小（$0.518<0.739$），表明产品质量感知在化工企业社会责任实践水平和顾客价值创造行为之间起中介作用，假设 6-2 得到验证。同样地，将化工企业社会责任实践水平和顾客情感性承诺对顾客价值创造行为一起做回归，结果如模型 5 所示，化工企业社会责任实践水平（$\beta=0.231$，$p<0.01$）和顾客情感性承诺（$\beta=0.648$，$p<0.01$）仍对购买意愿具有显著正向影响，化工企业社会责任实践水平对顾客价值创造行为的效应变小（$0.231<0.739$），表明顾客情感性承诺在化工企业社会责任实践水平和顾客价值创造行为之间也起中介作用，假设 6-3 得到验证。

其次，本节研究对产品质量感知和顾客情感性承诺的中介效应进行进一步 Bootstrap 检验，具体结果如表 6-7 和表 6-8 所示。由表 6-7 可知，产品质量感知在化工企业社会责任实践水平与顾客价值创造行为之间的中介效应值为 0.222，Bootstrap 检验置信区间为 ［0.088，0.357］，不包含 0，中介效应显著。同样地，根据表 6-8，顾客情感性承诺在化工企业社会责任实践水平与顾客价值创造行为之间的中介效应值为 0.508，Bootstrap 检验置信区间为 ［0.424，0.592］，不包含 0，中介效应显著。结合表 6-7 和表 6-8，化工企业社会责任实践水平对顾客价值创造行为有显著的正向影响（$\beta=0.739$，$p<0.01$），结果与表 6-6 保持一致。由此，假设 6-1、假设 6-2 和假设 6-3 得到进一步的验证。

表 6-7　产品感知质量中介效应 Bootstrap 检验结果

效应类型	效应值	SE	Bias-Corrected 95%CI		效应占比（%）
			Lower	Upper	
总效应	0.739	0.050	0.636	0.834	
间接效应	0.222	0.068	0.088	0.357	29.974
直接效应	0.518	0.089	0.343	0.698	70.026

表 6-8　顾客情感性承诺中介效应 Bootstrap 检验结果

效应类型	效应值	SE	Bias-Corrected 95%CI		效应占比（%）
			Lower	Upper	
总效应	0.739	0.050	0.636	0.834	
间接效应	0.508	0.043	0.424	0.592	68.700
直接效应	0.231	0.052	0.132	0.336	31.300

（二）链式中介效应检验

本节运用 SPSS 25.0 的 PROCESS 插件的 Model 6 做链式中介，对产品质量感知和顾客情感性承诺的链式中介作用进行检验。

首先，对"化工企业社会责任实践水平—产品质量感知—顾客情感性承诺—顾客价值创造行为"的链式中介模型进行验证，结果显示模型的拟合指标都达到了统计学标准（$\chi^2/df = 2.359 < 3$，$CFI = 0.964 > 0.9$，$TLI = 0.957 > 0.9$，$RMSEA = 0.059 < 0.08$），证明模型适配度较好，可以做进一步的检验和分析。其次，本节研究利用 Bootstrap 方法重复随机抽取 5000 个样本检验链式中介效应，由表 6-9 列示的结果可知，总中介效应值为 0.581，Bootstrap 检验置信区间为 [0.459，0.704]，不包含 0，效应显著。其中，产品质量感知在化工企业社会责任实践水平与顾客价值创造行为间的中介效应值为 0.090，

Bootstrap 检验置信区间为 [-0.020，0.201]，包含 0，效应不显著。顾客情感性承诺在化工企业社会责任实践水平与顾客价值创造行为间的中介效应值为 0.359，Bootstrap 检验置信区间为 [0.256，0.470]，不包含 0，效应显著。产品质量感知与顾客情感性承诺在化工企业社会责任实践水平与顾客价值创造行为之间的链式中介效应值为 0.131，Bootstrap 检验置信区间为 [0.062，0.211]，不包含 0，链式中介作用效应显著，假设 6-4 得证。

表 6-9　链式中介作用的效应分析

效应类型	效应值	SE	Bias-Corrected 95%CI		相对中介效应（%）
			Lower	Upper	
总体间接效应	0.581	0.061	0.459	0.704	78.55
路径 1：$CS{\rightarrow}CP{\rightarrow}GK$	0.090	0.056	-0.020	0.201	12.20
路径 2：$CS{\rightarrow}QG{\rightarrow}GK$	0.359	0.054	0.256	0.470	48.57
路径 3：$CS{\rightarrow}CP{\rightarrow}QG{\rightarrow}GK$	0.131	0.038	0.062	0.211	17.77

注：CS 代表企业社会责任水平，CP 代表产品质量感知，QG 代表顾客情感性承诺，GK 代表顾客价值创造行为；→代表路径方向。

（三）调节效应检验

本节首先利用多元回归分析检验企业社会责任支持在化工企业社会责任实践水平与顾客价值创造行为之间的调节作用，将顾客价值创造行为设为因变量，将性别、学历、月收入作为控制变量放入模型，再将化工企业社会责任实践水平和企业社会责任支持放入模型，构建模型 6。最后将企业社会责任支持和化工企业社会责任实践水平构造的交互项放入模型，构建模型 7。由表 6-6 中的模型 7 可知，化工企业社会责任实践水平和企业社会责任支持的交互项与顾客价值创造行为显著正相关（$\beta = 0.087$，p<0.05），证明企业社会责任支持在化工企业社会责任实践水平对顾客价值创造行为的影响中起正向调节作用，假设 6-5 得到验证。

为了更直观地反映企业社会责任支持的调节作用，表明其交互作用的影响模式。按照 Cohen 等提供的建议，本节根据均值以上和以下一个标准差的标准对调节变量进行分组，并描绘成图。图 6-2 展示了不同企业社会责任支持水平的消费者，在面对不同水平的企业社会责任时，其价值创造行为的差异。当企业社会责任支持水平变高时，化工企业社会责任实践水平对顾客价值创造行为的影响增大（斜率变大），再次证明企业社会责任支持正向调节化工企业社会责任实践水平与顾客价值创造行为的关系。消费者的企业社会责任支持越高，化工企业社会责任实践水平对其价值创造行为的正向影响越大。因此，假设 6-5 得到进一步验证。

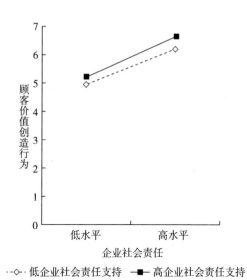

图 6-2　企业社会责任支持对化工企业社会责任实践水平与

顾客价值创造行为的调节效应

六、研究结论

　　本章基于社会交换理论和认知情感系统理论，从消费者角度建立链式中介模型，探究化工企业社会责任实践水平对企业价值作用"黑箱"中的内在机制。通过阅读大量国内外学者关于企业社会责任价值创造的研究成果，发现目前关于消费场景下的化工企业社会责任价值创造范式研究仍存在一定空白。以往的消费者行为研究多以传统购买行为为结果变量，聚焦于研究企业社会责任与基本交易型行为之间的关系，缺乏深层次、精神层面的互惠互利关系型行为研究。因此本章根据研究对象、研究目的和相关文献，从顾客价值迁移的角度探索化工企业社会责任的价值创造范式，以"认知—情感"模型构建"化工企业社会责任实践水平—产品质量感知—顾客情感性承诺—顾客价值创造行为"的传导链条，并在此基础上研究企业社会责任支持的调节效应。

为了检验研究假设的成立，本章研究采用问卷调查法，获得数据后，首先对数据进行描述性统计分析、共同方法偏差检验、量表信效度检验以及各关键变量间的相关性分析，一系列分析结果能够为实证检验做好准备。然后综合运用 SPSS 24.0、AMOS 25.0 软件采用逐步回归分析法和 Bootstrap 法检验企业社会责任水平与顾客价值创造行为之间的关系，产品质量感知和顾客情感性承诺的中介作用以及企业社会责任支持的调节效应，以及产品质量感知和顾客情感性承诺的连续中介作用，得到了与预期的研究假设相吻合的结果。具体结论如下：

第一，化工企业社会责任实践水平对顾客价值创造行为具有直接驱动作用，化工企业社会责任水平越高，就越有可能激发顾客的价值创造行为。

第二，化工企业社会责任实践水平可以通过感知产品质量和顾客情感承诺对顾客的价值创造行为产生积极影响，即企业社会责任水平越高，消费者感知到的产品质量越好，与企业的情感性承诺越强烈，越能够激发顾客价值创造行为。

第三，在产品质量感知与顾客情感性承诺构成的多重链式中介作用模型中，产品质量感知未产生单独中介效应，而是通过顾客情感性承诺的途径发挥了链式中介作用，说明化工企业仅仅通过产品质量感知无法有效地驱动顾客价值创造行为，需要化工企业与顾客之间建立情感基础，如果缺乏企业与顾客的情感基础，顾客尽管能够感知到产品的质量较好，也无法最终转化为顾客价值创造行为。产品质量感知无法达成中介的作用。然而，在缺乏对产品的质量感知的情况下，化工企业通过高水平社会责任与消费者建立的情感基础仍然会使消费者产生价值创造行为，即顾客情感性承诺仍然具有部分中介作用。

第四，企业社会责任支持在化工企业社会责任实践水平与顾客价值创造行为之间起到正向调节作用。即企业社会责任支持度水平高的顾客面对高水平的企业社会责任时，可以感知到企业与自身价值观之间的趋同性，能够深刻体会化工企业为创造社会价值付出的努力，理解企业为承担社会责任做出的价值让渡，由此提高对企业的认同与偏好，从而更愿意表现出对企业的价值创造行为。表 6-10 为结果汇总。

表 6-10　假设检验结果汇总

假设	假设内容	实证回归结果
6-1	化工企业的社会责任实践水平对顾客价值创造行为具有直接驱动作用	支持
6-2	产品质量感知在化工企业的社会责任实践水平与顾客价值创造行为的关系中具有中介作用	支持
6-3	顾客情感性承诺在化工企业社会责任实践水平与顾客价值创造行为的关系中具有中介作用	支持
6-4	产品质量感知和顾客情感性承诺在化工企业社会责任实践水平与顾客价值创造行为的关系中具有链式中介作用	支持
6-5	企业社会责任支持正向调节了化工企业社会责任实践水平与顾客价值创造行为之间的正向相关关系	支持

本章小结

　　本章首先详细阐述了消费者角度下关于企业社会责任实践价值创造的相关研究进展，通过消费者知觉理论和认知情感系统理论，初步解释了"产品质量感知→顾客情感性承诺"的链式中介作用，并通过关系质量理论揭示了消费者内部价值取向与顾客参与价值创造的调节机制。在此基础上，对相关理论和文献进行了系统评述，总结了企业社会责任活动通过消费者产品质量感知影响企业价值的理论脉络。其次推导了化工企业社会责任实践水平、产品质量感知、顾客情感性承诺及顾客价值创造行为之间的关系，提出了企业社会责任支持的调节作用，并据此构建了化工企业社会责任实践对顾客价值创造行为的框架模型，汇总了五条研究假设。

　　在问卷调研环节，对问卷的设计与结构进行了详细说明，为了确保测量的有效性和可靠性，结合现有研究中的成熟量表，经过多轮修订和专家评审，最终得出了科学合理的调查问卷。在假设检验部分，综合运用了 SPSS 24.0 和 AMOS 25.0 软件，采用逐步回归分析法和 Bootstrap 法，依次对中介效应、链式中介效应及调节效应进行了深入检验。通过严谨的统计分析，研究结果与预期的假设高度一致，验证了我们在理论框架中所提出的假设。这一结果不仅巩固了理论模型的有效性，也为进一步的研究提供了重要的实证依据。

第七章 化工企业社会责任实践案例

第一节 德国巴斯夫股份公司的企业社会责任实践

一、巴斯夫公司发展历程

巴斯夫公司（BASF SE），成立于1865年，是一家总部位于德国路德维希港的化工企业。作为世界上最大的化工公司之一，巴斯夫的业务覆盖化学品、塑料、作物保护、化肥、石油和天然气等多个领域，其产品和服务广泛应用于汽车、建筑、电子、食品、化妆品、农业、纺织和能源等行业。巴斯夫公司的发展历程可以分为以下几个阶段：

第一阶段：18世纪60年代至19世纪末。

巴斯夫公司在1865年创立之初名为"巴登苯胺苏打工厂"，在德国曼海姆开始生产合成染料。19世纪末，巴斯夫开始产品多样化，不仅生产合成橡胶和肥料，还在1890年推出了合成靛蓝，这是一种由化学方法制成的染料，改变了纺织行业的色彩使用。

第二阶段：20 世纪初。

20 世纪初，巴斯夫建立了自己的研究实验室，成为化学工业中最早设立实验室的公司之一。公司的研究成果包括合成氨的哈伯-博施过程，1916 年由卡尔·博施和弗里茨·哈伯完成，其对农业生产和化肥工业产生了深远的影响，至今仍然是合成氨生产的主要方法。巴斯夫通过创新和扩展，稳定了自己在肥料和化学品中的市场地位。

第三阶段：第一次世界大战期间至 20 世纪 50 年代。

第一次世界大战期间，巴斯夫的业务受到严重打击，原材料短缺和市场需求下降导致生产受限。战后公司开始重建，逐步恢复生产，并在此期间进行了技术和产品线的调整。20 世纪 50 年代，巴斯夫公司开始了国际化扩张，1953 年在美国建立了第一家海外生产基地，标志着巴斯夫的跨国发展进入了新的阶段。

第四阶段：20 世纪 60~90 年代。

20 世纪六七十年代，巴斯夫继续在全球范围内扩张业务，涉足塑料、涂料和医药行业，成为这些领域的重要参与者。90 年代，随着德国统一，巴斯夫收购了东德的一些化工企业，并通过收购美国氰胺公司的农业化学品业务，加强了在农业化学领域的市场地位。巴斯夫还进行了业务重组，专注于提高核心化工业务的效率。

第五阶段：21 世纪初至今。

进入 21 世纪，巴斯夫的研发技术注重可持续发展，推出了一系列环保产品，如生物降解塑料和低挥发性有机化合物涂料。2011 年，巴斯夫收购了瑞士竞争对手汽巴，进一步扩大了其特殊化学品业务。在中国市场，巴斯夫于 2000 年在上海建立了研发中心，并在多个城市建立了生产基地。2018 年，巴斯夫宣布在广东省建立其在亚洲最大的投资项目——巴斯夫（广东）一体化基地。

巴斯夫公司的发展历程展示了一个化工巨头在不断变化的市场环境中，如何通过技术创新、全球化扩展和可持续发展，保持竞争优势和行业领先地位。

二、巴斯夫公司的企业社会责任实践发展历程

巴斯夫公司的企业社会责任实践经历了一个漫长的发展过程，这个过程与其企业成长阶段紧密相连，展示了巴斯夫如何在最初面临社会责任实践不足的挑战下，逐步发展成为可持续发展领域的领导者。

（一）创立与早期发展阶段（1865~1945 年）的社会责任

巴斯夫最初专注于生产染料，随着工业化的推进，不断扩展产品线，进入化肥、化学品等领域。早期的工业活动对环境造成了一定的污染，巴斯夫开始尝试通过技术改进减少废物排放。1901 年，巴斯夫建立了第一个废水处理厂，这是早期在环境保护方面的重要举措之一。由于技术和管理水平的限制，污染治理效果并不理想，社会责任的概念尚未普及，企业更多关注的是经济效益和生产效率。

（二）战后重建与扩展阶段（1946~1979 年）的社会责任

二战后，巴斯夫致力于恢复生产和技术升级。巴斯夫重建受损的生产设施，并引入先进技术，提高生产效率和产品质量。从 50 年代起，巴斯夫逐步实施环境保护措施，加强废水和废气处理，减少生产过程中的污染排放。开始重视员工福利和安全，建立了系统的员工福利制度。由于技术限制和经济压力，污染问题仍然存在，特别是在一些工业密集地区。在这个阶段，巴斯夫的社会责任实践仍主要集中在公司内部，对社区和社会的贡献较为有限。

（三）环保觉醒与责任提升阶段（1980~1999 年）的社会责任

随着大型环境事件的发生和社会各界对环境事故的关注，巴斯夫公司在

全球范围内的环境保护和可持续发展意识逐渐增强。巴斯夫加大了对环保技术的研发投入，于 1986 年提出"化学工业的责任"倡议，着手于提升化学品生产过程中的安全性和环保水平。同时增加了对社区的贡献，资助教育、文化和健康等领域的公益项目。巴斯夫还建立了多个培训中心，为员工提供职业发展和安全培训，提升员工满意度和忠诚度。尽管巴斯夫公司在发达国家的环保和社会责任实践取得了显著进展，但在发展中国家和欠发达地区的投入相对较少。

（四）全球化与可持续发展阶段（2000~2014 年）的社会责任

进入 21 世纪，巴斯夫将可持续发展作为核心战略之一，提出"化学创造新价值"的口号，致力于通过创新和合作推动可持续发展。采取多项措施减少碳排放和能源消耗，开发绿色化学品和可再生能源技术，参与国际气候保护项目。巴斯夫加强与利益相关方的沟通与合作，建立社会责任报告机制，定期披露环境、社会和治理绩效。受文化差异的影响，巴斯夫在新兴市场的社会责任实践仍然不够因地制宜，企业对当地的社会和环境需求缺乏关注。

（五）现代创新与社会责任整合阶段（2015 年至今）的社会责任

巴斯夫加大在创新领域的投入，推动绿色化学品、可再生能源和循环经济模式的发展，提升资源利用效率和废物再利用率。进一步整合环境、社会和治理理念，强化企业在全球范围内的社会责任实践，提升信息披露的透明度和全面性。巴斯夫还加强了与社区和全球合作伙伴的互动，积极参与全球性社会责任倡议，如联合国全球契约组织和可持续发展目标（SDGs）。

三、巴斯夫公司的企业社会责任实践内容

（一）巴斯夫公司的责任管理实践

1. 巴斯夫公司的社会责任和可持续发展管理团队

巴斯夫设有专门的治理结构和管理流程，目的是让社会责任目标与业务

战略紧密结合，社会责任战略在各个层面得到有效实施和监控，其社会责任和可持续发展管理团队层次清晰、责任明确。

（1）可持续发展委员会。可持续发展委员会由公司董事会成员组成，负责监督和指导公司整体的可持续发展战略。该委员会负责检查可持续发展目标与公司的长期业务战略保持一致，并监督相关政策的执行情况。

（2）全球可持续发展团队。巴斯夫设有一个全球可持续发展团队，涵盖不同的职能和地区。这个团队由各个领域的专家组成，包括环境科学家、工程师、经济学家和社会学家。团队成员负责开发和实施公司的可持续发展战略和计划、监控和报告公司在可持续发展方面的绩效、制定和更新可持续发展相关的政策和标准、推动研发和创新项目、开发新技术和产品以减少环境影响和提升资源效率。

（3）区域和业务单元可持续发展经理。每个区域和业务单元都有专门的可持续发展经理，可持续发展经理负责在各自的领域和地区推动和执行公司的可持续发展战略。他们的职责包括根据全球战略制定本地化的可持续发展计划，检查各地的运营符合公司的总体目标；与当地团队合作，提供培训和支持，增强员工的可持续发展意识和提高能力；收集和汇报本地的可持续发展绩效，保证信息透明并与全球团队保持一致。

（4）利益相关者关系团队。利益相关者关系团队负责与外部利益相关者（如客户、供应商、社区、政府和非政府组织）进行沟通和合作。巴斯夫与利益相关者进行沟通的渠道主要有年度可持续发展报告、新闻发布会、行业会议和在线平台等。公司还设有专门的利益相关者关系部门，负责协调和回应外部的反馈和建议。

（5）内部合规和审计团队。巴斯夫的内部合规和审计团队职责是维护公司的可持续发展政策和实践符合内部标准和外部法规，包括定期进行内部审计，识别和纠正偏差，并与第三方审计机构合作以提高透明度和公信力。

（6）员工层面的全面参与。巴斯夫公司为所有员工提供可持续发展和社会责任方面的培训。公司设有专门的培训项目，帮助员工了解最新的环保技术和管理方法。通过内部通信、员工参与活动和激励机制，鼓励员工在日常工作中践行可持续发展理念。

2. 社会责任战略与企业战略的融合

通过以上团队建设，巴斯夫的可持续发展战略能够深度融入其核心运营和企业战略，而不仅是作为业务的一部分附加存在。在战略层面，巴斯夫将可持续发展与商业目标紧密结合，制定了明确的可持续发展目标，可持续发展目标不仅关注环境保护和社会责任，还与企业的财务绩效和业务增长战略相协调。巴斯夫设定了到2030年减少温室气体排放25%的目标，设定具体的目标能够降低运营成本、提高能源效率，增强企业在市场中的竞争力。为了实现这些目标，巴斯夫在其企业战略中采用了创新驱动的发展模式。通过投资研发和技术创新，开发新产品和解决方案，提高资源利用效率并减少环境影响。除了在化学品生产中引入更加环保的技术，巴斯夫还在产品设计和生产过程中运用生命周期评价（LCA）方法，确保产品从原材料采购到最终处置的全过程符合可持续发展的标准。巴斯夫的实践表明，将可持续发展战略与企业核心战略相结合，是实现长期成功和可持续增长的关键因素，推动了企业在环境和社会责任方面的进步，促进了企业在全球市场中的竞争力和经济效益。

（二）巴斯夫公司的环境责任实践

1. 应对气候变化的责任实践

在气候治理方面，巴斯夫有着清晰全面的管理层次：一是董事会层面的监督。巴斯夫董事会定期审查与气候变化相关的重大问题，对风险和机遇、目标绩效和预算等作出决策。二是高级管理层的责任。巴斯夫总裁负责整体治理，并直接向董事会主席汇报。总裁领导"净零加速器"项目，该项目负责推动跨部门的减排活动。三是激励机制。巴斯夫对管理层和员工提供激励措施，以推动减排行动，包括与减排目标和企业业绩挂钩的奖金和薪酬增长。

自 1990 年以来，巴斯夫的温室气体排放量已减少了一半以上，而销售额却翻了一番，表明在气候保护方面取得了成效。成就的取得部分归因于巴斯夫在大中华区采取的多项减排措施，包括采用可持续解决方案、引入数字应用、支持创新技术开发以及生产技术优化，涵盖了从再生原料的应用、包装材料的优化到运输、能源使用和生产工艺优化等各个环节。巴斯夫计划在 2030 年前投资 40 亿欧元，通过全面的碳管理系统来实现其气候保护目标。

为确保排放数据的准确性，巴斯夫进行了深入的数据审查和实地考察审核。监测了其他大气污染物的排放，如一氧化碳、硫氧化物、氮氧化物、氨等无机化合物，以及粉尘和非甲烷挥发性有机化合物。为减少挥发性有机化合物逃逸排放，巴斯夫在大中华区的一个基地实施了"猎漏人"项目，旨在实现生产过程的零泄漏。通过基地员工的积极参与，及时识别并整治泄漏问题，减少了无组织排放，提升了基地的整体安全运营。

巴斯夫的气候保护战略还包括化工行业的转型。作为许多日常产品的基础，化学品的生产本质上是能源密集型的。为降低碳足迹，巴斯夫增加了资源的循环利用和减少化石燃料的使用。通过开发先进的回收技术和重新利用生产过程中产生的废弃物和副产品，减少了对新原料的依赖。在减少化石燃料的使用方面，引入可再生能源作为生产能源，并在工厂实施节能改造以提高能源使用效率。

2. 水资源可持续的责任实践

在化学品生产过程中，水资源扮演着至关重要的角色，被广泛用于冷却、溶解和清洁等多个环节。巴斯夫高度重视水资源的可持续管理，并采取多项措施使水资源负责任使用。在全球范围内设定了管理目标，致力于在其生产基地和整个价值链中有效管理水资源。特别是在大中华区，巴斯夫的生产基地严格遵循全球集团的准则进行操作。在缺水地区的 15 个生产基地中，已经完成了《欧洲水资源监管项目》，另有 3 个生产基地计划在 2030 年前完成该项目。

为防止废水意外排放对地表或地下水造成污染，巴斯夫制定了详细的水保护计划，其中包括评估废水排放的风险并制定相应的监控方案。要求所有生产基地实施这些水保护计划，并通过定期审核监督操作符合标准。巴斯夫的水资源管理常规措施包括减少废水量和污染物负荷，并尽量在内部循环利用水和物料流。通过技术改进和优化操作方法，巴斯夫不断优化水的使用效率，并减少在生产、加工和运输过程中能源的消耗。废水处理通常采用中央处理方式，在废水送往处理厂之前，巴斯夫会对个别废水流进行选择性预处理。全球标准为工厂的安全建设和运营提供了框架，专家们为每个工厂制定了安全理念并实施检查，涵盖安全、健康和环境保护的关键领域。

巴斯夫系统地评估环境、健康和安全主题，包括水资源的影响，并在全球范围内分享调查结果和改进措施。在新建或扩建工厂时，巴斯夫将水资源的影响纳入投资决策考量。同时还鼓励供应商有效利用资源，减少水的排放，并缓解水资源短缺的影响。巴斯夫积极与客户合作，开发与水资源相关的创新解决方案。巴斯夫是国际可持续水管理联盟（AWS）的成员之一，并且是终结塑料废弃物联盟（AEPW）、世界塑料理事会和清洁清扫行动（OCS）的共同创始人，致力于防止塑料污染环境，减少全球塑料废弃物。巴斯夫根据全球报告倡议组织的标准，定期透明地报告与水资源有关的数据，并每年向非营利组织——全球环境信息研究中心（CDP）提交详细的水资源调查报告。

3. 固体污染物的排放

巴斯夫在固体污染物的管理方面采取了综合措施以减少环境影响。巴斯夫在部分生产基地引入了实时二氧化碳足迹管理仪表板，这一技术能够准确监测每个工艺单位的碳排放情况，帮助企业优化生产过程，并设定有效的碳排放控制条件，提高了碳排放的透明度，为进一步的减排策略提供了数据支持。

针对固体废弃物的管理，巴斯夫致力于开发不产生固体废弃物的产品和工艺。对于不可避免产生的废弃物，巴斯夫则探索可回收方案，或将废弃物转移到企业的一体化生产基地进行高效能源回收。巴斯夫定期审核外部危险废弃物处置公司，以使所有危险废弃物得到妥善处理。自 2013 年以来，巴斯夫还关注大中华区生产基地的土壤和地下水状况，定期进行监测和评估，维持这些环境资源的健康和安全。

巴斯夫因其在水资源管理、森林保护和气候保护方面的积极措施和透明报告实践，获得了在业内有着重要影响力的全球环境信息研究中心的高度评价。在水资源管理上，巴斯夫承诺到 2030 年在所有生产基地引入可持续水资源管理体系，特别是在水资源紧张地区，在"CDP 水安全"评价中获得"A-"级别。在森林保护方面，巴斯夫自 2016 年以来，定期发布《棕榈进度报告》，披露其在这方面的进展与合作信息，通过其棕榈价值链的表现和对生态系统的影响，被评为"A-"级别。自 2004 年以来，巴斯夫一直向 CDP提交气候保护相关的数据报告，以透明的方式与利益相关者沟通其气候保护战略和二氧化碳减排措施，设定了减少二氧化碳排放的目标，并采取了开发新技术、利用可再生能源等策略，因此获得"A-"评级。CDP 评分在全球投资和采购决策中被广泛应用，其平台和数据被道琼斯可持续发展指数（DJ-SI）、彭博（Bloomberg）、明晟（MSCI）ESG 等指数和智库及研究机构广泛采用，良好的评级结果展示了巴斯夫公司在环境责任方面的绩效。

（三）巴斯夫公司的市场责任实践

1. 产品创新

巴斯夫在产品创新方面展现了强大的研发能力和战略布局。2023 年，巴斯夫的研发投入达到了约 21 亿欧元，可以看出企业对创新的高度重视，研发投入为其在全球化工行业中保持技术领先地位提供了强有力的支持。2023 年巴斯夫共申请了 1046 项新专利，其中 42.2% 专注于可持续性创新，为巴斯夫提供了不断开发新产品和解决方案的能力，帮助其满足市场和客户的多样化需求。

巴斯夫在全球范围内建立了一个强大的研发网络，通过与高校、科研院所和企业的合作，推动科技创新。特别是在亚太地区，自 2014 年成立以来，巴斯夫通过亚洲开放研究网络（NAO），已完成了超过 170 个联合研究项目。这种开放式的创新模式促进了知识的共享和技术的融合，为巴斯夫带来了源源不断的创新灵感和解决方案。

在产品创新战略上，巴斯夫强调可持续性和环保性，致力于研发能够减少碳足迹、提高资源利用效率的产品，以支持全球可持续发展目标。巴斯夫与合作伙伴共同推动绿色工艺价值链，助力实现碳中和目标。这一战略既解决了环境问题，又提升了产品的市场竞争力。

2. 产品监管

为了满足全球客户对产品质量的要求，巴斯夫公司通过全球运营基地执行统一的内部准则，产品安全达到一致的高标准。巴斯夫设立的环境保护、健康、安全和质量（EHSQ）部门定期进行审核，以达到合规性，并通过专家团队的定期交流分享产品安全信息和最佳实践。

在产品进入市场之前，巴斯夫会对其进行全面的测试和评估，以识别可能的危害和风险。巴斯夫将所有材料和产品的环境、健康和安全数据都记录在其全球数据库中，为危害沟通文件的发布提供了可靠依据。巴斯夫还采用了全球化学品统一分类和标签制度（GHS），根据各国监管要求对产品进行分类和标识。

在大中华区，巴斯夫积极推动产品监管准则和实践，通过与行业协会、学术机构及当地政府的密切合作开展相关活动。2023 年，巴斯夫的产品安全与法规团队与多家国内学术协会联合举办了多场研讨会，吸引了 200 多名行业代表参与，讨论新污染物检测技术和防控经验。

巴斯夫在 2023 年成功推出了基于 SAP 的数字化解决方案，以应对危险化学品和物质报告的新法规要求，在中国的业务顺利运营。巴斯夫还推出了"大中华区产品安全法规数据库"，收录了超过 150 项与化学品、行业和贸易合规相关的法规和标准。截至 2023 年 12 月，该数据库已有超过 540 名员工使用，为巴斯夫在大中华区的业务合规管理提供了有力支持。

3. 供应链环节的责任实践

巴斯夫积极推动供应链的可持续性，并严格要求其供应商遵守国际公认的环境、社会和治理标准和法规。巴斯夫持续实施"供应商二氧化碳管理"计划，邀请包括大中华区在内的供应商参与，该计划旨在通过合作减少供应链的碳足迹，目标是在 2030 年将其相关业务组合范围 3.1 的碳排放量比 2022 年减少 15%，即将每千克所购原材料产生的二氧化碳从 1.58 千克减少到 1.34 千克。

巴斯夫的《供应商行为准则》以国际准则为基础，涵盖了人权保护、反歧视、反腐败和环境保护等关键领域。2023 年，该准则进一步扩展至涵盖民生问题和就业中的歧视问题。当年，亚太地区超过 2700 家新供应商承诺遵守这一准则，表明了巴斯夫在推动供应链责任实践方面的广泛影响力。

在"携手可持续发展"（TfS）联合倡议中，包括巴斯夫在内的 50 家化工企业致力于标准化碳排放计算方法，并打造了一个用于产品碳足迹数据交换的数字化平台。巴斯夫严格按照既定的框架和标准，对供应商进行可持续发展评估，并提供相应的培训支持。2023 年，巴斯夫对 89 个原材料供应基地进行了可持续性标准审计，并收集了 579 个供应商的可持续性评估结果。在大中华区，巴斯夫进行了 71 次现场审计和 206 次在线评估，以保持当地供应商达到预期的可持续性标准。

2023 年，由 TfS 组织的可持续培训网络研讨会吸引了全球超过 2100 名参与者。TfS 还推出了"TfS 学院"在线学习平台，支持价值链合作伙伴进一步发展和优化。该平台涵盖了与 ESG 相关的 390 门课程，并提供 11 种语言选择，为全球供应商提供了多样化的学习资源。巴斯夫与华东理工大学合作，举办了多届年度供应商可持续发展培训。培训覆盖了可持续采购和运营的各个方面，旨在帮助当地供应商达到行业标准。

（四）巴斯夫公司的社会责任实践

1. 政府责任实践

巴斯夫公司的合规实践是其履行企业社会责任和推动可持续发展的关键组成部分。巴斯夫的合规实践可以归纳为以下四个主要方面：

（1）全面合规体系的建立。巴斯夫建立了一套覆盖全球的行为准则，不仅包括对法律法规的遵守，还涵盖了反腐败、反垄断法、人权、劳工标准、利益冲突、贸易管制和数据隐私等关键领域。这套准则是巴斯夫公司合规计划的核心，确保了企业在全球范围内的业务活动都能够达到高标准的法律合规和商业道德要求。

（2）系统性的风险评估与审计。通过系统的风险分析，识别和评估合规违规的重大风险。风险分析在部门和集团企业层面进行，企业能够及时发现并应对潜在的合规问题。定期的合规审计为系统识别风险提供了额外的信息来源，加强了企业对合规风险的监控和管理。

（3）持续的合规培训与教育。巴斯夫公司通过线下和在线课程的形式开展全面的合规培训和研讨会，培训的展开是为了使所有员工都能够理解并遵守公司的行为准则。培训不仅针对基本的合规要求，还包括特定领域的特别辅导，如反垄断法、税收或贸易管制条例等，以增强员工的合规意识和提高能力。

（4）积极的合规文化推广与监测。巴斯夫在企业内部推动积极的合规文化，鼓励员工在日常工作中遵守合规原则。通过合规热线和在线举报系统等渠道，鼓励员工在有疑问的情况下积极寻求指导和帮助。对所有涉嫌违规的行为进行彻底调查，并根据调查结果采取相应的改进措施，不断加强合规体系的有效性。

2. 员工责任实践

巴斯夫在员工责任方面采取了多项举措，旨在提升员工满意度、忠诚度，并增强企业的核心竞争力。

（1）工作灵活性。巴斯夫为员工提供灵活的工作安排，包括弹性工时和创新的工作模式。巴斯夫的许多子公司并不强制要求固定工时，而是采用现代化的管理方式，如允许兼职工作。员工还可以申请减少工作时间，以便更好地照顾家庭或进行个人进修，帮助员工在工作与生活之间取得平衡，从而提高他们的工作满意度和效率。

（2）职业培训与自我发展。巴斯夫重视员工的职业发展，支持他们通过培训和学习获取相关证书，鼓励不断自我提升。巴斯夫公司向员工提供了大量的课程和学习资源，仅 2022 年巴斯夫大中华区就为员工提供了超过 1300门课程和 16000 个在线音频、视频学习资源，总学习时长超过 40000 小时。巴斯夫"成长"毕业生计划是一项具有吸引力的青年人才项目，旨在发掘和培养才华横溢、充满激情的毕业生。入选的毕业生接受定制化的轮岗、系统的学习机会和在职培训，同时也能与经验丰富的管理者和专家合作开展各种项目。巴斯夫还启动了"#Mentor4grow"项目，通过导师制帮助高潜力人才与"成长"项目的毕业生配对，促进深度沟通与思想交流。

（3）优厚待遇与激励机制。巴斯夫公司为员工提供了良好的待遇和工作环境，吸引并留住来自世界各地的优秀人才。在 2023 年全球员工调研中，大中华区员工的敬业度达到了 89%。员工对巴斯夫的安全承诺表示认可，93%的员工表示在提出安全问题时感受到公司的重视，另有 93%的员工表示愿意为公司的成功贡献力量，92%的受访者表示为能够成为巴斯夫的一员感到自豪。巴斯夫还通过与绩效挂钩的奖励机制，激励员工积极参与企业的各项活动和创新项目。

（4）员工参与与责任感。巴斯夫重视员工的反馈，通过定期和随机的员工意见调查了解员工需求，并设立合规热线，允许员工匿名报告潜在的违法行为。帮助公司及时调整政策和管理方式，增强员工的信任感和归属感。通过全球员工调研，巴斯夫进一步提升了员工的参与度和福祉。

（5）包容多元的工作环境。巴斯夫致力于打造包容性和多元化的工作环境，推动性别平等和员工结构多元化。巴斯夫为所有员工提供平等的就业机会，无论性别、年龄和国籍如何。制定了全球目标，旨在到 2030 年将女性领导者的比例提高到 30%。截至 2023 年底，巴斯夫大中华区的女性员工比例为26.8%，26~39 岁年龄段的员工比例最高，达到 51.3%。

3. 安全生产责任实践

（1）工艺安全。工艺安全是巴斯夫高度重视的领域，通过定期的安全审查，成功将工艺安全事故保持在较低水平。这一成果归因于巴斯夫实施的工艺安全事故减少项目。为了进一步强化工艺安全管理，巴斯夫在 2023 年引入了高严重性工艺安全事件（hsPSI）作为新的安全绩效指标，并且该年度在大中华区的 hsPSI 和 hsPSIR 结果均为零，与巴斯夫集团的全球工艺安全目标一致。

为了提升工艺安全方面的专业能力，巴斯夫启动了工艺安全专家培养计划。参与该计划的受训者将有机会参加各种与安全、健康和环境相关的审查，以及工艺安全的专题培训课程，涵盖防爆和防护、热稳定性、危险识别等领域。经过 2~3 年的培训，操作人员将具备专业级的工艺安全技能。

巴斯夫还采取了多项措施来提高工艺安全绩效，包括对新项目的环境、健康和安全审查，对现有装置的安全概念进行重新评估或进行全新的工艺安全审查，装置停机或检修后的启动前安全审查（PSSR），以及责任关怀审核。为了增强员工的专业素养，还开发了针对具体情况的安全研讨会和主题培训课程。巴斯夫采用全球统一的策略，以应对不断变化的监管要求，有效识别和控制生产装置面临的风险。

（2）职业安全。巴斯夫致力于为员工创造一个安全、有保障的工作环境，并通过多样化的活动和项目来提升整体的安全文化。实施了个人危害识别和风险评估（HIRA）系统，以评估和管理工作场所的整体风险，并引入了全新的职业安全绩效指标，以强化安全管理。

2023 年，巴斯夫在大中华区举办了全球安全日活动，主题为"我们的生活，与安全同行！"，吸引了超过 37000 人次参与了 300 多项线上和线下活动。这些活动旨在增强员工的安全知识和意识，进一步推动公司内部的安全文化建设。

巴斯夫修订了集团的安全要求，确立了整体风险分级制度，并根据风险等级调整修订周期，以简化 HIRA 流程。公司承诺遵循全球报告倡议准则，其中包括职业健康和安全标准 GRI 403，进行透明和一致的安全管理。

2023 年起，巴斯夫开始使用集团统一的职业安全关键绩效指标——操作相关的高严重性伤害事件率（HSIR）——进行管理和目标设定。目标是到 2030 年，将操作相关的高严重性伤害事件率控制在每 20 万工时 0.05 以内。值得注意的是，2023 年，巴斯夫大中华区所有生产基地和办公室均创下了零操作相关的高严重性伤害事件纪录，展现了企业在职业安全管理上的卓越表现。

（3）职业健康。巴斯夫在职业健康方面采取了多项举措，来保护员工的身心健康和整体福祉。通过配备职业健康专家并实施健康促进活动，不断提升员工的职业健康意识，并致力于维护和提升健康与安全水平。为了在大中华区推广健康主题，巴斯夫启动了"I Care"项目，并在所有基地推行了"向快乐出发"健康运动，向员工分发宣传材料，以增强他们的健康意识。

在应对医疗紧急情况时，巴斯夫注重急救人员的专业能力。启动了强化急救培训计划，增加了培训频次，并引入了特效化演练，旨在提升培训师的技能和筛选急救人员的标准。巴斯夫还使用健康绩效指数（HPI）来衡量其医疗保健绩效。HPI 包含五个要素：职业病识别、医疗应急准备、急救、预防医学和健康促进。每个要素的最高得分为 1.0，并在总分中占比不超过 0.2。巴斯夫为该指数设定的年度目标是得分达到 0.9 以上。2022 年，亚太区的 HPI 得分为 0.97，而 2023 年大中华区的 HPI 得分为 0.99，成功实现了既定目标。

员工的能力是他们成功完成工作和创造健康、安全工作环境的关键因素。为此，巴斯夫在大中华区举办了多起与人员伤亡事件相关的研讨会以及化学品健康风险评估研讨会。

（4）运输及分销安全。在运输及分销安全领域，巴斯夫采取了一系列措施，保证产品在运输和配送过程中的安全性，并持续提升安全绩效，目标是减少运输事故，进而降低产品对人员和环境的潜在影响。巴斯夫还积极参与国家储存设施评估计划，为中国危险品运输法规的制定和实施提供了专业意见。

为了引导其活动符合国际、国家和地方的运输法规，巴斯夫的国内运输及分销安全专家定期进行相关审查和评估，采用了包括化学品道路运输安全评估系统和化学品仓库安全评估系统（CWSAS）在内的多种 TDS 评估工具。

CWSAS 是一个国家级评估系统，基于欧洲化学工业委员会的安全和质量评估标准，并结合了我国的法律要求。该系统采用第三方评估方式，有助于实现标准化和资源管理的最高水平。值得注意的是，巴斯夫的 TDS 代表是这一技术委员会的创始成员之一，且 CWSAS 系统已于 2024 年正式上线，已经完成了多次对仓储服务供应商的评估。

巴斯夫内部的审核程序也被严格执行，以符合当地法规和公司的全球标准。审核是通过统一的全球问卷和方法进行的，以维持一致的高标准和操作规范。巴斯夫的这些举措，反映了其在产品运输及分销安全方面的承诺，并展示了其在全球化背景下对安全和质量的重视。

（5）安全防护。在安全防护方面，巴斯夫采取了全面的措施，旨在保护员工、公司资产、产品以及专有信息的安全。为此，巴斯夫建立了一个由全国各地 34 名基地安防负责人组成的安全网络，该网络通过多种创新手段保持密切联络，包括年度安防会议、月度安防论坛、EHS（环境、健康与安全）网络研讨会以及地区安防团队的活动，都为成员之间的最佳实践交流和事件经验分享提供了平台。这种开放和灵活的沟通机制，使该网络能够有效应对广泛的安防挑战，涵盖实体安全和网络安全，同时也提高了整体的效率和协作能力。

巴斯夫认识到，强化安防意识是及早发现和预防安防事件的关键，实施了一系列措施来提升全员的安全认知，并鼓励员工积极报告安防事件，包括对员工、基地安防负责人和基地负责人进行定制化的问卷调查，以广泛收集各种观点和反馈。巴斯夫还推广了一个基于地区开发的在线门户网站——"看见什么说什么"，该平台简化了报告潜在安防漏洞的流程，使员工能够快速、便捷地提交相关信息。

近年来，随着地缘政治冲突的加剧，企业在保障出差员工安全方面面临着越来越多的挑战。在此背景下，2023 年，巴斯夫的安保团队调整了差旅安全注意事项，并与一家领先的危机应对和全球保护解决方案公司达成合作。通过合作，巴斯夫能够及时获取全球安全信息和风险评估，并借助专业团队的支持，制定更加精准的差旅安全策略，在突发事件中迅速采取有效措施，保护员工的安全与健康。巴斯夫的这些举措展示了对员工安全的高度重视，并反映了其在不断改进安保措施方面的承诺，既增强了企业内部的安全文化，也提升了员工在面对复杂安全环境时的信心。

4. 社会参与责任实践

巴斯夫的社会参与活动非常广泛，仅在 2023 年，巴斯夫大中华区社会参与项目投入经费超过 34 万欧元。

（1）利益相关者和社区交流是巴斯夫社会责任的重要一环。巴斯夫通过社区咨询委员会（CAP）等平台与本地社区保持密切沟通，加深了企业与社区之间的坦诚对话和相互理解。CAP 作为巴斯夫与社区互动的关键平台，促进了双方共同关注议题的探讨，加深了社区对巴斯夫业务和可持续发展目标的理解。在大中华区，巴斯夫在上海、重庆、南京和湛江等地设立了 CAP，通过这些委员会，巴斯夫能够及时了解社区的需求和期望，进而在业务发展中更好地融入社会责任的考量。

（2）科普教育是巴斯夫社会参与的另一重要组成部分。巴斯夫通过举办"巴斯夫®小小化学家"活动，激发了大中华区七座城市 3500 多名儿童对科学的兴趣。增加了儿童对化学科学的认识，培养了他们的好奇心和探索精神，为培养未来的科学家和工程师打下了基础。巴斯夫与上海科技馆的合作，推动了化学科普教育的发展，为公众提供了更多了解化学科学的机会，还提高了自身声誉。

（3）公益志愿服务是巴斯夫社会参与的直接体现。巴斯夫作为全球终结塑料废弃物联盟（AEPW）的联合创始成员，每年开展年度员工志愿清洁活动，在全球多个城市展开。巴斯夫鼓励员工参与各类公益活动，如年度净滩活动、捐赠闲置电子产品以及慰问老人等，增强了员工的环保意识和社会责任感，也加强了巴斯夫与当地社区的联系。通过这些活动，巴斯夫展示了其对环境保护和社区发展的承诺，同时也提升了企业的社会形象。

第二节　中国石油化工集团有限公司的
企业社会责任实践

一、中国石化公司发展历程

中国石油化工集团公司（以下简称中国石化，Sinopec Group），成立于1983年，是我国最大的石油和石化企业之一，其前身是中国石油化学总公司。中国石化的发展历程反映了我国石油和化工行业的演变，也展现了我国经济改革开放的历程。

成立初期（1983~1998年）：1983年，中国石化作为国务院直接管理的大型企业集团而成立，主要负责石油和化工产品的生产和销售。在成立初期，中国石化的主要任务是整合全国各地的石油化工资源，形成规模经济，提高生产效率。中国石化同时承担了大量国家任务，参与了众多基础设施建设项目，如大庆油田的开发和南海油田的勘探。

市场化改革（1998~2000年）：20世纪90年代末，我国政府启动了一系列国有企业改革措施，中国石化也在这一时期进行了重大调整。1998年，国务院批准将中国石化改组为中国石油化工集团公司，并且设立了中国石化股份有限公司，计划通过股份制改革，增强企业市场竞争力和资本运作能力。2000年，中国石化股份有限公司在香港、纽约和伦敦三地同时上市，募集资金达到了43亿美元，这标志着中国石化正式进入国际资本市场，并为其后续发展提供了强大的资金支持。

多元化发展（2000~2010年）：进入21世纪后，中国石化开始加速其多元化发展战略，除了传统的石油和化工业务外，还积极涉足新能源、金融、房地产等领域。2004年，中国石化成功实施了"走出去"战略，通过海外并购和合作，大幅提升了其国际市场份额。中国石化在国外收购了安哥拉、苏丹等国的油田资产，增强了其全球油气资源的掌控能力。中国石化在国内加大了炼油和化工基地的建设力度，提高了石油炼化能力和化工产品的产量。大连、青岛、宁波等地相继建成了现代化的大型炼化一体化基地，进一步巩固了中国石化在国内市场的主导地位。

绿色转型与高质量发展（2010年至今）：随着全球环境保护意识的增强和我国政府对环保政策的日益重视，中国石化开始着力推进绿色转型和高质量发展。2013年，中国石化提出了"绿色低碳，和谐发展"的战略目标，开始大力发展清洁能源和可再生能源业务，投资建设了多个风电、光伏和生物质能项目，致力于降低碳排放和环境污染。2014年，中国石化在国内首次发行了绿色债券，募集资金用于环保项目的建设和运营。中国石化还积极推进科技创新，增强自主研发能力，在页岩气开采、氢能利用等领域取得了多项突破。2019年，中国石化提出了实现"碳达峰"和"碳中和"的具体目标和路线图。中国石化不断优化产业结构，提升管理水平，努力实现从传统能源企业向现代化能源化工企业的转型升级。

中国石化的发展历程既是我国石油和化工行业发展的缩影，也是我国改革开放和经济腾飞的重要见证。通过不断的改革创新和结构调整，中国石化巩固了其在国内市场的龙头地位，在全球能源市场上占据了一席之地。

二、中国石化的企业社会责任实践发展历程

中国石化自成立以来，经历了不同的发展阶段，其企业社会责任实践也不断深化和拓展。中国石化的社会责任实践反映了企业在不同历史时期对社

会、经济和环境责任的理解和行动，并逐渐形成了具有自身特色的社会责任体系。

（一）社会责任的初步探索阶段（1983~2000年）

中国石化在成立初期的主要任务是整合全国石油化工资源，提升生产效率和经济效益。在这一阶段，中国石化的社会责任实践尚处于初步探索阶段，主要体现在以下几个方面：

1. 能源供应保障

作为国家能源安全的支柱企业，中国石化承担了保障国内能源供应的重任。通过开发国内油田和建设炼油设施，中国石化保证了石油和化工产品的稳定供应，为国家经济发展提供了坚实基础。

2. 基础设施建设

中国石化在全国多个地区建设了大规模的石油化工基地，促进了当地经济发展和就业。在20世纪90年代，塔河油田的开发极大地带动了新疆塔里木盆地的经济发展，为当地提供了大量就业机会。

3. 安全生产和环保意识

尽管在早期，中国石化的环保和安全生产措施相对有限，但公司开始意识到这些问题的重要性，并采取初步措施改善生产过程中对环境的影响，减少事故发生。

（二）社会责任的规范化阶段（2001~2009年）

进入21世纪，中国石化的社会责任实践进入了规范化阶段。随着公司上市和市场化改革的推进，社会对企业的期望和监督力度不断加大，中国石化开始系统化地管理和履行社会责任。

1. 环境保护

中国石化在环保方面加大投入，实施了一系列环保措施，改进炼油技术，减少二氧化硫和氮氧化物的排放。2008年，中国石化启动了"蓝天计划"，投资数十亿元用于提升炼油厂的环保设备，显著降低了污染物排放。

2. 社会公益

中国石化在全国范围内开展了多个公益项目，援助贫困地区教育、捐建希望小学、支持灾区重建等。在 2008 年汶川地震发生后，中国石化迅速行动，向灾区捐款捐物，总额超过 1 亿元，并组织员工参与救灾和重建工作。

3. 员工权益

中国石化重视员工权益保护，改善员工工作环境和福利待遇。推行多项员工培训计划，提升员工职业技能和综合素质，并注重员工职业安全和健康管理。2005 年启动的"员工技能提升计划"显著提高了员工的职业技能水平。

（三）系统化履责阶段（2010~2019 年）

进入 2010 年，中国石化的社会责任实践进入了系统化发展阶段，开始将社会责任融入企业战略和日常运营中，设立专门的 CSR 管理部门，定期发布企业社会责任报告，全面提升社会责任管理水平。

1. 绿色发展战略

中国石化提出了"绿色低碳，和谐发展"的战略，积极发展清洁能源业务，推动能源结构优化。2013 年，中国石化在青海省建设了中国最大的光伏发电基地，年发电量达到 2 亿千瓦时，大幅减少了碳排放。

2. 科技创新

中国石化加大科技研发投入，在环保技术、清洁能源技术等方面取得了多项突破。2015 年，中国石化在四川盆地实现了中国首个页岩气田商业化开发，推动了国内非常规天然气资源的利用。

3. 透明度和报告

中国石化开始定期发布企业社会责任报告，全面披露企业在环境保护、员工权益、社区关系等方面的信息。通过提升信息透明度，中国石化增强了企业与公众的沟通，提升了社会信任度。

（四）国际化与可持续发展阶段（2020年至今）

随着全球可持续发展目标的提出和中国提出"碳达峰、碳中和"目标，中国石化的社会责任实践进入了国际化和可持续发展的新阶段。

1. 碳中和目标

中国石化制定了详细的碳达峰和碳中和路线图，通过优化能源结构、提升能效、发展碳捕捉与封存技术等措施，致力于实现碳中和目标。2020年，中国石化启动了"氢能战略"，在多个城市建设加氢站，推动氢能汽车的普及。

2. 全球责任

中国石化在海外项目中积极践行社会责任，尊重当地法律法规，注重环保和社区关系。在非洲的安哥拉，中国石化开发了当地油田，建设了多所学校和医疗设施，改善了当地居民的生活条件。

3. 合作与共赢

中国石化积极参与国际合作，与多家跨国企业和国际组织合作，共同推动全球能源转型和可持续发展。与壳牌、BP等国际能源巨头在清洁能源领域展开合作，分享技术和经验，共同应对气候变化挑战。

4. 社会公益与社区关系

中国石化在全球范围内开展了广泛的社会公益活动，包括教育援助、医疗支持和社区发展等。2021年，中国石化在缅甸启动了"光明行动"，为当地贫困地区捐赠太阳能照明设备，改善了居民的生活质量。

三、中国石化的企业社会责任实践内容

（一）中国石化的责任管理实践

1. 社会责任管理架构

中国石化设立了社会责任委员会，负责统筹企业整体的社会责任工作，

制定相关政策并审阅相关文件，成为首家在董事会层面设置社会责任委员会的中央企业。该委员会的办事机构设在党组宣传部，主要职责包括统筹集团公司社会责任战略规划和管理，协调和推进相关工作，以及进行社会责任沟通、传播与研究等工作。公司总部的各部门依据其职能分工，负责各自业务范围内的社会责任工作，各直属单位则建立了相应的社会责任管理机构，积极推进社会责任实践，使社会责任工作能够顺利且持续地开展。通过多层次的管理架构，其社会责任工作从战略层面到具体执行层面均能有效落实。

2. 责任规划

中国石化制定了"十四五"时期社会责任规划，将企业履行社会责任提升到战略层面，并将社会责任相关议题纳入企业发展战略中。规划的核心在于指导社会责任实践工作有序开展，并每年发布社会责任工作要点，促进全年工作的顺利推进。通过责任规划的方式将社会责任融入企业的长期战略中，并通过具体的年度工作计划，引导各项社会责任目标的实现和落实，从而推动企业在社会责任领域取得持续的进步。

3. 责任制度

为了更好地履行社会责任，中国石化建立并完善了社会责任管理制度，采用对标管理、典型引领、专项考核、综合评价等多种方式，加强日常监督，强化激励和约束机制，持续提升社会责任工作的水平和能力。编制并印发了《社会责任工作管理办法（2022）》，明确了社会责任组织管理和职责、规划与计划、能力建设、沟通管理以及工作考核等内容，从而推动全系统的社会责任工作向制度化、系统化和规范化方向发展。

4. 能力建设

中国石化研究和编写《社会责任管理对标提升报告》，总结和梳理国内外对中央企业社会责任管理的新标准、新要求和新指引，系统分析中央企业社会责任管理现状，对标世界领先企业的社会责任管理工作。在此基础上，提出改进建议，进一步构建路径清晰、治理规范、全面融入、沟通顺畅、绩效突出的社会责任管理体系，全面提升企业社会责任工作的系统性、科学性和规范性。2023年，中国石化深度参与了国务院国资委的《中央企业社会责任蓝皮书》《中央企业海外社会责任蓝皮书》《中央企业上市公司环境、社会及治理（ESG）蓝皮书》等课题研究。这些举措提升了中国石化自身的社会责任管理能力，为整个行业提供了有价值的参考和借鉴。

5. 责任沟通

中国石化及时有效地传播企业的社会责任理念和履责动态，打造负责任的品牌形象。结合国家战略、社会关注和内外部利益相关方需求，中国石化探索形成了"1+N+M"报告体系及常态化发布机制，以社会责任报告为重要载体，持续丰富传播体系，塑造责任品牌形象。2023年，中国石化发布了多元化报告，主动向利益相关方详细披露企业的履责实践和成效，立体化集中展示"1+N+M"报告体系（见图7-1）。主动识别各利益相关方，通过有效的沟通方式，明确利益相关方的期望与诉求，并将相关诉求转化为社会责任工作行动和方案，切实加强自身能力建设，保障发展取得更多成果，惠及更多群体（见表7-1）。

（二）中国石化的环境责任实践

中国石化在环境管理方面采取了高度重视的态度，其管理理念强调"环保优先"，并将其置于企业运营的核心地位。坚持实施全员参与、全过程控制、全天候监督和全方位管理的环保策略，不断完善其管理体系，以提升整体环境治理水平。

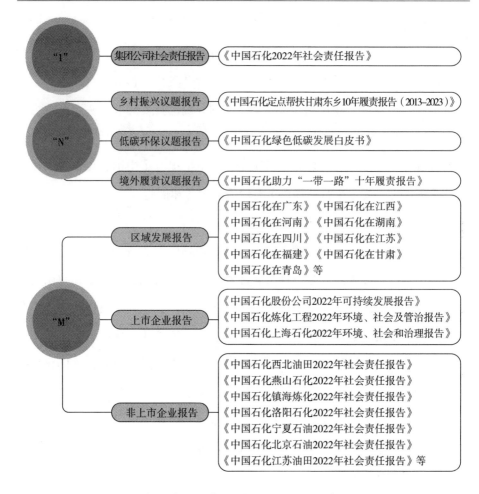

图 7-1　中国石化公司的"1+N+M"报告体系

资料来源:《中国石化 2023 年社会责任报告》。

表 7-1　中国石化公司的利益相关方沟通

利益相关方	期望与诉求	沟通与回应
政府与监管机构	配合宏观调控 国有资产保值增值 依法合规运营 纳税与创造就业 带动当地经济发展 保障和改善民生 服务乡村振兴	高层会晤 交流沟通会 信息报送 参加会议 公司公告 举办全产业链业务投资者 反向路演活动

续表

利益相关方	期望与诉求	沟通与回应
客户	产品与服务质量 新能源布局 保障能源供应 科研技术创新 数字化转型	日常服务沟通 客户走访与会议 问卷调查 网站、微信公众号
员工	多元化与机会平等 尊重人权 员工培训与发展 职业健康安全	集体协商与职工代表大会 员工走访和调研 员工表彰 定期培训 企业文化活动
环境	应对气候变化 能源绿色转型 污染排放物管理 生物多样性与土地利用 资源回收利用 水资源管理	项目环境与社会风险评估 环境信息公示 环境绩效采集与披露 外部调查回应与沟通 环保科普活动
社区	社区沟通和参与 纳税与创造就业 助力共同富裕	社区沟通交流活动 社会公益活动 "公众开放日"活动
合作伙伴	公平竞争 诚实守信 信息保密 定期沟通 长期稳定关系	高层互访 战略合作 合作协议 供应商大会 招投标信息公开
社会公众	信息公开透明 良好的公众关系	社会责任报告 公司公告 公司官微官网 社会责任发布与交流活动 社会责任论坛
媒体	透明运营 互动沟通	采访报道 新闻发布会 报刊平台 新媒体平台 "互联网+"平台

资料来源:《中国石化 2023 年社会责任报告》。

1. 完善环保体系，防范环境风险

中国石化严格遵循国家生态环境保护的法律法规，依托其健康、安全与环境（HSE）管理体系，修订了两项环保制度，形成了涵盖污染防治、生态保护、建设项目环保管理、环保统计与监测以及环境风险与应急等方面的16 项管理制度体系。为了增强各级环保管理人员的意识和提高能力，组织了多场教育培训活动，包括环保形势与任务教育、专项培训以及"送课到企业"活动，并开展了 20 场专题研讨会。

在环境风险管理方面，中国石化持续加强风险管控和隐患治理。通过环境风险量化评估和专业化培训，组织现场核查，并对环境风险评估报告和风险源识别结果进行系统梳理，落实风险源的量化分级管理。自主研发了高效油膜在线监测设备和溢油风险预警系统，实现了对石油泄漏的监测和分区、分级预警，从而有效防控水体污染。

2. 规范项目管理，实施生态保护

中国石化严格管理建设项目的全过程环保工作，完善了分级管理机制，确保环境影响评价、施工期、试生产期及竣工环保验收等环节的环保工作按程序进行。在新建项目时，推行绿色生态设计，实施能源环境总量和强度控制，提升建设项目的环保水平，并常态化开展环保合规核查，确保新建项目的环保合规率达到 100%。

3. 创建绿色企业，实施清洁生产

中国石化将生态环境保护要求融入企业生产经营的各个环节，并积极推进"绿色企业行动计划"。以高于国家和地方环保标准的要求开展环境污染防治，全面实施清洁生产，推动循环经济的发展，致力于打造世界领先的洁净能源和化工企业。为此，中国石化完善了绿色企业评价体系，并发布了《绿色企业复核评价指南（2023 版）》，通过现场服务、线上抽查和现场审核等方式，指导和监督企业开展绿色基层建设。截至 2023 年，113 家企业完成了绿色企业创建，其中 21 家企业被工业和信息化部评为国家级绿色工厂。

4. 水、气和固体排放管理

（1）水资源管理。中国石化不断优化用水结构，落实源头节水措施，推进非常规水资源代替新鲜水工作，减少新鲜水取用。2023 年，工业取水量同比减少 1.2%，污水回用率同比提升 3.3%。

（2）大气污染物排放管理。中国石化遵守国家、地方大气污染防治法律法规，通过优化能源结构、推广清洁生产工艺和技术，减少大气污染物排放量。通过与重点企业签订能源环境责任书，明确减排目标与治理重点任务。实施"煤改气"等清洁能源替代，强化酸性气等重点污染源源头治理，加强臭氧污染防治，确保废气稳定达标排放。中国石化全力推动实施《中国石化2030 年前碳达峰行动方案》，开展"碳达峰八大行动"，持续推进二氧化碳、甲烷等温室气体减排。开展碳数据质量提升专项行动，顺利完成年度碳盘查和碳核查任务，编制企业温室气体排放报告。印发《中国石化碳交易管理办法》，积极参与试点和全国碳交易，指导企业开展内部交易，按时完成配额履约工作。

（3）固体废物管理。中国石化严格遵守《中华人民共和国固体废物污染环境防治法》，推进固体废物减量化、资源化、无害化，实现固废综合管理和利用。打造国内首家"无废集团"和 12 家"无废企业"创建样板，完成新一批 16 家"无废企业"创建。还打通危废全生命周期信息化监管，形成49 项可复制、可推广的典型案例，助力"无废城市"建设。

（4）发展循环经济。中国石化大力发展循环经济，持续开展水资源、固体废物资源化利用，推动余热回收及废气循环利用，提高资源综合利用效率。印发《中国石化资源节约和高效利用专项行动方案》，制定能源节约和高效利用技术、炼油过程集成与节能优化、催化体系绿色减排、化工过程节能技术、水资源节约与高效利用、污染物高效处理等技术名录，推动全方位实施资源节约与高效利用。还建立废塑料回收利用体系，联合发起塑料循环产业联合绿色行动联盟，推进废塑料回收再利用产业建设。

（三）中国石化的市场责任实践

1. 产品创新责任实践

中国石化近年来在产品创新方面取得了显著进展。积极探索"油转化"和"油转特"发展路径，持续加强高端树脂、高端橡胶、高性能纤维及特种精细化学品的研发和生产。通过推进 PGA、PBAT 等可降解材料业务的发展，并成功生产超高分子量聚乙烯纤维、对位芳纶纤维及 48k 大丝束碳纤维等产品，显著增强了现代化工产业链和供应链的韧性和竞争力，为市场提供了大量特色化工材料和高端专用化学品。

中国石化在高端新材料领域取得了多项突破，开发出诸如高性能液体橡胶、PVA 光学膜及碳纤维等新材料。这些创新材料广泛应用于航空航天、电子信息、新能源汽车等高科技领域，不仅填补了国内相关技术空白，还替代了部分进口产品，显著提升了中国在高端材料领域的自主创新能力。在合成材料及生物基材料方面也取得了显著进展，推出了一系列绿色环保的新型材料，助推了化工产品的绿色转型和升级。

在高端化工产品领域，中国石化通过不断增加研发投入，推动技术升级和工艺改进，开发了多种高附加值的精细化工产品，如高纯度电子化学品和特种化学品，在电子制造和医药化工等领域具有广泛应用。通过优化生产工艺和提升产品质量，中国石化在高端化工市场上占据了重要位置，满足了国内外市场的多样化需求。

新能源领域是中国石化产品创新的关键方向之一，中国石化积极推进氢能、风能、太阳能等新能源项目的研发和应用，探索建立多元化能源供应体系。截至目前，中国石化已建成 128 座加氢站，成为全球加氢站数量最多的企业之一。在风电和光伏发电领域也进行了多个示范项目，全年新增风光发电装机规模达 1080 兆瓦，推动了新能源与传统能源的深度融合，助力优化能源结构和实现低碳转型。

中国石化高度重视数字化和智能化技术在产品创新中的应用。通过建设智能工厂和数字化生产线，提升了生产效率和管理水平，减少了资源浪费和环境污染。借助大数据和人工智能等前沿技术，不断优化产品设计和制造过程，实现了产品质量的稳定提升和成本的有效控制。目前，已有四家企业被评为国家级智能制造示范工厂，另有六家企业入选国家级 5G 工厂名录。

2. 产品质量责任实践

中国石化对产品质量的重视体现在对高标准的坚持和对质量管理体系的不断优化上。中国石化明确提出了"质量永远领先一步"的质量方针，并以此为基础，确立了"质优量足，客户满意"的质量目标。

在具体的质量管理措施方面，中国石化建立了外采油内控指标体系，以防范外采质量风险，还建立了供应商管理体系，确保采购环节的质量控制，以及完善的质量检验体系，对内部抽检不合格的油品立即停止对外销售，确保不让一滴不合格油品流入市场。建立覆盖成品油流通全环节的标准化过程质量控制体系，确保入库、储运、销售全环节受控。

为了进一步提升服务质量，中国石化推行了质量信息化建设，打造了智能化质量管控模式，并提出了"油品全生命周期管理、服务延伸到客户油箱"的理念。建立了全国客户服务中心，并开展了质量文化建设，以提高服务水平和客户满意度。

中国石化在化工销售中深化了全过程质量管理理念，使"质量第一""质量是企业生命"的理念深入人心，并增强了诚信意识、服务意识和责任意识。统筹整合了区域公司的质量管理体系，明确了各层级、各岗位的质量工作责任和权利，坚持依法经营、诚信经营，并高度重视市场反馈，迅速妥善处理客户投诉。通过一系列质量管理措施，中国石化取得了显著成效。

2023 年，实现了炼油产品销售合格率、油品质量抽查合格率、成品油销售客户投诉解决率以及润滑油销售客户投诉解决率均为 100%。

3. 客户服务责任实践

中国石化致力于不断完善和提高售前、售中、售后全流程客户服务内容及质量。建立了以统一客服中心和 95388 电话服务为基础，智能机器人、95388 短信、邮件、微信公众号、石化 e 贸、易派客平台等为辅的多层次、立体化的客户沟通渠道，旨在快速响应并解决客户在产品采购中遇到的问题，同时确保客户在任何阶段都能获得所需的支持和帮助。

为了提供更便捷的服务，中国石化通过"易捷加油"APP，提供了"一键加油/加气""在线充值""预约提油""易捷到车""易捷到家""在线开票"等多种服务。2023 年，中国石化在全国上线了新一代加油卡系统，实现了数据集中、便捷服务和灵活营销等多个方面的创新提升。提升了服务的效率，大大方便了客户的使用体验。在"易捷加油"APP 上，客户可以享受到丰富的线上服务，实现"一卡在手·全业务服务"的便捷体验，提升了客户的满意度和忠诚度。

中国石化在六省市的七座加油站部署了智能加油机器人，为顾客提供更加智慧便捷的消费体验。通过自动化技术，实现了无接触加油服务，提升了服务效率，减少了客户等待时间，也提高了安全性和精准度。

2023 年，中国石化实现了油品销售客户投诉解决率、润滑油销售客户投诉解决率和化工销售客户投诉解决率均为 100%，这反映了中国石化在客户服务方面的高效和高质量，体现了对客户满意度的高度重视和承诺。通过快速响应和解决客户问题，中国石化维护了客户的利益，赢得了客户的信赖和支持。

4. 供应链责任实践

中国石化在供应链责任实践上主要体现在五个方面：

（1）行业协同打造责任产业链：中国石化坚持公开透明的采购规范，实行责任采购与阳光采购的原则。通过完善供应商与承包商管理体系，深化战略伙伴合作，探寻多元化合作模式，致力于打造负责任、可持续的供应链。在招投标管理方面，中国石化组织修订了相关管理办法，扩展了招标管理制度体系，规范了招标采购条件设置，明确了招标条件设置红线，并通过建设新型电子招标平台，实现了招标采购的数字化监管。

（2）供应商管理：中国石化不断加强供应资源管理体系建设，优化供应商资格审查和履约动态考评机制，加大违约处理力度，推进市场诚信体系建设。中国石化正在加快推进《物资采购供应资源管理办法》的修订工作，以增强物资供应的风险控制。已经完善了管理体系，初步完成了297个品种的供应商资质审核和现场审查标准的修订。在严格供应商的资格审查方面，中国石化对重要资质证书过期的供应商实施了系统自动停用，并在一年内对1486家供应商进行了现场审查。定期发布法人信用认证风险提示，优化了供应商风险的动态预警机制。在推进量化评价方面，中国石化以法人信用认证、产品质量评价、履约动态考评和市场业绩表现为主要内容，对供应商进行了量化评价。截至2023年，已有11109家企业通过了法人信用认证，5277家企业的18303家次产品通过了产品质量评价。还对26183家企业进行了履约动态考评，并进行了星级评价，对16195家企业进行了市场业绩表现评价。中国石化密切关注重点工程项目供应商的履约情况，并向23家供应商发送了《工作提示函》。

在严肃警示处罚方面，加大了对违约供应商的惩戒力度，处理了220家有违约行为的供应商。在开展绿色采购方面，中国石化编制了28类938项绿色物资采购目录，要求供应方取得环境管理体系、健康安全与环境管理体系（HSE）等相关认证，并在招标采购中禁止使用国家《产业结构调整指导目录》中提出的淘汰类落后生产工艺装备和产品。还强化了高能效产品设备的采购，为企业用户提供了废旧物资平台的专业化服务，并引导供应商建立绿色采购协同机制，推进绿色评价结果的应用。中国石化全面修订了供应商资格审查标准，进一步强化了供应商健康安全管理、绿色产品标准以及履行社会责任等管理要素，并在评标中纳入能效指标、绿色包装等因素。

（3）承包商管理：中国石化编制发布《中国石化工程建设及检维修承包商管理规定》《中国石化工程建设承包商项目人员培训考核管理办法》等制度或通知文件，全面规范承包商管理工作。制定《关于严格执行招标投标法规进一步规范招标投标主体行为的通知》，不断强化工程招投标监督管理。采取"红线处罚+计分量化考核"的方式，对承包商实施考核管理。违反《廉洁从业责任书》或《廉洁从业协议书》规定、以权谋私或行贿的承包商，将被列入中国石化工程建设黑名单。开展承包商及从业人员计分量化考核工作，促进承包商全面检视和改进自身建设行为。严格执行市场诚信体系管理办法，对5家承包商、264名承包商从业人员给予列入黑名单等处理。

中国石化在招标标准文件中，明确要求承包商应持有质量管理、环境管理、职业健康安全管理体系认证证书；对在最近三年内发生重大工程安全事故、因环境违法违规行为造成较大社会影响或被政府部门列入"黑名单"的投标人予以否决投标；在评审部分设有HSE专项评审，投标人在此专项评审中低于80分的将被否决投标。在合同条款中，明确约定承包商应当承担的安全职责、环境保护职责以及相应措施要求等。中国石化主体承包商通过质量管理体系认证的比例、主体承包商通过环境管理体系认证的比例和主体承包商通过职业健康安全管理体系认证的比例均达到了100%。

（4）绿色采购与国产化推动：中国石化在招标采购中明确要求投标方禁止使用国家《产业结构调整指导目录》中提出的淘汰类落后生产工艺装备、落后产品，并强化高能效产品设备采购。编制了绿色物资采购目录，要求供应方取得环境管理体系、健康安全与环境管理体系等相关认证。中国石化还大力推进重大装备国产化攻关工作，完成了多个项目的重大装备国产化方案论证，并关注国产化装备应用情况。

（5）易派客平台运营与国际合作：中国石化通过易派客工业品电商平台，打造了SC2B电商新模式，提供一站式数字供应链解决方案。平台业务范围涵盖104个国家和地区，与61个"一带一路"共建国家的供应商、采购商建立合作。中国石化还与多个国内外合作伙伴签署了战略合作协议，拓宽合作领域，实现优势互补、资源共享。

通过这些实践，中国石化展现了其在供应链管理中的责任感和领导力，提升了自身的运营效率和风险管理能力，为推动整个行业的可持续发展做出了积极贡献。

（四）中国石化的社会责任实践

1. 安全生产责任实践

中国石化非常重视安全生产，视其为企业可持续发展的基础，并采取多种措施，促进安全管理体系的完善和生产运行的安全可靠。全面贯彻国家安全生产法规和政策，推动安全生产标准化、制度化和科学化建设，建立了覆盖全员和全过程的安全生产责任制。

（1）安全生产制度建设与顶层设计。制定并严格执行一系列安全生产规章制度，涵盖安全生产责任制、安全生产监督管理、安全隐患排查与治理、应急预案与演练等方面。安全生产工作有章可循、有据可依，形成了系统化、标准化的安全管理体系。2023年，安全生产投入达20亿元，用于安全技术改造、设备更新和隐患治理。

（2）安全文化培育与员工培训。中国石化倡导"安全第一、预防为主、综合治理"的理念。通过多种形式的安全教育和培训，不断提升员工的安全意识和操作技能。每年定期组织安全知识竞赛、安全技能比武等活动，营造浓厚的安全文化氛围。2023年安全培训投入32558万元，安全培训覆盖率达

100%。还建立了安全生产培训基地，利用先进的仿真模拟设备，为员工提供实战化的安全培训，每一位员工都具备必要的安全知识和应急处置能力。

（3）技术保障与智能化管理。在技术保障方面，中国石化不断提升安全生产技术水平，应用先进的科技手段强化安全管理。加快推进智慧安全建设，采用物联网、大数据、人工智能等技术，构建智能化安全监控系统，实现了对生产现场的实时监控和预警分析。通过这些智能化手段，能够及时发现并处置各类安全隐患，有效防范生产事故的发生。

（4）安全隐患排查与治理。中国石化高度重视安全隐患的排查与治理，实行全方位、全覆盖的安全检查制度。每年定期开展安全生产大检查，对各类生产设施、设备进行全面检查和维护，使其处于良好运行状态。对排查出的安全隐患，建立问题清单，落实整改责任人，制定整改措施和时限，检查隐患整改到位。建立安全隐患信息化管理平台，实时跟踪隐患整改进展情况，提高了隐患治理的效率和效果。

（5）应急管理与救援机制。中国石化建立了完善的应急预案体系和应急救援机制。定期组织开展各类应急演练，提升员工的应急处置能力和协同作战水平。通过模拟实战的应急演练，检验和完善应急预案，一旦发生突发事件，能够迅速响应、高效处置，最大限度地减少事故损失和人员伤亡。积极参与社会应急救援工作，与地方政府和相关单位建立了联动机制，协同应对各类突发事件。在自然灾害、事故灾难等紧急情况下，主动调派应急救援队伍和设备，参与抢险救援，体现了企业的社会责任担当。

（6）作业安全与风险防控。中国石化加强了承包商和直接作业环节的管理，修订了集团公司的承包商安全管理办法，试点开展承包商"双向"安全考评，优化承包商安全量化记分考核规则。加强高风险作业管控，落实危大工程巡回驻点督导机制。还组织开展了承包商及施工作业安全专项整治，全面推进陆上石油天然气安全风险整治，强化"双边"和高风险作业管控措施，建设智慧安全工地管控系统，进行大检修专项督查和施工作业"四不两直"专项检查，建立远程视频查违章工作机制，上线全员"安全随手拍"平台，大力查处和惩治违章行为。

（7）危化品运输安全监管。中国石化加强了危化品运输安全监管，对承运商实施穿透式延伸监管，修订和补充危化品运输事故报告和责任追究规定，加强内部调查问责，开展危化品运输安全专项督查。通报企业及关联单位典型问题，组织重点企业落实"两特两重"期间危化品运输安全保障方案。推进危化品运输风险监测预警系统部署应用，实现承运商及其载具的在线监控。

（8）在公共安全方面，中国石化加强油气安保及反恐防范工作，积极推进重点目标达标。圆满完成全国两会、杭州亚运会等重大活动安全环保保障任务，提前部署汛期自然灾害防范工作，每日跟踪指导灾情险情排查处置，组织企业分类分级落实针对性防治措施，未发生因灾导致安全生产事故事件。完成中国石化地质灾害风险管理系统建设和川渝工区企业的部署应用，对地质灾害风险实现全链条信息化、智能化管理。修订发布了《中国石化油气输送管道安全管理规定》。组织开展老旧管道风险排查，完成老旧管道评估和问题隐患整改销项。

2. 员工责任实践

中国石化在员工责任方面的实践体现了公司对员工的全面关怀和对人才发展的高度重视。

（1）维护员工基本权益，实行民主管理。中国石化在维护员工基本权益方面做出了显著努力。严格遵守国内外法律公约，尊重人权、奉行平等，坚持对不同国籍、民族、种族、性别、宗教信仰和文化背景的员工一视同仁。依法与员工订立、履行、变更、解除或终止劳动合同，禁止雇用童工和强迫劳动。中国石化还积极构建和谐稳定的劳动关系，优化劳动争议处理工作流程，建立"一件一案一表"信访工作台账，预防和减少劳动争议，及时化解劳资纠纷，切实维护员工合法权益。

中国石化高度重视员工的民主管理，制定落实《中国石化直属单位职工代表大会实施办法》，建立健全职工董事、职工监事制度，规范选举集团公司职工董事。研究制定《中国石化直属单位厂务公开实施办法》，强化领导体制和工作机制建设，分级建立厂务公开事项清单。积极拓展建言献策渠道，利用网上论坛、隐患排查、"民意直通车"小程序、合理化建议征集等方式，广泛征集职工意见建议。

（2）薪酬福利。在薪酬福利方面，中国石化建立了"一适应、两挂钩"的工资总额决定机制，强化整体薪酬激励功能，构建了涵盖基本薪酬、绩效奖金、保险福利、荣誉表彰等多维度的激励体系。秉持"为岗付薪、为绩付薪、为能付薪"的理念，增强薪酬分配的激励约束功能。按照国家和地方有关政策规定，为员工建立了"五险一金"和企业年金制度，提升员工保障水平。中国石化还制定了多样化的员工福利计划，包括带薪年假、探亲假、健康体检、节日礼品等。在特殊岗位或艰苦环境中工作的员工，提供额外的津贴与补助。对于在偏远地区工作或从事高风险作业的员工，会提供岗位津贴和生活补助，提高他们在工作期间的生活质量。通过多维度的薪酬福利实践，中国石化提升了员工的经济保障和生活质量，激发了员工的工作积极性和忠诚度，为公司的可持续发展提供了坚实的人才支持。

（3）职业健康与心理健康管理。在职业健康管理方面，中国石化制定《职业健康管理办法》，组织开展企业职业健康工作基本情况调查，提升职业健康管理人员工作能力。督导推进企业噪声和粉尘超标场所的治理工作，推广阻燃服配备，加强劳保用品入库检验。中国石化还健全员工健康管理网络，完善医疗点健康巡检和健康咨询功能，推进全员急救知识培训。推广设置健康驿站、健康小屋、医务室，配备血压计、血氧仪、AED 等医疗设施。中国石化重视员工的心理健康，成立心理健康工作委员会，定期评估员工健康状况，增强员工心理健康素质。广泛开展员工帮助计划（EAP）服务，用科学的疏导方法加强员工心理干预，促进员工快乐工作、健康生活。

（4）职业发展与培训。在职业发展方面，中国石化加大高层次专家选聘力度，首次设立选聘集团公司首席工程技术大师。截至2023年，在聘集团首席科学家3名、集团首席工程技术大师2名、集团首席专家28名、集团高级专家137名、集团技能大师91名。打造"双百计划"升级版，提出加强海外高层次人才引进"十条措施"，全年引进社会成熟人才140人。中国石化推进"人力资源池"建设，科学配置用工资源，进一步扩大高校毕业生引进规模，招聘规模保持央企前列。连续五年毕业生引进规模超过10000人，新增就业人数30912人。

中国石化高度重视员工的培训和发展，组织修订《中国石化员工教育培训管理规定》《中国石化网络培训管理办法》，进一步完善员工培训体系制度与机制。体系化推进管理人员培训，差异化推进专家人才培训，常态化推进技能人才培训，全年共组织重点人才培训项目54个、培训5139人次。还积极构建校企联合培养模式，深化与海内外高等院校合作，利用博士后工作站、流动站联合培养平台。

（5）员工关爱。中国石化坚持"我靠企业成长，企业靠我发展"的核心理念，致力于在加油站、油库、输油场站等基层单位深化"家文化"建设，营造和谐、友爱的工作氛围，提升员工的幸福感和归属感。还关注离退休员工的福利，认真做好离退休干部的服务管理工作，为他们提供精准化、个性化、亲情化服务。在全系统开展敬老活动，进行走访慰问、健康体检、帮扶救助等工作，积极配合街道社区党组织开展党建共建、活动联办。2023年，全系统在节庆纪念日走访慰问、探望生病住院离退休人员11.3万人次，组织离退休人员体检30.6万人次，帮扶救助有特殊困难的离退休人员2.7万人次。

总体来说，中国石化在员工责任方面的实践体现了对员工的全面关怀和对人才发展的高度重视。通过维护员工权益、提供优厚的薪酬福利、加强民主管理、关注职业健康、加强培训和发展、关爱员工生活等举措，展现了其作为国有企业的社会责任感。

3. 政府责任实践

（1）依法纳税与诚信经营。中国石化严格遵守国家税收法规，始终坚持依法纳税和诚信经营，展现了良好的企业信誉和社会责任感。2023 年，实现税费总额达 3495 亿元。通过严格遵循税收政策，中国石化在促进国家经济发展和社会稳定方面发挥了重要作用，成为行业的表率。

（2）乡村振兴与共同富裕。中国石化积极响应国家乡村振兴战略，通过教育帮扶、产业支持和消费帮扶等多种方式，致力于促进农村经济发展和农民增收。在甘肃东乡县等地区，中国石化实施了定点帮扶计划，累计投入无偿帮扶资金超过 7 亿元，开展了 236 个帮扶项目，惠及 15.4 万余人次。这些项目涵盖了农业、教育、基础设施等多个领域，显著改善了当地居民的生活条件。

在产业帮扶方面，中国石化大力推广藜麦种植，建成了藜麦产业园，打造了集"育、产、加、销、研"为一体的全产业链模式。促进了当地农业现代化，增加了农民的收入，推动了农村经济的可持续发展。

中国石化还积极拓展销售渠道，将 157 个脱贫县的 2113 种商品纳入自有销售体系，帮助 24 家央企 46 个定点帮扶县销售帮扶产品，总销售额超过 5 亿元。有效提升了农村地区的经济活力，为实现共同富裕目标做出了重要贡献。

通过多层次、多领域的努力，中国石化为农村经济发展提供了有力支持，为农民创造了更多增收机会，充分展现了其在推动乡村振兴和实现共同富裕方面的积极作为，提升了企业的社会形象，为其他企业履行社会责任树立了榜样。

4. 志愿服务与社区贡献

中国石化通过丰富的志愿者服务支持社会公益与民生。积极推动青年志愿服务工作，通过组织建设、机制建设和品牌建设，提升志愿服务水平。青年志愿服务队在三年内迅速发展，3500 余支青年志愿服务队、9 万余名青年志愿者在全国各地开展形式多样的志愿服务活动，服务人次达到 9.6 万。

中国石化在全国范围内组织多次环保志愿者活动，在"世界环境日"期间，志愿者们走进社区和学校，开展环保知识宣传，推广低碳生活理念，提高公众环保意识。中国石化还重视志愿服务的专业化和系统化建设，设立专门机构统筹协调各类志愿活动，制定服务计划并培训志愿者，不断提升服务质量和效果，使志愿活动有序、高效地进行。多年持续开展"光明号"健康快车项目，志愿者们帮助白内障患者恢复视力，并在偏远地区开展健康知识宣传，增强当地居民的健康意识和提高医疗水平。连续十几年组织"情暖驿站"春运关爱公益活动，服务超过 3000 万春运返乡人员，7800 多名志愿者参与服务。为返乡人员提供实质性帮助，传递了社会的温暖和关怀。还开展了"至美有你"青少年及儿童成长资助计划，为中国香港地区弱势家庭的青少年和儿童提供学业和心理支持，帮助解决社会跨代差距问题。

第三节　研究结论

以上两节深入探讨了德国巴斯夫公司和中国石化公司在企业社会责任方面的具体实践，通过对比分析，可以发现这两家企业既有相似之处，也存在显著差异。两家企业的共同点体现在对企业社会责任实践的重视，具体分析如下：

第一，在环境保护方面。巴斯夫公司和中国石化公司都高度重视环境保护。两家公司都建立了完善的环保管理体系，并采取严格的措施减少对环境的影响。巴斯夫公司通过创新和技术减少排放和废弃物，实施"责任关怀"倡议，遵循全球统一的环境标准，持续改进环境绩效。巴斯夫还注重产品的生命周期管理，监管产品从生产到废弃的全过程环保。中国石化公司坚持全过程的环保管理，推行绿色生态设计，实施污染防治、生态保护、环保统计与监测等管理制度。开展环保培训和专题研讨，增强环保管理人员的履职能力。

第二，在可持续发展方面。两家公司都将可持续发展作为核心战略之一。巴斯夫公司通过"化学引领可持续发展"战略，实现可持续发展目标。巴斯夫致力于开发可持续的化学品和材料，通过资源高效利用和创新解决方案减小环境影响。还发布可持续发展报告，公开环境和社会绩效数据。中国石化公司大力发展循环经济，推动资源的高效利用和清洁生产，实施"绿色企业行动计划"，制定严格的环保标准。通过清洁生产措施减少"三废"排放，推广绿色技术和环保工艺。

第三，在社会支持方面，两家公司都积极参与社区发展和公益活动。巴斯夫公司通过各种社会项目支持教育、健康和社区发展，如科学教育项目、职业培训和健康项目。还积极参与全球和地区性的公益活动，致力于社会的可持续发展。中国石化公司注重环境信息公开和与社区的沟通，参与生态环境公益活动，推动绿色企业创建。建立与周边社区居民的沟通机制，及时公开环境信息。

通过对比分析可以发现，尽管两家公司在社会责任方面有许多共同点，但在具体实施过程中却因其所在国家的经济环境、政策背景和企业文化的不同而呈现出明显的差异。这些差异反映了两家公司在管理理念、技术创新和全球化战略方面的不同特点，加深了我们对企业社会责任多样化实践的理解，为其他企业在全球化背景下制定和实施社会责任战略提供了有益的参考。

第一，在环境管理上的侧重点有所不同。巴斯夫公司更多地关注通过创新技术和产品减少环境影响，致力于开发更环保的化学品和材料。通过"闭环循环"项目，将塑料废弃物转化为新产品原料，减少资源浪费。中国石化公司注重严格遵守国家生态环境保护法律法规，完善内部环保制度，实施源头削减、过程管控、末端治理的清洁生产措施。通过环境风险量化评估和隐患治理，强化环境风险管控。

第二，在碳排放管理和能效提升方面有不同的策略。巴斯夫公司设定明确的气候目标，致力于到2030年实现二氧化碳排放的显著减少。通过提升能效和使用可再生能源来减少碳排放，并在全球范围内推进低碳技术应用。中国石化公司实施"碳达峰八大行动"，积极参与碳交易，推进二氧化碳和甲烷等温室气体减排。通过节能项目和清洁能源替代，提升能效，减少碳足迹。

第三，两家公司在资源利用和循环经济发展方面有不同的侧重点。巴斯夫侧重于以"闭环循环"为目标，推行"Chem Cycling"项目，通过化学回收技术将塑料废弃物转化为新产品原料。致力于提高资源的循环利用效率，减少废弃物排放。中国石化公司注重发展循环经济，推广废水回用和固体废物资源化利用。通过水资源管理、固体废物管理和资源高效利用，推动绿色发展。

第四，两家公司在社会责任项目上的重点有所不同。巴斯夫公司更注重全球范围内的教育、健康和社区发展项目，如支持科学教育、职业培训和健康项目。通过多种方式参与社会公益活动，推动社区和社会的可持续发展。中国石化公司的社会责任项目集中在环境信息公开、生态环境公益活动和社区生态环境信息沟通方面。通过环保教育和专项培训，增强员工的环保意识和提高能力。

第五，两家公司在国际化程度上的差异显著。巴斯夫公司作为一家全球性企业，其社会责任实践具有广泛的国际影响力，社会责任项目分布在多个国家和地区。通过全球统一的管理体系，在各个市场实行可持续发展和社会责任实践。而中国石化公司社会责任实践更多集中在国内，尽管其国际业务也在不断扩展。在国内的环保和社会责任项目较多，国际项目相对较少，但正在逐步扩大国际业务的社会责任实践。

本章小结

本章分析了德国巴斯夫公司和中国石油化工集团有限公司两家大型化工企业的企业社会责任实践，深入探讨了化工行业在履行社会责任方面的具体措施和成功经验，对我国其他化工企业的社会责任实践活动具有借鉴意义。首先，介绍了两家企业的发展历程及其企业社会责任实践的演变轨迹，随后详细解析了它们在责任管理、环境保护、市场行为和社会贡献等方面的实践内容。通过对这些案例的分析，总结了在不同经济背景和文化环境下，化工企业在履行社会责任时所表现出的共性和差异性，进一步揭示了企业社会责任实践对化工企业的重要性。研究表明，化工企业通过系统化的责任管理和多维度的社会责任实践，能够提升企业的市场竞争力，还能在全球和本地市场中实现可持续发展，是企业在复杂市场环境中保持长期稳定发展的关键所在。

第八章 我国化工企业社会责任实践对策和建议

第一节 基于实证研究的我国化工企业社会责任实践对策探讨

本书经过一系列实证研究，从企业市场价值和顾客共创价值两个不同路径揭示了化工企业社会责任实践对企业价值的影响，本节基于实证研究的结论，提出完善我国化工企业社会责任实践的对策建议。

第一，化工企业在各个企业生命周期阶段都应重视社会责任实践。

本书第五章的实证研究结果清楚地验证了化工企业在各个企业生命周期阶段的社会责任实践与其企业价值之间的密切关联。研究表明，化工企业在成长期和成熟期通过提升社会责任实践的水平，可以显著提升企业的整体价值。尽管在衰退期的显著性检验未能通过，但正相关系数的存在依然表明，在这一阶段，社会责任的履行对企业价值的积极影响不可忽视。因此，化工企业在其整个生命周期内，无论是成长期、成熟期还是衰退期，都应当持续、系统地强化社会责任实践。随着国家监管力度的加大以及利益相关者对企业社会责任表现的日益重视，化工企业应当清醒地认识到，履行社会责任不仅是应对外部压力的必要举措，更是企业自身长期利益的有力保障。特别是鉴于化工行业的特殊性，国家监管部门及利益相关者对其社会责任履行情况的关注度更高，化工企业必须更加主动积极地履行社会责任，并加强相关信息的公开披露，以有效减少与利益相关者之间的信息不对称现象。虽然这种实践在短期内可能增加企业的成本负担，但从长期来看，它能够向市场传递出企业稳健、负责任的信号，从而提升企业的市场价值，并为企业的可持续发展奠定坚实基础。

第二，重视媒体的中介作用，实现企业社会责任实践价值最大化。

从第五章的实证研究中可以看出，化工企业社会责任实践活动能够提高媒体对企业的报道数量，媒体报道一方面在企业与利益相关者之间发挥了信息传递的中介作用，影响了利益相关者的资源供给，促进企业价值提升；另一方面，媒体报道能发挥监督作用和间接的治理效能，促进企业价值提升。因此，化工企业应积极与媒体沟通，不仅在企业网站、上海证券交易所、深圳证券交易所、巨潮资讯网等政策要求的媒体披露社会责任实践信息，更应主动地把企业履行社会责任的信息传递给其他媒体，以获取媒体更高的关注、更多的报道。尤其是在当前环境问题和社会问题较多的情况下，化工企业的社会责任活动成为各利益相关方关注的热点问题，媒体发挥了更加重要的信息中介和舆论导向的作用。从不同企业生命周期阶段媒体发挥的中介效应来看，当处于成长期，企业的市场价值并不明晰，作为公立第三方的媒体报道在市场对企业价值估值中起的作用更大，发挥了完全中介的作用，因此化工企业自成长期就应当重视媒体作用，与媒体积极沟通，维护媒体关系，及时把企业履行社会责任的信息传递给媒体，以此来改善与外界的沟通，降低信息不对称，而不是到了企业资源充足的时候或是出现危机难以经营的时候才关注媒体。

第三，加强与消费者的社会责任沟通，提升消费者产品感知质量。

本书第六章的实证研究结论显示，化工企业社会责任实践水平的提高能够提升消费者的产品质量感知。将消费者产品质量感知作为化工企业社会责任实践水平和顾客价值创造行为的中介变量，验证了企业社会责任实践提升消费者感知产品质量的意义，最终会对顾客价值创造行为的影响。启示企业在经营中不能仅以经济利益为导向，企业社会责任实践会通过消费者的路径对企业绩效产生影响。企业社会责任沟通是企业与利益相关者就其社会责任履行情况所做的信息交流行为，其主要目的是增加消费者对企业内在战略目标的了解，从而减少对企业社会责任的怀疑态度。实证研究表明，尽管企业社会责任的履行水平是消费者参与价值创造最主要的触发因素，但获知渠道的缺失使消费者对企业实际的实施情况缺乏全面认识，从而限制了其对社会责任的响应程度。

在高水平的企业社会责任沟通背景下，企业能够将履行社会责任的方方面面以一定的形式与消费者进行沟通，进而更易获得消费者的认同、信任与支持，并促使消费者产生价值创造行为。随着互联网的迅猛发展，各类社交软件层出不穷，并且越来越多地集成了多种功能，使用户能够在其中进行消费、娱乐，并跨越地理边界进行社交互动。化工企业如果能够有效利用社交媒体，就能够更好地创建、培养并维护牢固的客户关系，潜移默化地影响消费者的态度和行为。如创建官方社交媒体账号，邀请有影响力的博主合作等，将企业社会责任行为与理念进行适当的营销，以提升企业的整体竞争力。利用社交平台提供在线客户服务，及时解答消费者关于企业社会责任的疑问和问题。

为了应对新的社交媒体挑战，化工企业还可以在内部建立专门的新媒体营销模块，并组织员工进行规范化的培训，使其掌握相关的内容和技能。通过定期举办内部培训课程、邀请行业专家授课，或鼓励员工参与线上学习资源，企业可以建立员工熟悉社交媒体的最佳实践，并具备应对这些新挑战的能力。为此，化工企业还可以组建一个专门团队，负责制定和执行社会责任新媒体传播策略，使团队成员具备相关的专业知识和技能。在外部环境方面，舆论和热点瞬息万变，企业必须灵敏捕捉这些机会，并结合消费者心理进行精准发声，赢得用户共鸣，提升企业知名度。这种隐性营销要求企业密切关注社交媒体上的热门话题和趋势，以便及时调整其社会责任策略，在市场中占据主动地位。

化工企业社会责任实践行为所包含的内涵、价值观、企业风格等可以选择通过知识性的社会责任沟通进行披露，让消费者在潜移默化中形成对企业社会责任实践的整体认知，提升企业社会责任实践对顾企价值取向匹配度的建构效力，从而增强顾客自愿实施有利于企业发展的行为。在这个过程中披露信息的真实性尤为重要，社会责任沟通的目的是向消费者真诚地表达自我，打消消费者对化工企业社会责任真实性的猜疑。若在企业主导的沟通过程中，被消费者发现社会责任行为其实并未落到实处，企业价值观与企业文化将会受到消费者长期的质疑，企业形象将会很难在短时间弥补回来。例如，在公益活动中出现诈捐或者虚报捐款额等行为，将会被消费者唾弃，给企业带来巨大的负面影响。

第四，构建高质量顾企关系。

本书在第六章的实证中以化工企业社会责任与个体行为的互惠互利为出发点，将顾客情感性承诺作为中介，验证了其对顾客共创价值行为的影响，启示化工企业应在价值创造过程中，在为消费者让渡一定的利益的前提下，注重开展情感营销，让消费者感知到企业的温度与情感，构建企业与顾客之间具有情感基础的高质量关系。传统的交易营销以市场为导向，关注短期利益，并将利润最大化作为企业目标。相反，关系营销以顾客为导向，追求顾企合作实现双赢，引导顾企共同创造价值。由传统交易营销向关系营销的转变，标志着企业从关注短期利益转向关注长期利益；从顾客的被动适应营销转向顾客在营销生产过程中的积极参与。营销理念的转变不仅有利于企业的可持续发展，是企业履行社会责任的具体体现，更为顾客参与企业的价值创造提供了发展环境。

化工企业社会责任实践和高质量的顾企关系是相互促进的。一方面，企业通过履行社会责任，可以提升其品牌形象和声誉，从而建立和维护高质量的关系；另一方面，企业通过建立和维护高质量的关系，可以更好地获取和使用资源，从而更有效地履行社会责任。提升企业的关系营销质量，有助于维护企业价值的可持续增长。关系营销作为企业生存和发展的根本要素，能够帮助化工企业与顾客建立关系、维系关系，进而满足顾客内在的精神需求与外在价值需求。

基于此，化工企业应重视情感营销和关系营销。让消费者感知到自己像是企业的"朋友"，能够让消费者对企业释放更多善意，在企业面临困难时消费者更愿意施以援手，在产品并未达到消费者要求时，消费者对企业也会更加包容。化工企业履行社会责任的过程中，履责行为之外，情感的经营和关系的维系是必不可少的过程，化工企业需要关注顾客需求的动态变化，精准完善现有的产品或服务，通过增强产品或服务的优势来提升整体质量，或者可以根据顾客反馈调整产品和服务的不足，借助体验营销来提升顾客的参与度，以及满足企业顾客群体内部成员的身份认同感，从而增强对顾客关系的维护。在听取顾客建议并做出响应的过程当中，企业要注意发现最活跃的顾客，这样的顾客往往是活跃的社交媒体用户，他们都非常愿意分享积极的体验和评论，可以利用他们积极沟通顾客、重视顾客反馈和及时处理客诉来助力与顾客建立情感联系，从而从他们的社会群体中带来更多的顾客。对于电信运营商，他们可以提供加强组连接的移动数据服务。另外，化工企业要注重维护顾客的忠诚度：其一，与顾客建立长期关系。在营销中，在顾客购买产品一段时间后持续关注顾客的后续需求与问题，在把握顾客喜好的同时让顾客体会到企业所传达的关怀；其二，可以分层级建立与管理顾客社区，并且真正为顾客利益做出让渡。根据不同层级设立每周、每月或每年免单活动，而非停留在营销宣传层面。只有通过积极履行社会责任和建立良好的合作关系，企业才能在市场竞争中立于不败之地，实现长期稳定的发展。在实践中化工企业与顾客关系的构建还可以跳出买方和卖方的固有思维，增强社交属性。如将企业放在与顾客平等的位置，增加顾客对企业的亲切感。如何在现实中实现是困难的过程，但是一旦拉近顾客的距离，顾客对企业的包容度会有所提高，并且与企业的关系会比通过利益交换得来的更加牢固。

第五，加强与消费者的互动，精准发掘共同价值观念。

企业在履行社会责任的过程中应该意识到与消费者的互动，并且做出改善。首先，应主动认识价值的多重本质特征，善于发现利益相关者的价值方向并予以尊重与融合。价值创造不能再仅仅依靠企业，而是需要企业与消费者之间的相互互动。其次，对向消费者传达出来的企业价值观与履行社会责任的动机与目的进行把控，使消费者与企业产生共鸣。如果企业仅仅关注社会责任的履行，而不注重向消费者传达与解释社会责任理念与动机，就无法最大化地形成消费者与企业价值观上的共鸣，甚至引发消费者对企业履责动机的怀疑，将企业社会责任作为营销手段，产生负面的效果。为了避免这种情况，企业可以通过宣传促进消费者对企业价值观念的认同。最后，从消费者角度出发，对消费者性格特征与心理进行分析，刺激顾客自我提升和实现社会自我的动机，促使更多顾客价值创造行为的产生。

通过前文的论述与第六章的实证结果可知，顾客与企业一致的价值观念是重要的底层逻辑，互惠感知、情感承诺与价值创造意愿都以此为基础。化工企业主动发掘与顾客的共同观念是重中之重。在中国特定的情境中，爱国精神是所有中国人共同的价值观与信仰，通过共同的强烈的爱国情怀可以拉近彼此的距离。因此，化工企业要把握好爱国精神的践行与表达。第一，企业可以借助热点事件，如国家重大活动、社会热点等，通过表达爱国情感和积极响应国家号召，可以在这样的时间节点设计一些与爱国情怀相关的营销活动，通过这些活动向顾客传递爱国情感，增强与顾客的情感联系和信任感。第二，打造情感共鸣。企业可以通过宣传品牌故事、产品故事等方式，让顾客感受到企业与自己一样，有着相同的价值观和情感追求，从而拉近与顾客的关系。第三，企业可以与顾客共同制定目标，例如环保、公益等方面的目标，这将有助于企业与顾客建立共同的价值观，从而加深双方的联系。第四，通过联名的方式，传达企业社会责任理念。

第二节　案例研究带给我国化工企业的社会责任管理启示

德国巴斯夫公司和中国石化公司在企业社会责任实践方面的经验，对我国化工企业有着重要的借鉴意义和管理启示。通过对这两家企业的深入分析，我国化工企业可以在多个方面学习并应用其成功经验，以提升自身的社会责任实践水平，促进可持续发展。

一、将企业社会责任战略与企业战略有效融合

巴斯夫公司和中国石化公司在企业社会责任战略的制定和实施上都展现出了卓越的表现。两家公司都高度重视国际标准和原则，将《世界人权宣

言》、联合国全球契约组织的十项原则、国际劳工组织的核心劳工标准等国际规范融入其社会责任战略。

我国化工企业应高度重视国际标准和原则，将社会责任战略与企业战略有效融合，将国际标准和国家政策纳入企业的核心运营模式。化工企业在制定社会责任战略时，应注意与企业的整体战略目标和愿景相一致，与企业的市场定位、产品开发、技术创新和长期发展计划紧密结合。企业需要识别其业务活动对社会和环境可能产生的影响，并在战略规划中明确如何通过社会责任实践来减少负面影响。

为了将社会责任战略落实到具体业务执行中，化工企业需要制定一系列与业务紧密相关的具体的、可量化的、可评估的社会责任目标和指标。举例来说，当提出减少污染物排放、提高能源效率的社会责任目标时，应为每个目标制定相应的量化指标，如排放量减少的百分比、能源使用效率的提升率等。量化指标设置应能够反映目标的实现程度，并与企业的日常运营和业务流程紧密结合。企业还应建立监测和评估机制，定期检查社会责任目标的实现情况，评估社会责任实践对企业业务的影响，并根据评估结果进行必要的调整和优化，使社会责任策略与企业整体战略相匹配，与企业的发展方向和市场需求保持一致。

企业社会责任战略的有效沟通和执行离不开组织架构上的支持，建议化工企业建立专门的社会责任管理团队或部门，负责将企业社会责任战略融入企业的日常运营中。在企业组织架构中设立社会责任指导委员会等有效的内部架构，设置从事社会责任管理的专职人员，能够帮助董事会理解并监督企业社会责任相关事项，稳固的治理架构能够确保企业价值、原则和政策在企业管理应用中的一致性。从我国化工企业当前的具体实践来看，建立社会责任组织体系的企业，往往在内部建立了社会责任工作委员会，或社会责任工作小组，作为社会责任工作委员会的日常办事机构，负责落实工作委员会的各项决议，编制企业社会责任规划和工作计划，开展社会责任培训，协调企业社会责任相关工作，编制和发布社会责任报告等，其社会责任实践水平也较高。而我国大多数化工企业没有相关组织体系，社会责任的履行也比较随意，没有规划。企业社会责任实践是企业日常决策的一个方面，建立相应的组织体系，有专职人员负责相应的工作，会影响企业社会责任实践。建议化工企业建立包括三个层次的社会责任组织体系：由企业高层领导组成决策层，负责企业社会责任相关重大事项的审议和决策；建立社会责任工作的归口管理部门，作为组织层来负责社会责任相关规划、计划和项目的组织推进；建立执行层负责社会责任相关规划、计划和项目的落实执行。

二、将企业社会责任与商业价值相结合

巴斯夫公司和中国石化都通过不同的方式，将社会责任与商业价值紧密结合。两家公司都通过与价值链伙伴的合作，推动整个产业链的可持续发展，并通过绿色发展战略和技术创新，实现环境保护与商业利益的双赢。

我国化工企业也应通过多种方式，将社会责任与商业价值紧密结合。首先，将环境保护作为核心战略，改进生产工艺和技术，减少废气、废水和固体废弃物的排放，降低环境污染和运营风险。既符合环保法规，还能提升企业形象，赢得公众信任和市场认可，提升商业价值。其次，技术创新也能将化工企业的社会责任与商业价值紧密结合，通过投入资源进行绿色技术研发和环保措施的实施，企业可以在减少环境负担的同时提升自身的竞争力；化工企业可以投资于可再生能源和绿色化学技术，开发环保产品和工艺，满足日益增长的市场需求，同时创造新的收入来源。另外，企业与学术机构、政府和非政府组织合作，推进环保项目和社会公益活动，可以建立广泛的合作网络，增强其社会影响力和公信力，提升商业价值。最后，我国化工企业还可以与供应商和分销商共同制定和实施社会责任标准，以使整个价值链的环

境保护和劳工权益得到保障。企业应通过定期的审核和评估，让这些标准在整个价值链中得到严格遵守，提高整个价值链的可持续性，增强各个环节的竞争力和市场认可度。在采购过程中应优先选择符合环保标准的供应商，通过签订环保协议的方式，监督供应商在生产过程中遵守环保规定。除此之外，通过技术合作和知识分享，帮助供应商提高生产效率和环保水平，从而实现整个产业链的绿色发展，有助于提高企业的价值链绩效，增强企业的竞争力和市场认可度。

三、及时将企业的社会责任实践通过各类报告披露给利益相关者

披露社会责任信息本身就是企业社会责任实践的关键一环，巴斯夫公司和中国石化公司这两大化工巨头在这方面提供了参考经验。他们不仅定期发布详尽的企业社会责任报告、可持续发展报告、ESG 报告、碳信息披露项目（CDP）报告等，还通过具体数据和生动案例展示了企业在社会责任方面的成果，从而建立起公众信任，促进了利益相关者对企业社会责任实践的监督。对其他化工企业而言极具启示意义，在全球化和信息时代背景下，企业社会责任的透明度成为衡量一个企业社会形象和可持续发展能力的关键指标。

我国虽然在社会责任信息披露方面起步较晚，但政府部门也做了大量的工作来对信息披露的行为进行监管和引导。2006 年的《中华人民共和国公司法》明确规定了我国企业应承担社会责任。2006 年深圳证券交易所发布《上市公司社会责任指引》，提倡上市公司积极披露社会责任信息；2008 年上海证券交易所要求金融类公司必须披露社会责任信息。2008 年和 2010 年国务院国资委和财政部先后出台政策，要求我国国有企业履行并披露对利益相关者和环境的社会责任信息，实现企业、社会、环境的可持续发展；民营企业一方面仍然受到来自供应链的压力，另一方面地方政府和地方工会也已开始推广企业社会责任披露，甚至比中央层面更为积极，仅在 2012 年一年内，就

有上海市、浙江省宁波市、湖南省长沙市、重庆市、浙江省、陕西省等多个省市出台政策，推动和量化当地企业的社会责任信息披露。2016 年 7 月，国务院国资委发布《关于国有企业更好履行社会责任的指导意见》，进一步明确要求国有企业加强社会责任沟通。2018 年 9 月，中国证监会发布《上市公司治理准则》的修订版，与 2002 年的版本相比，增加了对上市公司社会责任治理的要求。生态环境部发布的《企业环境信息依法披露管理办法》已于 2022 年 2 月正式实施，要求企业依法披露环境信息，这标志着我国在 ESG 信息披露方面的法规进一步强化。2024 年 5 月，由上海证券交易所、深圳证券交易所和北京证券交易所联合发布的《上市公司可持续发展报告指引》正式开始实施，指引中明确了上市公司在环境、社会、公司治理三个方面的 21 个具体议题的信息披露框架，要求境内外同时上市的公司最晚在 2026 年首次披露 2025 年可持续发展报告。在政策推动下，我国企业披露社会责任信息的数量和质量不断提升，最近十年，我国企业披露社会责任报告的数量，成为全球社会责任报告披露数量增长领先的国家。

对我国化工企业来说，编制和发布类似的社会责任实践报告是提升透明度、增强责任感和促进可持续发展的重要步骤。化工企业需建立完善的数据管理系统，定期评估企业的 ESG 表现，制定改进计划，加强与利益相关者的沟通，以了解和满足他们的期望和需求。在编制社会责任报告的过程中，遵循国际标准和法规要求，提高报告的国际认可度和可读性是关键因素。近年来气候、资源、市场等外部环境越来越不稳定，社会责任表现好的企业会向外界释放乐于承担社会和环境责任的信号，获取合作商、市场以及投资者的认可，能够在企业遇到经营风险时，作为缓冲，减少企业价值的降低。通过披露社会责任报告，企业不仅能提升在全球市场的竞争力，还能促进内部价值和长期利益的增长，这是对外部环境变化的积极应对，也是企业内在价值的重要体现。

参考文献

[1] Aguinis H, Glavas A. What We Know and Don't Know about Corporate Social Responsibility: A Review and Research Agenda [J]. Journal of Management, 2012, 38 (4): 932-968.

[2] Amoako G K. Relationship Marketing, Orientation, Brand Equity and Firm Value: The Mediating Role of Customer Value—An Emerging Market Perspective [J]. Journal of Relationship Marketing, 2019, 18 (4): 280-308.

[3] Amran A, Susela S D. The Impact of Government and Foreign Affiliate Influence on Corporate Social Reporting: The Case of Malaysia [J]. Managerial Auditing Journal, 2008, 23 (4): 386-404.

[4] Azapagic A. Developing a Framework for Sustainable Development Indicators for the Mining and Minerals Industry [J]. Journal of Cleaner Production, 2004, 12 (6): 639-662.

[5] Bardos K S, Ertugrul M, Gao L S. Corporate Social Responsibility, Product Market Perception, and Firm Value [J]. Journal of Corporate Finance, 2020, 62: 101588.

[6] Barnett M L, Salomon R M. Beyond Dichotomy: The Curvilinear Rela-

tionship between Social Responsibility and Financial Performance [J]. Strategic Management Journal, 2006, 27: 1101-1122.

[7] Baron R M, Kenny D A. The Moderator-Mediator Variable Distinction in Social Psychological Research: Conceptual, Strategic, and Statistical Considerations [J]. Journal of Personality and Social Psychology, 1986, 51 (6): 1173-1182.

[8] Beck C, Frost G, Jones S. CSR Disclosure and Financial Performance Revisited: A Cross-country Analysis [J]. Australian Journal of Management, 2018, 43 (4): 517-537.

[9] Bettencourt L A, Lusch R F, Vargo S L. A Service Lens on Value Creation: Marketing's Role in Achieving Strategic Advantage [J]. California Management Review, 2014, 57 (1): 44-66.

[10] Brammer S, Millington A. Corporate Reputation and Philanthropy: An Empirical Analysis [J]. Journal of Business Ethics, 2005, 61 (1): 29-44.

[11] Byun S K, Oh J M. Local Corporate Social Responsibility, Media Coverage, and Shareholder Value [J]. Journal of Banking & Finance, 2018, 87 (2): 68-86.

[12] Cahan S F, Chen C, Li C, et al. Corporate Social Responsibility and Media Coverage [J]. Journal of Banking & Finance, 2015, 59 (10): 409-422.

[13] Carnevale C, Mazzuca M, Venturini S. Corporate Social Reporting in European Banks: The Effects on a Firm's Market Value [J]. Eco-Management and Auditing, 2012, 19 (3): 159-177.

[14] Carroll A B. Corporate Social Responsibility: Evolution of a Definitional Construct [J]. Business & Society, 1999, 38 (3): 268-295.

[15] Chang K Y, Shim H, Yi T D. Corporate Social Responsibility, Media

Freedom, and Firm Value [J]. Finance Research Letters, 2019, 30 (9): 1-7.

[16] Cheung C, Lee M. What Drives Consumers to Spread Electronic Word of Mouth in Online Consumer-Opinion Platforms [J]. Decision Support Systems, 2012, 53 (1): 218-225.

[17] Cohen J, Cohen P, West S G, et al. Applied Multiple Regression/ Correlation Analysis for the Behavioral Sciences [M]. Hove, East Sussex: Psychology Press, 2014.

[18] Cowan S, Deegan C. Corporate Disclosure Reactions to Australia's First National Emission Reporting Scheme [J]. Accounting and Finance, 2011, 51 (2): 409-436.

[19] Dahlsrud A. How Corporate Social Responsibility is Defined: An Analysis of 37 Definitions [J]. Corporate Social Responsibility and Environmental Management, 2008, 15 (1): 1-13.

[20] Dalal-Clayton B, Bass S. Sustainable Development Strategies: A Resource Book [M]. London: Earthscan, 2002.

[21] Darton R C. Setting a Policy for Sustainability: The Importance of Measurement [M] //Klemes J J (ed.). Assessing & Measuring Environmental Impact & Sustainability. Oxford: Elseiver, 2015: 479-496.

[22] Dhaliwal D S, Li O Z, Tsang A, et al. Voluntary Nonfinancial Disclosure and the Cost of Equity Capital: The Initiation of Corporate Social Responsibility Reporting [J]. Accounting Review, 2011, 86 (1): 59-100.

[23] Dhaliwal D S, Li O Z, Tsang A, et al. Corporate Social Responsibility Disclosure and the Cost of Equity Capital: The Roles of Stakeholder Orientation and Financial Transparency [J]. Journal of Accounting and Public Policy, 2014, 33 (4): 328-355.

［24］Duncan O D. Introduction to Structural Equation Models ［M］. New York：Academic Press，1975.

［25］Duncan T，Moriarty S E. A Communication-based Marketing Model for Managing Relationships ［J］. Journal of Marketing，1998，62（2）：1-13.

［26］Dyck J J，Hussey L S. The End of Welfare as We Know It：Durable Attitudes in a Changing Information Environment ［J］. Public Opinion Quarterly，2008，72（4）：589-618.

［27］Eccles J S，Adler T F，Futterman R，et al. Expectancies，Values and Academic Behaviors ［M］//In Spence J T（ed.）. Achievement and Achievement Motivation. San Francisco，CA：Freeman，1983：75-146.

［28］El-Halaby S，Hussainey K. The Determinants of Social Accountability Disclosure：Evidence from Islamic Banks around the World ［J］. International Journal of Business，2015，20（3）：202-223.

［29］Fatemi A，Glaum M，Kaiser S. ESG Performance and Firm Value：The Moderating Role of Disclosure ［J］. Global Finance Journal，2018，38（11）：45-64.

［30］Fatma M，Khan I. Corporate Social Responsibility and Brand Advocacy among Consumers：The Mediating Role of Brand Trust ［J］. Sustainability，2023，15（3）：1-10.

［31］Ferrell A，Liang H，Renneboog L. Socially Responsible Firms ［J］. Journal of Financial Economics，2016，122（3）：585-606.

［32］Fiedler K，Schott M，Meiser T. What Mediation Analysis Can（Not）Do ［J］. Journal of Experimental Social Psychology，2011，47（6）：1231-1236.

［33］Franco S，Caroli M G，Cappa F，et al. Are You Good Enough? CSR，

Quality Management and Corporate Financial Performance in the Hospitality Industry [J]. International Journal of Hospitality Management, 2020, 88: 1-12.

[34] Frankel R, McNichols M, Wilson P. Discretionary Disclosure and External Financing [J]. Accounting Review, 1995 (70): 135-150.

[35] Friede G, Busch T, Bassen A. ESG and Financial Performance: Aggregated Evidence from More Than 2000 Empirical Studies [J]. Journal of Sustainable Finance & Investment, 2015, 5 (4): 210-233.

[36] Friedman M. The Social Responsibility of Business is to Increase Its Profits [J]. New York Times Magazine, 2007, 13 (33): 173-178.

[37] Gangi F, Mustilli M, Varrone N. The Impact of Corporate Social Responsibility (CSR) Knowledge on Corporate Financial Performance: Evidence from the European Banking Industry [J]. Journal of Knowledge Management, 2019, 23 (1): 110-134.

[38] Ghoul S E, Guedhami O, Kwok C C Y, et al. Does Corporate Social Responsibility Affect the Cost of Capital? [J]. Journal of Banking & Finance, 2011, 35 (9): 2388-2406.

[39] Goduscheit R C, Faullant R. Paths toward Radical Service Innovation in Manufacturing Companies—A Service-Dominant Logic Perspective [J]. Journal of Product Innovation Management, 2018, 35 (5): 701-719.

[40] Gruen T W, Summers J O, Acito F. Relationship Marketing Activities, Commitment, and Membership Behaviors in Professional Associations [J]. Journal of Marketing, 2000, 64 (3): 34-49.

[41] Hammann E M, Habisch A, Pechlaner H. Values That Create Value: Socially Responsible Business Practices in SMEs-Empirical Evidence from German Companies [J]. Business Ethics: A European Review, 2009, 18 (1): 37-51.

［42］ Helfat C E, Peteraf M A. The Dynamic Resource-based View: Capability Life Cycles ［J］. Strategic Management Journal, 2003, 24 (10): 997-1010.

［43］ Herbohn K, Walker J, Yien H, et al. Corporate Social Responsibility: The Link between Sustainability Disclosure and Sustainability Performance ［J］. A Journal of Accounting, Finance and Business Studies, 2014, 50 (4): 422-459.

［44］ Holiday S, Hayes J L, Britt B C, et al. The Cause Effect: The Impact of Corporate Social Responsibility Advertising on Cause Consumer Engagement Behavior after Brand Affiliation Ceases ［J］. International Journal of Advertising, 2020 (1): 1-26.

［45］ Hollebeek L D, Srivastava R K, Chen T. S-D Logic-informed Customer Engagement: Integrative Framework, Revised Fundamental Propositions, and Application to CRM ［J］. Journal of the Academy of Marketing Science, 2019, 47 (1): 161-185.

［46］ Homans G C. Social Behavior as Exchange ［J］. American Journal of Sociology, 1958, 63 (6): 597-606.

［47］ Howard B, Ward H, Fox T. Public Sector Roles in Strengthening Corporate Social Responsibility: Taking Stock ［R］. A World Bank Country Study, 2005.

［48］ Inbar O, Tractinsky N. Lowering the Line of Visibility: Incidental Users in Service Encounters ［J］. Behaviour & Information Technology, 2012, 31 (3): 245-260.

［49］ Jang Y J, Kim E. Social and Personal Norms in Shaping Customers' Environmentally Sustainable Behavior in Restaurants' Social Media Communities ［J］. Sustainability, 2023, 15 (8): 6410.

[50] Johnson T J, Kaye B K. Reasons to Believe: Influence of Credibility on Motivations for Using Social Networks [J]. Computers in Human Behavior, 2015, 50 (9): 544-555.

[51] Jones T M. Corporate Social Responsibility Revisited, Redefined [J]. California Management Review, 1980, 22 (3): 59-67.

[52] Kanske P. The Social Mind: Disentangling Affective and Cognitive Routes to Understanding Others [J]. Interdisciplinary Science Reviews, 2018, 43 (2): 115-124.

[53] Kim W C, Mauborgne R. Value Innovation: The Strategic Logic of High Growth [J]. Harvard Business Review, 1997, 75 (1): 102-112.

[54] Kotha S, Rajgopal S, Rindova V. Reputation Building and Performance: An Empirical Analysis of the Top-50 Pure Internet Firms [J]. European Management Journal, 2001, 19 (6): 571-586.

[55] Lauterbach B, Pajuste A. The Media and Firm Reputation Roles in Corporate Governance Improvements: Lessons from European Dual Class Share Unifications [J]. Corporate Governance: An International Review, 2017, 25 (1): 4-19.

[56] Lee A R, Kim K K. Customer Benefits and Value Co-creation Activities in Corporate Social Networking Services [J]. Behaviour & Information Technology, 2018, 37 (7): 675-692.

[57] Lin J, Li T, Guo J. Factors Influencing Consumers' Continuous Purchase Intention on Fresh Food E-Commerce Platforms: An Organic Foods-centric Empirical Investigation [J]. Electronic Commerce Research and Applications, 2021, 50: 101103.

[58] Liu G. Development of a General Sustainability Indicator for Renewable

Energy Systems: A Review [J]. Renewable and Sustainable Energy Reviews, 2014, 31: 611-621.

[59] Liu L, Cheung C, Lee M. An Empirical Investigation of Information Sharing Behavior on Social Commerce Sites [J]. International Journal of Information Management, 2016, 36 (5): 686-699.

[60] Liu M L C. Relationship Building through Reputation and Tribalism on Companies' Facebook Pages a Uses and Gratifications Approach [J]. Internet Research: Electronic Networking Applications and Policy, 2017, 27 (5): 1149-1169.

[61] Liu X, Zhang C. Corporate Governance, Social Responsibility Information Disclosure, and Enterprise Value in China [J]. Journal of Cleaner Production, 2017, 142: 1075-1084.

[62] Luu T T, Diana R, Chris R, et al. Customer Value Co-creation in the Business-to-Business Tourism Context: The Roles of Corporate Social Responsibility and Customer Empowering Behaviors [J]. Journal of Hospitality and Tourism Management, 2019 (39): 137-149.

[63] Lu W, Taylor M E. Which Factors Moderate the Relationship between Sustainability Performance and Financial Performance? A Meta-analysis Study [J]. Journal of International Accounting Research, 2016, 15 (1): 1-15.

[64] Mackey A, Mackey T B, Barney J B. Corporate Social Responsibility and Firm Performance: Investor Preferences and Corporate Strategies [J]. Academy of Management Review, 2007, 32 (3): 817-835.

[65] Maden C, Arikan E, Telci E E, et al. Linking Corporate Social Responsibility to Corporate Reputation: A Study on Understanding Behavioral Consequences [J]. Procedia-Social and Behavioral Sciences, 2012, 58: 655-664.

［66］Madueño J H, Jorge M L, Conesa I M, et al. Relationship between Corporate Social Responsibility and Competitive Performance in Spanish SMEs: Empirical Evidence from a Stakeholders' Perspective ［J］. Business Research Quarterly, 2016, 19 (1): 55-72.

［67］Marín L, Rubio A, de Maya S R. Competitiveness as a Strategic Outcome of Corporate Social Responsibility ［J］. Corporate Social Responsibility and Environmental Management, 2012, 19 (6): 364-376.

［68］Marolt M, Zimmermann H-D, Pucihar A. Enhancing Marketing Performance through Enterprise-initiated Customer Engagement ［J］. Sustainability, 2020, 12 (9): 3931.

［69］Martínez-Ferrero J, García-Sánchez I M, Cuadrado-Ballesteros B. Effect of Financial Reporting Quality on Sustainability Information Disclosure ［J］. Corporate Social Responsibility and Environmental Management, 2015, 22 (1): 45-64.

［70］Mascarenhas A, Nunes L M, Ramos T B. Selection of Sustainability Indicators for Planning: Combining Stakeholders' Participation and Data Reduction Techniques ［J］. Journal of Cleaner Production, 2015, 92: 295-307.

［71］McWilliams A, Siegel D S, Wright P M. Corporate Social Responsibility: International Perspectives ［J］. Journal of Business Strategies, 2006, 23 (1): 1-7.

［72］McWilliams A, Siegel D. Corporate Social Responsibility: A Theory of the Firm Perspective ［J］. Academy of Management Review, 2001, 26: 117-127.

［73］Meyer J P, Allen N J. A Three-component Conceptualization of Organizational Commitment ［J］. Human Resource Management Review, 1991, 1 (1):

61-89.

[74] Mischel W, Shoda Y. A Cognitive-Affective System Theory of Personality: Reconceptualizing Situations, Dispositions, Dynamics, and Invariance in Personality Structure [J]. Psychological Review, 1995, 102 (2): 246-268.

[75] Mubushar M, Rasool S, Haider M I, et al. The Impact of Corporate Social Responsibility Activities on Stakeholders' Value Co-creation Behaviour [J]. Corporate Social Responsibility and Environmental Management, 2021, 28 (6): 1906-1920.

[76] Mohr L A, Webb D J. The Effects of Corporate Social Responsibility and Price on Consumer Responses [J]. Journal of Consumer Affairs, 2005, 39 (1): 121-147.

[77] Nakano M. Evaluation of Corporate Social Responsibility by Consumers: Use of Organic Material and Long Working Hours of Employees [J]. Sustainability, 2019, 11 (19): 1-16.

[78] Nambisan S. Designing Virtual Customer Environments for New Product Development: Toward a Theory [J]. Academy of Management Review, 2002, 27 (3): 392-413.

[79] Narver J C, Slater S F. The Effect of a Market Orientation on Business Profitability [J]. Journal of Marketing, 1990, 54 (4): 20-35.

[80] Peng N, Chen A. Examining Consumers' Luxury Hotel Stay Repurchase Intentions - Incorporating a Luxury Hotel Brand Attachment Variable into a Luxury Consumption Value Model [J]. International Journal of Contemporary Hospitality Management, 2019, 31 (3): 1348-1366.

[81] Plumlee M, Brown D, Hayes R M, et al. Voluntary Environmental Disclosure Quality and Firm Value: Further Evidence [J]. Journal of Accounting

and Public Policy, 2015, 34 (4): 336-361.

[82] Post J, Preston L, Sachs S. Redefining the Corporation: Stakeholder Management and Organizational Wealth [M]. Stanford, CA: Stanford University Press, 2002.

[83] Qi J Y, Qu Q X, Zhou Y P. How Does Customer Self-construal Moderate CRM Value Creation Chain? [J]. Electronic Commerce Research and Applications, 2014, 13 (5): 295-304.

[84] Qiu Y, Shaukat A, Tharyan R. Environmental and Social Disclosures: Link with Corporate Financial Performance [J]. The British Accounting Review, 2016, 48: 102-116.

[85] Reverte C. Determinants of Corporate Social Responsibility Disclosure Ratings by Spanish Listed Firms [J]. Journal of Business Ethics, 2009, 88 (2): 351-366.

[86] Rigby D, Woodhouse P, Young T, et al. Constructing a Farm Level Indicator of Sustainable Agricultural Practice [J]. Ecological Economics, 2001, 39 (3): 463-478.

[87] Roberts S, Tribe J. Sustainability Indicators for Small Tourism Enterprises: An Exploratory Perspective [J]. Journal of Sustainable Tourism, 2008, 16 (5): 575-594.

[88] Roca L C, Searcy C. An Analysis of Indicators Disclosed in Corporate Sustainability Reports [J]. Journal of Cleaner Production, 2012, 20 (1): 103-118.

[89] Saeidi S P, Sofian S, Saeidi P, et al. How Does Corporate Social Responsibility Contribute to Firm Financial Performance? The Mediating Role of Competitive Advantage, Reputation, and Customer Satisfaction [J]. Journal of Busi-

ness Research, 2015, 68 (2): 341-350.

[90] Sardinha I D, Reijnders L, Antunes P. Using Corporate Social Responsibility Benchmarking Framework to Identify and Assess Corporate Social Responsibility Trends of Real Estate Companies Owning and Developing Shopping Centres [J]. Journal of Cleaner Production, 2011, 19 (13): 1486-1493.

[91] Sen S, Bhattacharya C B. Does Doing Good Always Lead to Doing Better? Consumer Reactions to Corporate Social Responsibility [J]. Journal of Marketing Research, 2001, 38 (2): 225-243.

[92] Sharif M, Rashid K. Corporate Governance and Corporate Social Responsibility (CSR) Reporting: An Empirical Evidence from Commercial Banks (CB) of Pakistan [J]. Quality & Quantity, 2014, 48 (5): 2501-2521.

[93] Shen H, Ou Z, Bi K, et al. Impact of Customer Predictive Ability on Sustainable Innovation in Customized Enterprises [J]. Sustainability, 2023, 15 (13): 10699.

[94] Simionescu L N, Dumitrescu D. Empirical Study towards Corporate Social Responsibility Practices and Company Financial Performance: Evidence for Companies Listed on the Bucharest Stock Exchange [J]. Sustainability, 2018, 10 (9): 1-23.

[95] Singh R K, Murty H R, Gupta S K, et al. Development of Composite Sustainability Performance Index for Steel Industry [J]. Ecological Indicators, 2007, 7 (3): 565-588.

[96] Sobel M E. Asymptotic Intervals for Indirect Effects in Structural Equations Models [M]//In Leinhart S (ed.). Sociological Methodology. San Francisco, CA: Jossey-Bass, 1982 (13): 290-312.

[97] Suchman M C. Managing Legitimacy: Strategic and Institutional Ap-

proaches [J]. Academy of Management Review, 1995, 20 (3): 571-610.

[98] Sweeney L. A Study of Current Practice of Corporate Social Responsibility (CSR) and an Examination of the Relationship between CSR and Financial Performance Using Structural Equation Modelling (SEM) [D]. Dublin Institute of Technology, 2009.

[99] Tseng, M L. Modeling Sustainable Production Indicators with Linguistic Preferences [J]. Journal of Cleaner Production, 2013, 40: 46-56.

[100] Vandewalle D, Dyne L V, Kostova T. Psychological Ownership: An Empirical Examination of Its Consequences [J]. Group & Organization Management, 1995, 20 (2): 210-226.

[101] Van Doorn J, Risselada H, Verhoef P C. Does Sustainability Sell? The Impact of Sustainability Claims on the Success of National Brands' New Product Introductions [J]. Journal of Business Research, 2021, 137: 182-193.

[102] Van Staden C J, Hooks J. Legitimacy, Environmental Accounting, and the Role of CSR Disclosure [J]. Advances in Environmental Accounting & Management, 2007 (3): 51-77.

[103] Vargo S L, Lusch R F. Evolving to a New Dominant Logic for Marketing [J]. Journal of Marketing, 2004, 68 (1): 1-17.

[104] Waddock S A, Graves S B. The Corporate Social Performance-financial Performance Link [J]. Strategic Management Journal, 1997, 18 (4): 303-319.

[105] Wang C, Wang Y, Wang J, et al. Factors Influencing Consumers' Purchase Decision-making in O2O Business Model: Evidence from Consumers' Overall Evaluation [J]. Journal of Retailing and Consumer Services, 2021, 61 (4): 102565.

[106] Woodruff R B. Customer Value: The Next Source for Competitive Advantage [J]. Journal of the Academy of Marketing Science, 1997, 25 (2): 139-153.

[107] Xie X M, Jia Y Y, Meng X H. Corporate Social Responsibility, Customer Satisfaction, and Financial Performance: The Moderating Effect of the Institutional Environment in Two Transition Economies [J]. Journal of Cleaner Production, 2017, 150 (3): 26-39.

[108] Xu F, Ma L, Liunata L, et al. Does Social Responsibility Increase Corporate Value of China's Coal Enterprises? The Mediating Effect of Capital Enrichment Based on the Generalized Moment Estimation [J]. Acta Montanistica Slovaca, 2020, 25 (3): 274-288.

[109] Yi Y, Gong T. Customer Value Co-creation Behavior: Scale Development and Validation [J]. Journal of Business Research, 2013, 66 (9): 1279-1284.

[110] Yu E P, Guo C Q, Luu B V. Environmental, Social and Governance Transparency and Firm Value [J]. Business Strategy and the Environment, 2018, 27 (7): 987-1004.

[111] Zavyalova A. The Benefits and Burdens of High Reputation During Disruptions: The Role of Media Reputation, Organizational Identification, and Disruption Type [D]. Dissertations & Theses-Grad Works, 2012.

[112] Zhao Z-Y, Zhao X-J, Davidson K, et al. A Corporate Social Responsibility Indicator System for Construction Enterprises [J]. Journal of Cleaner Production, 2012 (29-30): 277-289.

[113] Zhou W, Li S, Meng X. Study on the Effect of Customer Psychological Ownership on Value Co-creation under Service Ecosystem [J]. Sustainability,

2022，14（5）：1-16.

[114] Zeithaml V A. Consumer Perceptions of Price，Quality，and Value：A Means-end Model and Synthesis of Evidence [J]. Journal of Marketing，1988，52（3）：2-22.

[115] 白重恩，刘俏，陆洲，等. 中国上市公司治理结构的实证研究 [J]. 经济研究，2005（2）：81-91.

[116] 毕茜，彭珏，左永彦. 环境信息披露制度、公司治理和环境信息披露 [J]. 会计研究，2012（7）：39-47+96.

[117] 蔡海静，汪祥耀，许慧. 基于可持续发展理念的企业整合报告研究 [J]. 会计研究，2011（11）：18-26+92.

[118] 曹开龙，李玉琼，潘丹. 顾客价值下企业财务目标对企业价值评估的影响 [J]. 企业研究，2010（22）：55-56.

[119] 曹萍，薛思怡. 双元领导对积极偏离创新行为的影响研究——基于认知-情感复合视角 [J]. 南京审计大学学报，2023，20（6）：51-60.

[120] 陈爱珍，王闯. 企业环境责任、绿色技术创新与企业财务绩效 [J]. 税务与经济，2023（4）：82-89.

[121] 陈昊，李文立，柯育龙. 社交媒体持续使用研究：以情感响应为中介 [J]. 管理评论，2016，28（9）：61-71.

[122] 陈文婕. 论企业社会责任信息披露影响因素 [J]. 财经理论与实践，2010，31（4）：96-100.

[123] 陈雅䍃，汤景泰. 社群圈层与舆论表达：论企业声誉危机中的网络公众 [J]. 现代传播（中国传媒大学学报），2023，45（10）：115-123.

[124] 陈玉清，马丽丽. 我国上市公司社会责任会计信息市场反应实证分析 [J]. 会计研究，2005（11）：76-81.

[125] 迟铭，毕新华，徐永顺. 治理机制对顾客参与价值共创行为的影

响——虚拟品牌社区的实证研究 [J]. 经济管理, 2020, 42 (2): 144-159.

[126] 醋卫华, 李培功. 媒体监督公司治理的实证研究 [J]. 南开管理评论, 2012, 15 (1): 33-42.

[127] 邓新明, 龙贤义, 刘禹, 等. 善行必定有善报吗——消费者抵制企业社会责任行为的内在机理研究 [J]. 南开管理评论, 2017, 20 (6): 129-139.

[128] 丁声怿, 白俊红. 企业 ESG 表现与绿色全要素生产率 [J]. 产业经济评论, 2024 (2): 135-154.

[129] 董淑兰, 刘浩. 企业社会责任信息披露、媒体关注与绩效的关系研究 [J]. 会计之友, 2018 (6): 72-77.

[130] 杜芳芳. 跨境电商企业多渠道交互、消费者融入行为与价值共创的互动关系 [J]. 商业经济研究, 2022 (4): 96-99.

[131] 杜建国, 段声丽. 环境责任感对消费者绿色购买行为的影响——绿色自我效能感和绿色感知价值的链式多重中介效应 [J]. 南京工业大学学报 (社会科学版), 2022, 21 (3): 48-60.

[132] 杜湘红, 伍奕玲. 基于投资者决策的碳信息披露对企业价值的影响研究 [J]. 软科学, 2016, 30 (9): 112-116.

[133] 樊建锋, 赵秋茹, 田志龙. 危机情境下的企业社会责任保险效应与挽回效应研究 [J]. 管理学报, 2020, 17 (5): 746-754.

[134] 范建昌, 梁旭晖, 倪得兵. 不同渠道权力结构下的供应链企业社会责任与产品质量研究 [J]. 管理学报, 2019, 16 (5): 754-764.

[135] 符加林, 张依梦, 闫艳玲, 等. 顾客契合与企业创新绩效: 价值共创和创新氛围的作用 [J]. 科研管理, 2022, 43 (11): 93-102.

[136] 傅丽华, 韩德昌. 现代市场营销新趋势——关系营销 [J]. 环渤海经济瞭望, 2000 (2): 48-50.

[137] 郭爱云，杜德斌．品牌契合、消费者品牌价值创造与品牌价值——基于企业微信公众号的分析 [J]．江西财经大学学报，2018（3）：40-49．

[138] 郭景先，苑泽明．生命周期、财政政策与创新能力——基于科技型中小企业的经验证据 [J]．当代财经，2018（3）：23-34．

[139] 郭然，刘大志，高康．数字基础设施、创新要素流动与工业减碳增效升级 [J]．技术经济与管理研究，2024（8）：102-108．

[140] 韩子超，张友棠．社会责任信息披露、资本成本与企业持续发展能力——基于印象管理视角 [J]．财会通讯，2022（3）：41-46+56．

[141] 何音，李健，蔡满堂，等．企业社会责任与企业价值：营销竞争力与顾客意识的作用机理 [J]．管理工程学报，2020，34（2）：84-94．

[142] 何源明，梁梓苏．碳达峰视角下物流业减排措施、碳绩效与企业价值的互动关系——以上市物流企业为例 [J]．商业经济研究，2023（18）：85-89．

[143] 贺爱忠，蔡玲，宿兰芳．零售商店绿色实践对顾客公民行为的影响研究 [J]．北京工商大学学报（社会科学版），2016，31（3）：54-64．

[144] 黄大禹，谢获宝，邹梦婷．双碳背景下环境规制与企业 ESG 表现——基于宏观和微观双层机制的实证 [J]．山西财经大学学报，2023，45（10）：83-96．

[145] 黄群慧，彭华岗，钟宏武，等．中国 100 强企业社会责任发展状况评价 [J]．中国工业经济，2009（10）：23-35．

[146] 姜英兵，崔广慧．企业环境责任承担能够提升企业价值吗？——基于工业企业的经验证据 [J]．证券市场导报，2019（8）：24-34．

[147] 蒋洪平，于博．自媒体环境责任信息披露影响企业信贷可得性吗——基于微博数据的实证研究 [J]．金融与经济，2024（2）：73-85．

［148］金立印.企业社会责任运动测评指标体系实证研究——消费者视角［J］.中国工业经济，2006（6）：114-120.

［149］孔东民，刘莎莎，应千伟.公司行为中的媒体角色：激浊扬清还是推波助澜？［J］.管理世界，2013（7）：145-162.

［150］李端，郭佳轩，李海英.ESG 表现、技术创新与全要素生产率——来自我国医药行业的证据［J］.财会月刊，2023，44（11）：143-150.

［151］李锋，王倩妮.双寡头竞争环境下迭代产品上市时间和定价问题［J］.中国管理科学，2024，32（6）：240-254.

［152］李宏伟，黄国良.环境信息披露的价值效应研究［J］.技术经济与管理研究，2015（11）：81-85.

［153］李慧云，符少燕，高鹏.媒体关注、碳信息披露与企业价值［J］.统计研究，2016，33（9）：63-69.

［154］李健，汤书昆.科技企业价值管理与财务杠杆［J］.科学学研究，2001（2）：82-87.

［155］李江，蒋玉石，王烨娣，等.企业社会责任对消费者品牌评价的影响机制研究［J］.软科学，2020，34（8）：19-24.

［156］李晋，化冰妍.环保真实型领导对员工绿色主动行为的影响研究：基于自我决定的视角［J］.中国矿业大学学报（社会科学版），2023，25（6）：93-104.

［157］李培功，沈艺峰.媒体的公司治理作用：中国的经验证据［J］.经济研究，2010，45（4）：14-27.

［158］李清，陈琳.ESG 评级不确定性对企业绿色创新的影响研究［J］.管理学报（网络首发），2024（5）：1-10.

［159］李寿生.以创新驱动引领绿色发展之路——中国石油和化工行业绿色发展六大行动计划解读［J］.化工管理，2017（5）：14-17.

［160］李斯．品牌个性对顾客融入行为的影响研究——群体认同和品牌认同双重中介解释机制［J］．商业经济研究，2023（17）：64-67.

［161］李伟阳，肖红军．企业社会责任的逻辑［J］．中国工业经济，2011（10）：87-97.

［162］李霞．企业绩效会影响社会责任履行吗？——基于不同性质企业的考察［J］．财会通讯，2022（12）：62-66.

［163］李小青，胡朝霞．科技创业企业董事会认知特征对技术创新动态能力的影响研究［J］．管理学报，2016，13（2）：248-257.

［164］李新娥，彭华岗．企业社会责任信息披露与企业声誉关系的实证研究［J］．经济体制改革，2010（3）：74-76.

［165］李鑫鑫，汤小华．数字化转型对制造企业绿色创新效率作用机制研究［J］．金融与经济，2024（4）：85-94.

［166］李勇建，邓芊洲，赵秀堃，等．生产者责任延伸制下的绿色供应链治理研究——基于环境规制交互分析视角［J］．南开管理评论，2020，23（5）：134-144.

［167］李云鹤，李湛．管理者代理行为、公司过度投资与公司治理——基于企业生命周期视角的实证研究［J］．管理评论，2012，24（7）：117-131.

［168］李正．企业社会责任与企业价值的相关性研究——来自沪市上市公司的经验证据［J］．中国工业经济，2006（2）：77-83.

［169］李志斌，邵雨萌，李宗泽，等．ESG信息披露、媒体监督与企业融资约束［J］．科学决策，2022（7）：1-26.

［170］廖以臣，周霜，王宇雨，等．扬长避短还是坦诚相待？——信任视角下信息推送研究［J］．管理评论，2023，35（7）：162-173.

［171］林杰，张小三．互动导向对新创电商企业绩效的影响——考虑价

值主张转变的中介效应 [J]. 商业经济研究, 2022 (16): 131-134.

[172] 林志炳. 考虑企业社会责任的绿色供应链定价与制造策略研究 [J]. 管理工程学报, 2022, 36 (3): 131-138.

[173] 刘德军, 张志鑫, 张辉. 员工企业社会责任归因对其帮助行为的影响: 一个链式中介模型 [J]. 经济经纬, 2020, 37 (4): 108-115.

[174] 刘冬荣, 毛黎明, 李世辉, 等. 基于企业价值的上市公司社会责任信息披露实证分析 [J]. 系统工程, 2009, 27 (2): 69-72.

[175] 刘方媛, 吴云龙. "双碳" 目标下数字化转型与企业 ESG 责任表现: 影响效应与作用机制 [J]. 科技进步与对策, 2024, 41 (5): 40-49.

[176] 刘凤军, 李辉. 社会责任背景下企业联想对品牌态度的内化机制研究——基于互惠与认同视角下的理论构建及实证 [J]. 中国软科学, 2014 (3): 99-118.

[177] 刘桂华. 基于消费者感知的跨国企业社会责任 "类保险" 效应研究 [D]. 青岛: 青岛科技大学, 2023.

[178] 刘桂华. 基于消费者角度的企业社会责任价值创造机理研究 [J]. 全国流通经济, 2023 (1): 12-15.

[179] 刘建秋, 宋献中. 社会责任、信誉资本与企业价值创造 [J]. 财贸研究, 2010, 21 (6): 133-138.

[180] 刘刊, 杨楠. 用户异质性对共享出行平台的情感认知差异——服务质量感知的中介作用和使用需求的调节作用 [J]. 技术经济, 2020, 39 (6): 80-88+98.

[181] 刘想, 刘银国. 社会责任信息披露与企业价值关系研究——基于公司治理视角的考察 [J]. 经济学动态, 2014 (11): 89-97.

[182] 刘兴华, 洪攀, 史言信. ESG 表现能否增强企业绿色创新? [J]. 西南民族大学学报 (人文社会科学版), 2023, 44 (10): 82-94.

[183] 刘宇芬，刘英．碳信息披露、投资者信心与企业价值 [J]．财会通讯，2019（18）：39-42.

[184] 刘艳秋，郝晓燕，白宝光．企业社会责任感知与顾客忠诚关系的实证研究——以中国乳制品消费者为调查对象 [J]．消费经济，2014，30（2）：47-52.

[185] 柳学信，孔晓旭，孙梦雨．企业社会责任信息披露提升了企业声誉吗？——媒体关注为中介效应的检验 [J]．财经理论研究，2019（1）：87-95.

[186] 陆正飞，施瑜．从财务评价体系看上市公司价值决定——"双高"企业与传统企业的比较 [J]．会计研究，2002（5）：18-23+64.

[187] 吕桁宇，马春爱，汤桐，等．财税激励政策、绿色技术创新与工业企业碳强度 [J]．统计与信息论坛，2024，39（5）：59-72.

[188] 马龙龙．企业社会责任对消费者购买意愿的影响机制研究 [J]．管理世界，2011（5）：120-126.

[189] 马淑杰，朱黎阳，王雅慧．我国高耗水工业行业节水现状分析及政策建议 [J]．中国资源综合利用，2017（2）：43-47.

[190] 秦续忠，王宗水，赵红．公司治理与企业社会责任披露——基于创业板的中小企业研究 [J]．管理评论，2018，30（3）：188-200.

[191] 权明富，齐佳音，舒华英．客户价值评价指标体系设计 [J]．南开管理评论，2004，7（3）：17-23.

[192] 任力，洪喆．环境信息披露对企业价值的影响研究 [J]．经济管理，2017，39（3）：34-47.

[193] 沈洪涛，王立彦，万拓．社会责任报告及鉴证能否传递有效信号？——基于企业声誉理论的分析 [J]．审计研究，2011（4）：87-93.

[194] 沈洪涛，杨熠．公司社会责任信息披露的价值相关性研究——来

自我国上市公司的经验证据［J］.当代财经，2008（3）：103-107.

［195］史恭龙，魏绮雯，李红霞，等.采掘业上市企业安全投入对企业价值的影响——基于内部控制的调节作用［J］.安全与环境学报，2023，23（11）：4089-4096.

［196］宋常，刘司慧.中国企业生命周期阶段划分及其度量研究［J］.商业研究，2011（1）：1-10.

［197］宋旭超.电商直播对农产品营销的影响机制分析——基于粉丝经济的中介作用［J］.商业经济研究，2023（7）：80-83.

［198］孙阁斐.零售企业社会责任对消费者购买意愿的影响——基于感知质量和企业声誉的中介效应［J］.商业经济研究，2023（15）：174-177.

［199］孙骞.新零售服务逻辑下消费者参与电商企业价值共创意愿的影响因素分析［J］.商业经济研究，2022（22）：99-102.

［200］孙蕊，甘舜予，祖澳雪，等.ESG实质性议题披露研究［J］.财会月刊，2024，45（3）：41-47.

［201］孙艳霞.基于不同视角的企业价值创造研究综述［J］.南开经济研究，2012（1）：145-153.

［202］唐云.社交网络时代"粉丝经济"的关系营销模式及策略［J］.商业经济研究，2020（23）：96-98.

［203］陶娜.价值共创场景下消费者参与企业知识创新的路径［J］.科技管理研究，2023，43（14）：150-159.

［204］陶文杰，金占明.企业社会责任信息披露、媒体关注度与企业财务绩效关系研究［J］.管理学报，2012，9（8）：1225-1232.

［205］陶莹，董大勇.媒体关注与企业社会责任信息披露关系研究［J］.证券市场导报，2013（11）：20-26+33.

［206］滕拓.降低煤化工企业原材料成本的途径［J］.财务与会计，

2017（17）：31-32.

　　［207］田敏，萧庆龙．基于CSR的消费者质量感知及信任对消费者支持的影响［J］．中国流通经济，2016，30（1）：79-87.

　　［208］佟孟华，许东彦，郑添文．企业环境信息披露与权益资本成本——基于信息透明度和社会责任的中介效应分析［J］．财经问题研究，2020（2）：63-71.

　　［209］汪茜，陈会茹．企业社会责任、融资约束与财务绩效［J］．西安财经大学学报，2024，37（3）：79-91.

　　［210］王怀明，崔吉．消费者对企业社会责任表现的响应及影响因素［J］．北京理工大学学报（社会科学版），2014，16（3）：67-74.

　　［211］王建华，钭露露．环境素养对消费者绿色消费行为的影响研究［J］．华中农业大学学报：社会科学版，2021（3）：39-50.

　　［212］王建华，周瑾，马玲．亲环境购买行为溢出效应与内在机制研究——基于个人价值观、态度及认知的影响分析［J］．贵州财经大学学报，2023（6）：51-60.

　　［213］王建明．环境信息披露、行业差异和外部制度压力相关性研究——来自我国沪市上市公司环境信息披露的经验证据［J］．会计研究，2008（6）：54-62+95.

　　［214］王静雯，陈秀梅．服装产业之经济附加价值研究［J］．中国储运，2021（4）：185-186.

　　［215］王立鹤，杨忠，李婧．企业社会责任、情感承诺与反生产行为的关系研究［J］．学海，2015（3）：113-122.

　　［216］王林萍，林奇英，谢联辉．化工企业的社会责任探讨［J］．商业时代，2006（28）：84-86.

　　［217］王明明，崔政斌．责任关怀：化工安全管理的利器［J］．劳动保

护科学技术，2000（2）：25-28.

　　[218] 王小荣，张俊瑞. 企业价值评估研究综述 [J]. 经济学动态，2003（7）：61-64.

　　[219] 王晓红，赵美琳，张少鹏，等. 企业战略激进度、数字化转型与ESG 表现——企业生命周期的调节作用 [J]. 软科学，2024，38（3）：77-84.

　　[220] 王晓巍，陈慧. 基于利益相关者的企业社会责任与企业价值关系研究 [J]. 管理科学，2011，24（6）：29-37.

　　[221] 王性玉，王倩雯. 企业慈善捐赠、信息透明度与应计盈余管理 [J]. 财会通讯，2024（1）：55-60.

　　[222] 王雪冬，冯雪飞，董大海. "价值主张" 概念解析与未来展望 [J]. 当代经济管理，2014，36（1）：13-19.

　　[223] 王遥，李哲媛. 我国股票市场的绿色有效性——基于 2003 - 2012 年环境事件市场反应的实证分析 [J]. 财贸经济，2013（2）：37-48.

　　[224] 王永贵，高忠义，马剑虹. 创新用户社区的运行机制及其管理研究 [J]. 珞珈管理评论，2008（1）：186-194.

　　[225] 王圆圆. 心理契约视角下顾客参与对品牌社区价值共创的影响分析 [J]. 商业经济研究，2022（22）：90-93.

　　[226] 王正军，谢晓. 企业社会责任履行、研发投入与财务绩效——基于内外部利益相关者视角 [J]. 财会通讯，2020（7）：51-55.

　　[227] 魏华，万辉. 网络零售企业社会责任对消费者购买意愿的影响——基于 SOR 模型的实证 [J]. 哈尔滨商业大学学报（社会科学版），2020（3）：64-73.

　　[228] 魏卉，姚迎迎，马晓柯. 社会责任履行能降低企业权益资本成本吗？[J]. 金融与经济，2020（6）：29-36.

［229］温素彬，方苑．企业社会责任与财务绩效关系的实证研究——利益相关者视角的面板数据分析［J］．中国工业经济，2008（10）：150-160.

［230］温素彬，周鎏鎏．企业碳信息披露对财务绩效的影响机理——媒体治理的"倒U型"调节作用［J］．管理评论，2017，29（11）：183-195.

［231］温忠麟，刘红云，侯杰泰．调节效应和中介效应分析［M］．北京：教育科学出版社，2012.

［232］温忠麟，张雷，侯杰泰．有中介的调节变量和有调节的中介变量［J］．心理学报，2006（3）：448-452.

［233］谢佩洪，汪春霞．管理层权力、企业生命周期与投资效率——基于中国制造业上市公司的经验研究［J］．南开管理评论，2017，20（1）：57-66.

［234］辛杰．企业社会责任的价值创造机制研究［J］．管理学报，2014，11（11）：1671-1679.

［235］徐康，吕巍．视频形式的网购展示界面对点击意愿的影响研究［J］．上海管理科学，2020，42（2）：14-19.

［236］徐莉萍，陈力，张淑霞，等．企业高层环境基调、媒体关注与环境绩效［J］．华东经济管理，2018，32（12）：114-123.

［237］徐莉萍，辛宇，祝继高．媒体关注与上市公司社会责任之履行——基于汶川地震捐款的实证研究［J］．管理世界，2011（3）：135-143+188.

［238］许晖，王琳．价值链重构视角下企业绿色生态位跃迁路径研究——"卡博特"和"阳煤"双案例研究［J］．管理学报，2015，12（4）：500-508.

［239］许正良，柳铮，古安伟．企业高层领导在顾客价值创造中的作用［J］．中国软科学，2009（2）：127-132.

［240］薛天航，郭沁，肖文．双碳目标背景下ESG对企业价值的影响机理与实证研究［J］．社会科学战线，2022（11）：89-99+281.

［241］杨璐，范英杰．环境信息披露质量、股权融资成本和企业价值［J］．商业会计，2016（19）：28-31.

［242］杨晓辉，游达明．考虑消费者环保意识与政府补贴的企业绿色技术创新决策研究［J］．中国管理科学，2022，30（9）：263-274.

［243］姚兰．心理认知视角下环境责任感对居民绿色消费意向的影响［J］．商业经济研究，2024（5）：72-75.

［244］喻登科，严影．技术创新与商业模式创新相互作用关系及对企业竞争优势的交互效应［J］．科技进步与对策，2019，（6）：16-24.

［245］袁蕴．企业社会责任信息披露的价值评价研究［J］．生态经济（学术版），2009（1）：63-65+76.

［246］张德鹏，祁小波，林萌菲．创新顾客心理所有权、关系质量对口碑推荐行为的影响［J］．预测，2020，39（6）：39-46.

［247］张蒽，魏秀丽，王志敏．中资企业海外社会责任报告质量研究［J］．首都经济贸易大学学报，2017，19（6）：70-78.

［248］张芳，于海婷．绿色信贷政策驱动重污染企业绿色创新了吗——基于企业生命周期理论的实证检验［J］．南开管理评论，2024（3）:118-128.

［249］张广玲，付祥伟，熊啸．企业社会责任对消费者购买意愿的影响机制研究［J］．武汉大学学报（哲学社会科学版），2010，63（2）:244-248.

［250］张继德，王玉莹，全茜．机构投资者持股、生命周期与企业社会责任［J］．会计之友，2024（7）：82-88.

［251］张莉艳，张春钢．企业董事会结构性权力与ESG表现［J］．软科学，2024，38（4）：102-110.

［252］张敏，夏宇，刘晓彤，等．科技引文行为的影响因素及内在作用

机理分析——以情感反应、认知反应和社会影响为研究视角 [J]. 图书馆, 2017 (5)：77-84.

[253] 张培, 杜亚萍, 马建龙, 等. 基于信任的服务外包治理机制：多案例研究 [J]. 管理评论, 2015, 27 (10)：230-240.

[254] 张太海, 吴茂光. 企业社会责任对消费者购买意愿的影响 [J]. 商业研究, 2012 (12)：33-39.

[255] 张烨. 媒体与公司治理关系研究述评 [J]. 经济学动态, 2009 (6)：137-141.

[256] 张兆国, 靳小翠, 李庚秦. 企业社会责任与财务绩效之间交互跨期影响实证研究 [J]. 会计研究, 2013 (8)：32-39+96.

[257] 张正勇. 企业社会责任实践评价指标体系构建与应用——基于A股上市公司的实证研究 [J]. 管理评论, 2013, 25 (6)：123-132.

[258] 赵新华. 基于生命周期的我国化工企业社会责任信息披露水平及对企业价值的影响研究 [D]. 青岛：青岛科技大学, 2019.

[259] 赵新华. 治理特征与企业社会责任信息披露研究——基于我国化工上市企业的经验证据 [J]. 技术经济及管理研究, 2019 (9)：61-66.

[260] 赵新华, 王兆君. 国内外企业社会责任报告编制规范及在我国的应用 [J]. 财会通讯, 2019 (4)：120-123.

[261] 赵新华, 王兆君. 生命周期视角下企业社会责任披露差异实证研究 [J]. 技术经济, 2019 (4)：66-72.

[262] 赵新华, 王兆君. 我国化工企业社会责任信息披露评价 [J]. 现代化工, 2019 (5)：10-13.

[263] 郑凯, 王新新. 互联网条件下顾客独立创造价值理论研究综述 [J]. 外国经济与管理, 2015, 37 (5)：14-24.

[264] 郑志刚, 丁冬, 汪昌云. 媒体的负面报道、经理人声誉与企业业

绩改善——来自我国上市公司的证据［J］.金融研究，2011（12）：163-176.

［265］钟振东，唐守廉，Pierre Vialle.基于服务主导逻辑的价值共创研究［J］.软科学，2014，28（1）：31-35.

［266］周兵，徐辉，任政亮.企业社会责任、自由现金流与企业价值——基于中介效应的实证研究［J］.华东经济管理，2016，30（2）：129-135.

［267］周建，尹翠芳，陈素蓉.董事会团队属性对企业国际化战略的影响研究［J］.管理评论，2013，25（11）：133-143.

［268］周丽萍，陈燕，金玉健.企业社会责任与财务绩效关系的实证研究——基于企业声誉视角的分析解释［J］.江苏社会科学，2016（3）：95-102.

［269］周雪，马舜羿.企业社会责任、现金股利与投资效率［J］.技术经济，2019，38（11）：22-32.

［270］周延风，罗文恩，肖文建.企业社会责任行为与消费者响应——消费者个人特征和价格信号的调节［J］.中国工业经济，2007（3）：62-69.

［271］邹绍辉，张聪瑞.煤炭上市公司环境信息披露水平、媒体关注度与财务绩效关系研究［J］.中国煤炭，2018，44（1）：23-28.

附　录

中华人民共和国化工行业标准

责任关怀实施准则*

（HG/T 4184—2023）

（2023 年 12 月 20 日发布　2024 年 7 月 1 日实施）

1　范围

本文件规定了实施责任关怀的企业在职业健康安全、工艺安全、储运安全、污染防治、社区认知和应急响应、产品安全等管理工作中应遵守的规则。

本文件适用于从事化学品的研发、设计、生产、经营、使用、储存、运输、废弃处置等业务并承诺实施责任关怀的企业。其他石油和化工企业可参照执行。

2　规范性引用文件

下列文件中的内容通过文中的规范性引用而构成本文件必不可少的条款。其中，注日期的引用文件，仅该日期对应的版本适用于本文件；不注日期的

---

*　摘编部分内容。

引用文件，其最新版本（包括所有的修改单）适用于本文件。

GBZ 158   工作场所职业病危害警示标识

GB/T 2893（所有部分）   图形符号   安全标志

GB 2894   安全标志及其使用导则

GB 18218   危险化学品重大危险源辨识

GB 39800.1   个体防护装备配备规范   第1部分：总则

GB 39800.2   个体防护装备配备规范   第2部分：石油、化工、天然气

3   术语和定义

下列术语和定义适用于本文件。

3.1   责任关怀   responsible care

全球化学工业自愿发起的关于健康、安全和环境（HSE）等方面不断改善绩效的行为，是化工行业专有的自愿性行动。该行动是基于持续改进和开放的理念，以回应利益相关方对石油和化工行业的关注，提高其认知和参与水平。

3.2   社区认知   community awareness

社区内公众对周边石油和化工企业有关健康、安全和环境（HSE）信息（如运营和产品的HSE风险及应急响应措施等）的认识和了解。

3.3   风险管理   risk management

在一个有风险的环境里把风险减至最低的管理过程。其中包括对风险的度量、评估和应变策略。

3.4   突发事件   emergency event

突然发生、造成或者可能造成严重社会危害而需要采取应急处置措施予以应对的自然灾害、事故灾难、公共卫生事件和社会安全事件。

3.5   应急响应   emergency response

为应对各种意外事件发生所做的准备以及在事件发生后所采取的措施。

3.6 分销商 distributor

专门从事将商品从生产者转移到消费者的活动的机构和人员。

3.7 合同制造商 contract manufacturer

与委托企业签订合同，只负责产品生产，不负责产品设计、销售等的生产企业。

4 责任关怀指导原则

4.1 不断提高对健康、安全和环境（HSE）的认知。持续改进生产技术和工艺，改善产品在其全生命周期中的性能表现，避免对人类和环境造成伤害。

4.2 有效利用资源，注重节能减排，将废弃物和温室气体的产生量降至最低。

4.3 制定所有产品与工艺计划时，应优先考虑 HSE 因素。

4.4 研发和制造能够安全生产、使用、运输、回收或处置的化学品。

4.5 研究有关产品、工艺和废弃物对 HSE 的影响，提升 HSE 的认识水平。

4.6 与用户共同努力，确保化学品的安全使用、运输以及回收或处置。

4.7 与相关方共同努力，解决以往危险化学品在处理和处置方面所遗留的问题。

4.8 充分认识相关方对化学品以及运作过程的关注点和期望，并对其做出回应。

4.9 向政府有关部门、员工、用户以及公众及时公开与化学品相关的健康、安全和环境危害信息，并且提出有效的预防措施。

4.10 积极参与政府和其他有关部门制定用以确保社区、工作场所和环境安全的有关法律、法规和标准，并满足或高于上述法律、法规及标准的要求。

4.11　通过分享经验以及向其他生产、储存、使用、经营、运输或处置化学品等价值链各单位提供帮助，推广责任关怀的原则和实践。

4.12　公开 HSE 关键绩效指标、成绩和持续改造的目标。

5　领导与承诺

5.1　领导责任

5.1.1　企业的最高管理者是本单位实施责任关怀的第一责任人，负责推动全面落实企业责任关怀的方针目标、机构设置、制度建立、职责确定、教育培训等基本保障要素，对企业健康、安全和环境（HSE）管理工作做出明确、公开、文件化的承诺，并提供必要的资源支持。

5.1.2　企业的最高管理者应推动践行责任关怀理念，通过领导带头、全员参与建立良好的企业文化，促进责任关怀绩效的持续改进。

5.2　方针和目标

5.2.1　方针

5.2.2　企业最高管理者应承诺、确定和批准本企业的责任关怀管理方针。

5.2.3　责任关怀管理方针应：

——适合于企业的宗旨和所处的环境，包括其活动、产品和服务的性质、规模及 HSE 的影响；

——为制定责任关怀管理目标提供框架；

——包括满足适用法律法规和其他要求的承诺；

——包括满足责任关怀指导原则的承诺；

——包括致力于打造和谐友好社区的承诺；

——包括持续改进责任关怀管理绩效及追求卓越的承诺；

——包括确保全员参与并履行职责；

——作为文件化信息而可被获取；

——在企业内予以沟通；

——可为相关方获取。

5.2.4　目标

5.2.4.1　企业应制定责任关怀管理目标，并将其分解到相关的部门。

目标的制定应考虑：

——与责任关怀管理方针一致；

——可测量、可实现，或能够进行绩效评估；

——定期监测、评审和更新；

——予以沟通，并得到理解。

5.2.4.2　为保证目标实现，企业应制定责任关怀具体实施计划。

5.3　组织与职责

5.3.1　企业应建立相关的管理制度，明确相关部门或人员在职业健康安全、工艺安全、储运安全、污染防治、社区认知和应急响应、产品发布等方面的职责和权限，提供有效的资源保障，并及时与相关方沟通交流。

5.3.2　企业应坚持全员、全过程、全方位、全天候的 HSE 监督和管理原则。员工应立足岗位，认真落实责任关怀的各项要求，并报告责任关怀管理绩效。

5.3.3　企业应配备相应的人员负责产品安全管理，其职责和权限应包括：组织识别和评价产品风险；制定并实施产品安全管理及应急措施；建立有效的产品安全管理制度并持续改进。

6　合规性管理

6.1　企业应建立识别和获取与责任关怀内容相关的适用的法律、法规、标准、规范及其他管理要求的制度，明确责任部门，确定获取渠道、方式和时机，并及时更新。

6.2　企业应定期对法律、法规和标准进行适用性评价，并将适用的法律、法规及标准的要求及时传达给相关方，使其根据具体要求建立相应的管理制度和技术操作规程。

6.3 企业应定期对适用的法律、法规、标准及其他要求进行符合性评审，及时更新或取消不适用的文件。

6.4 企业应将合规管理贯穿于企业生产经营活动的全过程。

7 教育和培训

7.1 企业应制定并实施与健康、安全和环境（HSE）相应的教育和培训制度，并对其定期评价。

7.2 企业应将适用的法律、法规、标准及其他要求及时对从业人员进行宣传和培训，提高从业人员的守法意识，规范作业行为。

7.3 确立全员培训的目标和终身受教育的观念，制定教育和培训计划，定期组织培训教育，并做好培训记录，建立从业人员的 HSE 等培训教育档案。

7.4 定期开展班组活动，对从业人员进行 HSE 知识和技能的培训和教育，保证其具备必要的专业知识和技能以及应对和处置突发事件的能力。

7.5 应对承包商作业人员、来访人员等进行 HSE 等相关知识的教育或培训。

8 实施准则

8.1 职业健康安全

8.1.1 目的

规范化学品相关企业实施责任关怀过程中的职业健康安全管理，防止安全事故和职业病发生，保护相关人员的健康与安全。

8.1.2 风险管理

企业应建立职业健康与安全风险管理程序，识别和评价生产经营活动中存在的危险源和职业危害因素，根据评价结果及生产经营情况采取有效的监测和控制措施，减少潜在风险，持续改进企业的职业健康安全管理水平，将风险降到最低或控制在可以接受的程度。

8.1.3 沟通

企业应建立文件化的与内部和外部沟通程序并予以实施，为企业内部及相关方提供职业健康与安全危害因素及危险源有关信息，保障企业内部和相关方对企业职业健康安全危害因素的知情权，并收集反馈意见。

8.1.4 职业健康管理

8.1.4.1 企业应建立有效的职业健康管理制度和档案。发生职业病，应及时、如实地向当地政府有关部门报告，接受监督。

8.1.4.2 企业作业场所应合理布局，配置有效的职业病防护设施和辅助卫生用室，采用符合保护从业人员生理、心理健康要求的设备设施、工具、用具等，确保有毒物品作业场所与生活区分开，作业场所不得住人。有害作业区与无害作业区分开，高毒作业场所与其他作业场所隔离。

8.1.4.3 应在作业场所确定需要监测的有毒有害因素种类，设定有害因素监测点，确定监测周期，定期进行监测，在被测岗位公布监测结果并存档。

8.1.4.4 确定有资质的职业卫生技术服务机构对工作场所进行职业危害因素检测、评价，并将结果存入企业职业卫生档案。

8.1.4.5 企业与劳动者订立劳动合同时，应如实告知工作过程中可能产生的职业病危害及其后果，企业应将职业健康检查结果书面如实告知接触职业危害因素的劳动者。

8.1.4.6 根据接触职业危害因素的种类、强度，为从业人员和外来人员提供符合国家标准或行业标准的个体防护用品和器具，个体防护用品的配备应符合 GB 39800.1 和 GB 39800.2 的规定；建立个体防护用品领用登记台账，并加强对使用情况的监督和检查，凡不按规定使用个体防护用品者不得上岗作业。

8.1.4.7　各种防护器具应定点存放在安全、方便的地点，并有专人负责保管，定期校验和维护。

8.1.4.8　企业应在可能发生急性职业损伤的有毒有害工作场所设置报警装置，配置有效的应急救援设施，确保其处于正常状态。

8.1.5　职业病管理

8.1.5.1　企业应对员工进行职业健康监护，包括上岗前、在岗期间、离岗时、离岗后的医学随访及应急健康检查，对从事有毒有害作业人员的检查按有关法规要求定期进行。

8.1.5.2　企业应建立员工健康监护档案，并将历次的健康检查结果存档。

8.1.5.3　企业应加强对职业病和疑似职业病患者的检查、治疗、复查和管理，及时调整职业禁忌者工作岗位。

8.1.5.4　企业应开展职业病危害日常监测，定期检测评价，并按照法规要求向所在地卫生健康主管部门申报职业病危害项目。

8.1.5.5　企业应加强对从业人员的心理疏导、精神慰藉，对行为异常的从业人员应及时安排心理健康咨询和干预，对可能危害他人或自身安全的行为异常人员及时安排诊断或调离。

8.1.6　职业安全管理

8.1.6.1　作业安全

8.1.6.1.1　企业应建立安全作业许可制度，严格履行审批手续。对动火作业、受限空间作业、动土作业、临时用电作业、高处作业、吊装作业、盲板抽堵作业、断路作业、上锁挂牌，工艺设备/管道打开等危险性作业实施作业许可。审批人员、监护人员与现场作业人员之间在作业许可和实施过程中应保持沟通。

8.1.6.1.2　企业应建立并实施与职业风险相关作业的文件化程序（如生

产操作流程、常规检维修操作流程等），确保操作、检维修人员的人身安全。

8.1.6.2 警示标志

8.1.6.2.1 应在易燃易爆、有毒有害场所的醒目位置设置警示标志和告知牌，并符合 GB/T 2893（所有部分）、GB 2894 和 GBZ 158 的规定。

8.1.6.2.2 应在检维修、施工、吊装等作业现场设置警戒区域和警示标志，并符合 GB/T 2893（所有部分）、GB 2894 和 GBZ 158 的规定。

8.1.6.2.3 应在醒目位置设置公告栏，公布有关职业危害因素、产生职业危害的种类和后果、防治措施、职业危害事故应急救援措施、职业危害因素检测结果，并符合 GBZ 158 的规定。

8.1.7 设备设施安全

8.1.7.1 企业应采用基于风险的安全策略，设计、采购、安装、操作和维护设备设施（包括辅助设备）。

8.1.7.2 设备设施的安全联锁和安全装置应可靠、适用，并定期开展设备预防性检测维修，保障从业人员安全。

8.1.7.3 在工艺流程的研发、设计、修改及改善阶段，企业应确保关键性团队成员中有负责职业健康与安全的人员。

8.1.8 承包商和供应商管理

8.1.8.1 企业应建立承包商管理制度，对承包商的选择、运作、培训以及评估进行管理，并对开工前准备、作业过程等进行监督评估。

8.1.8.2 企业应建立供应商资质审查、选择与续用的管理制度，识别与采购有关的风险。

8.1.9 事件报告与应急

8.1.9.1 企业应建立职业健康安全事件管理制度，对事件进行分类分级管理，鼓励从业人员主动上报职业健康安全事件。

8.1.9.2 企业应对职业健康安全事件开展调查，分析确定直接原因和根本原因，提出事件整改措施并落实。企业应及时将调查结果及整改措施与从业人员分享和学习，以避免类似事情再次发生。

8.1.9.3　在突发职业健康安全事故事件时，企业应迅速启动相应的应急预案。

8.2　工艺安全

8.2.1　目的

规范化学品相关企业实施责任关怀过程中的工艺安全管理，防止化学品泄漏、火灾、爆炸等相关工艺安全事故的发生，从而将其对人和环境可能造成的风险降低到合理可达到的最低程度（ALARP），避免发生伤害及对环境产生负面影响。

8.2.2　风险管理

8.2.2.1　危害识别

8.2.2.1.1　企业应建立并实施工艺危害识别和风险管理程序，确保全生命周期的工艺风险得到控制，包括但不限于工程设计、装置建设、装置投产、技术改造、新产品或新工艺开发、废旧设备及厂房拆除与处置等各个阶段存在的工艺安全风险。

8.2.2.1.2　企业应建立工艺安全管理流程，确保基于最新和准确的工艺安全信息开展工艺危害识别和风险评估。

8.2.2.2　风险评估与控制

8.2.2.2.1　企业应根据需要选择有效、可行的风险评估方法，适时对装置运行状况进行风险评估，从对人员的身体健康与生命安全、环境、财产、周围社区等方面影响的可能性及严重程度进行定性和定量分析，确定风险等级。

8.2.2.2.2　企业应制定风险可接受标准。风险可接受标准的制定宜参照公认且被普遍接受的良好工程实践标准，以便将风险降低到合理可达到的最低程度。风险可接受标准宜以风险矩阵或行业普遍认可的其他方式表示。

8.2.2.2.3 企业应根据风险评估结果确定优先控制的顺序，采取可靠、有效的措施消减风险，将风险控制在可接受程度。这些措施包括本质安全措施，工程控制措施，被动控制措施以及操作控制、安全检查、设备维护和完整性计划、个体防护用品等管理控制措施。

8.2.2.2.4 企业应制定危害识别和风险评估结果的沟通流程，将风险评估结果及相应的控制措施及时告知相关人员。

8.2.2.3 重大危险源管理

8.2.2.3.1 企业应建立重大危险源管理制度，按 GB 18218 的要求进行危险化学品重大危险源辨识，对辨识出的重大危险源进行分级和登记建档，并进行定期检测、评估、监控，制定应急预案，告知从业人员和相关人员在紧急情况下应当采取的应急措施。

8.2.2.3.2 涉及重大危险源的企业应建立完善重大危险源安全管理规章制度和安全操作规程，并采取有效措施保证其得到执行。

8.2.2.3.3 涉及重大危险源的企业应按照法律法规要求将本单位重大危险源及相关安全措施、应急预案上报地方主管部门备案。

8.2.2.4 风险信息更新

8.2.2.4.1 企业应按照要求定期更新或验证风险评估结果。

8.2.2.4.2 发生重大工艺安全事故、较大工艺变更或者出现其他需要进行工艺危害识别和风险评估的情形时，企业应及时开展评估，并更新分析报告。

8.2.2.5 变更管理

工艺、设备、关键岗位人员、管理制度、组织架构等发生变更时，企业应根据变更后的情况及时进行风险评估、作业文件更新等相关工作，建立检查和变更记录。

8.2.3 工艺和技术

8.2.3.1 企业应采用先进、安全可靠的技术、工艺、设备和材料，组织安全生产技术的研究和开发。不应使用国家明令淘汰、禁止使用的危及生产安全的工艺和设备。

8.2.3.2 企业应将本质安全理念和策略融入研发、设计、建造、操作、维护以及封存和拆除等全生命周期各阶段，鼓励员工不断寻找和识别本质安全策略的应用机会。

8.2.3.3 企业应选择具有相应资质的设计单位开展工艺设计。设计单位应根据其规模大小配置专职或兼职工艺安全设计评估人员，在不同设计阶段开展工艺安全设计审查。

8.2.3.4 企业应制定有效的安全操作规程、工艺技术规程、岗位操作法等，在生产和工艺发生变化时应及时进行修订和完善。

8.2.3.5 对生产过程中的瓶颈问题应及时组织工艺攻关，根据原料性质、装置特点和产品要求合理优化生产方案。

8.2.3.6 装置开、停工时应制订开、停工方案，并经主管安全生产的主要负责人批准。

8.2.3.7 生产过程中的工艺参数和操作活动等记录应存档。

8.2.4 设备设施管理

8.2.4.1 企业应建立和实施涵盖设备设施的全生命周期的管理制度，内容包括设备和设施的设计、制造、安装（含调试及验收）、操作、维护、检验、变更、停用、废弃等环节的全生命周期管理。

8.2.4.2 企业应优先选用本质安全型设备设施，按照规范安装和调试。企业应建立设备设施的台账和档案，并定期更新。企业宜对清单中的设备设施进行关键性分析，并形成关键设备设施清单。

8.2.4.3 企业应制定并落实与关键安全设备设施相关的检查、测试和预防性维护保养（ITPM）计划，对所完成的活动和计划外的维修进行记录、沟通和存档，并对结果进行分析，根据需要调整计划。

8.2.4.4 监控和测量设备应定期进行校准和维护，台账齐全，记录存档。

8.2.4.5 大型机组应实行特级维护，做好机组状态检测及故障诊断，并确保其安全附件、联锁保护系统完备、完好。

8.2.4.6 企业应建立和实施设备设施的缺陷管理制度，尽早识别设备设施存在的缺陷或故障，及时进行修复或更换，避免小缺陷或故障逐步恶化，最终酿成严重的工艺安全事故。

8.2.5 安全设施管理

8.2.5.1 企业应确保新建、改建和扩建项目的安全设施符合国家有关的法律、法规和相关的技术规范，并与建设项目的主体工程同时设计、同时施工、同时投入生产和使用。

8.2.5.2 企业应建立安全设施相关管理制度，对其进行定期检查和维护保养。安全设施不得随意拆除、挪用或弃置不用，因检修拆除的，应符合设备移交程序和相关的批准流程，检修完毕后立即复原。

8.2.5.3 企业应根据化学品的种类、特性，在车间、库房等相关作业场所设置相应的监测、通风、防晒、调温、防火、灭火、防爆、泄压、防毒、消毒、中和、防潮、防雷、防静电、防腐、防渗漏、防护围堤或者隔离操作等安全设施、设备，其维护、保养应符合安全运行要求。

8.2.6 工艺安全事件管理

8.2.6.1 企业应建立工艺安全事件管理制度，对工艺安全事件进行分类分级管理，鼓励从业人员主动上报工艺安全事件。

8.2.6.2 企业应对工艺安全事件开展调查，分析确定直接原因和根本原因，提出事件整改措施并落实。企业应及时将调查结果及整改措施与从业人员分享和学习，以避免类似事件再次发生。

8.2.6.3 企业应建立整改措施的跟踪管理系统，确保事件调查的整改措施得到良好的跟踪并关闭。

8.2.7　应急响应

8.2.7.1 企业应识别可能发生的工艺安全事故场景，并依照可能发生的事故情形、物料特性、后果影响范围和现有应急货源编写相应的应急处置预案。

8.2.7.2 发生工艺安全事故后，应迅速启动相应的专项应急预案或现场处置方案，采取有效措施降低事故损失，按事故分类和等级组织相关部门进行应急处理。

8.3　储运安全

8.3.1　目的

规范化学品相关企业实施责任关怀过程中化学品储运安全管理（包括化学品的装卸、转移、再包装和储运，经由公路、铁路、水路、航空及管输等各种形式的运输安全管理），并确保应急预案得以实施，从而将其对人和环境可能造成的危害降至最低。

8.3.2　风险管理

8.3.2.1 企业应制定风险管理制度，通过建立有效的安全风险识别和评估流程，科学运用相关分析方法，辨识化学品在储运过程中的危险有害因素并评估其风险。

8.3.2.2 企业应制定风险管理计划，包括对物流服务供应商的选择、审核等管理手段，不断改善企业在健康、安全和环境（HSE）方面的表现，以减少与储运活动相关的风险。

8.3.2.3 在化学品储运前，应对储运链中各环节的作业风险进行有效的识别和评价，其中包括潜在风险的可能性以及人和环境暴露在泄漏化学品之下的风险，并且包含物流服务供应商的法规符合性及 HSE 绩效评价，并根据风险类型及等级制定相应的风险控制措施。

8.3.2.4 企业应建立变更管理流程，对储运相关变更可能带来的风险进行评估，根据评估结果采取管控措施。

8.3.3 沟通

8.3.3.1 企业应与相关方建立有效的沟通渠道，并保持良好的沟通。

8.3.3.2 企业应定期将识别出的与物流服务有关的风险及时反馈至物流服务供应商。

8.3.3.3 企业应向供应链中相关方提供危险化学品的化学品安全技术说明书（SDS），并随产品包装提供符合法规要求的安全标签。

8.3.3.4 企业应向供应链中的各相关方（包括当地社区）提供有关危险化学品转移、储存和运输方面的信息，并重视公众关注的问题。

8.3.4 化学品的转移、储存和处理

8.3.4.1 企业应制定化学品（包括废弃物）的储存、出入库安全管理制度及运输、装卸安全管理制度，规范作业行为，减少事故发生，确保企业在储运链中的合作方有能力进行化学品的安全转移、储存及运输。

8.3.4.2 企业应合理选择与化学品的特性及搬运量相适应的运输容器和运输方式，明确与储运过程相关的所有程序，减少向外界环境排放化学品的风险，并保护储运链中所涉及人员的安全。

8.3.4.3 企业应为用户提供辅导，协助其减少危险化学品容器及散装运输工具在归还、清洗、再使用和服务过程中涉及的风险，并保障清洗残余物及废弃容器的正确处置。

8.3.5 物流服务供应商管理

8.3.5.1 企业应建立物流服务供应商管理制度，制定物流服务供应商选择标准，实施资格预审、选择、工作准备（包含培训）、作业过程监督、表现评价、续用等的文件化程序，形成合格供应商名录和业绩档案。

8.3.5.2 企业应确保储存、运输危险化学品的物流服务供应商具有合法、

有效的化学品储运资质，管理人员和操作人员取得相应的资格证书，储存、运输的场地、设施、设备等符合国家法律、法规和标准对化学品等储运要求。

8.3.5.3 企业应要求物流服务供应商做到：

a) 建立合格分包商名录和业绩档案；

b) 建立对分包商管理的文件化程序；

c) 明确培训需求，为员工和分包商提供适当的培训。

8.3.5.4 企业应确保所有有关 HSE 关键运作程序都被记录存档，并可供物流服务供应商查用。

8.3.6 应急响应

8.3.6.1 在化学品储运过程发生事故后，企业应及时配合相关方进行事故处理处置，避免和消除影响。

8.3.6.2 企业应要求物流服务供应商建立应急管理等文件化程序，制定应急预案并组织演练。

8.3.6.3 企业应对化学品储运过程中发生的事故或事件进行调查并记录，分析发生原因，提出防范措施。

8.3.6.4 企业应要求其物流服务供应商对其所发生的事故和事件以及处理过程进行报告。

8.4 污染防治

8.4.1 目的

规范化学品相关企业实施责任关怀过程中的污染防治管理，使企业能够有效识别、管控环境风险，对污染物的产生、处理和排放进行综合控制和管理，持续减少废弃物排放总量，从而使企业在生产经营过程中对环境造成的影响降至最低。

8.4.2 风险管理

8.4.2.1 企业应建立环境风险因素评价程序，定期开展环境风险因素的识别和评价，制定并落实控制措施，减少环境污染风险，不断改善企业在环境保护和污染控制方面的表现。

8.4.2.2 企业开展环境风险因素评价时应对环保相关法律法规、标准规范及其他要求进行识别，开展适用性、符合性评价，根据评价结果制定并履行合规义务。

8.4.2.3 企业开展环境风险因素评价时应对建设项目全生命周期的环境风险因素进行识别、评价和管控，做好研发、可行性研究、设计、施工、生产、退役、拆除等各阶段的环境风险管理。

8.4.3 污染物管理

8.4.3.1 企业应遵循"减量化、再利用、再循环"的原则，倡导污染物低排放、零排放的理念，采用先进工艺技术，减少资源消耗，从源头减少污染物的产生。

8.4.3.2 企业应识别并建立废水、废气、噪声、固废、放射性物质等污染物清单，通过环保设施、管理程序等对污染物实施有效管理，并通过环境检测对污染物管控效果进行监控、评估和实施改造。

8.4.3.3 企业应将污染物排放目标纳入新的或改造的设施、工艺和产品的研究和设计中，制定的污染防治方案应技术可行、经济可行、环境可行，并落实到相关部门具体实施。

8.4.4 温室气体管理

8.4.4.1 企业应建立能源使用、消耗及温室气体排放的管理制度和减排目标，有序高效地开展碳排放管理工作。

8.4.4.2 企业应根据温室气体核算标准和核算方法制定温室气体排放核算制度，明确核算标准、核算方法、核算边界、核算周期等内容，并开展温室气体排放核算。

8.4.4.3 企业应制定温室气体的减排目标和实施计划，包括碳达峰、碳中和的目标和实施计划，并积极实施、保持及改进。

8.4.5 土壤和地下水管理

8.4.5.1 企业应根据法律法规和环境风险因素识别情况对所在区域的土壤和地下水实施全生命周期管理。

8.4.5.2 在项目选址或兼并收购前，应开展环境尽职调查，在项目设计及施工阶段，应预测、评价项目建设对所在区域土壤和地下水环境造成的影响，提出并落实防控措施。

8.4.5.3 在生产运行阶段，应开展土壤和地下水污染隐患排查及监测工作，并根据排查和监测结果开展土壤污染风险管控。

8.4.5.4 拆除涉及有毒有害物质的生产设施设备、构筑物和污染治理设施的，应制定拆除工作污染防治方案，并按规定向地方主管部门备案。

8.4.5.5 在终止生产经营活动前，应开展土壤和地下水环境调查，并根据调查结果开展土壤污染风险管控和信息公开等工作。

8.4.6 环保设施管理

8.4.6.1 企业应建立环保设施管理制度，明确设计、建设、运行阶段管控要求，建设并良好运行环保设施。

8.4.6.2 企业应基于环保新要求、企业战略规划及技术进步开展环保设施升级改造，持续降低污染物排放水平。

8.4.6.3 企业应建设符合环保相关标准规范要求的环保设施，并开展安全评估，识别并管控环保设施安全运行风险。

8.4.6.4 企业应根据装置停工、检修、开工具体情况，确定污染物排放种类和数量、排放时间及控制措施，确保环保处理设施正常运行。

8.4.7 环境监测管理

8.4.7.1 企业应根据环境管理法律法规、环评及批复文件、排污许可证等要求编制监测计划。

8.4.7.2 企业应按照监测计划安装使用在线监测设施,自行开展或委托专业的环境监测机构进行监测。

8.4.7.3 企业应建立环境监测数据记录、台账。

8.4.8 应急响应

企业发生污染事故后,应迅速启动相应的专项应急预案,采取有效措施降低事故损失,按事故分类和等级组织相关部门进行应急处理。

8.5 社区认知和应急响应

8.5.1 目的

规范化学品相关企业实施责任关怀过程中的社区认知和应急响应,通过信息交流和沟通提高社区对化工企业的认知水平,使化工企业的应急响应预案与当地社区或其他企业的应急响应预案相衔接和呼应,进而达到相互支持与帮助的功能,以确保员工及社区公众的安全。

8.5.2 社区认知

8.5.2.1 社区联络和沟通

8.5.2.1.1 企业应与社区建立快速有效的联络通道,并保持其畅通,及时了解社区关注热点,提供相关信息。

8.5.2.1.2 企业应定期与社区进行联络和沟通,并保存书面记录。

8.5.2.1.3 企业应对负责与社区进行交流的相关人员提供培训,提高其与社区公众就健康、安全和环境(HSE)及应急响应方面进行交流沟通的能力。

8.5.2.2 社区关注问题的评估

企业应制定"社区认知计划",就关注的化学品生产、储存、经营、使用、运输和废弃处置等方面的 HSE 问题进行评估和公示,使被关注的问题在实施过程中得到反馈,并定期评审和修订计划。

8.5.3　应急响应

8.5.3.1　应急准备

8.5.3.1.1　企业应评价事故或其他紧急状况对员工和周围社区造成危害的潜在风险，并制定包括应急预案在内的各种有效风险防范措施。

8.5.3.1.2　企业应根据有关法律、法规等规定，针对本企业可能发生的突发事件的类型和程度，明确应急组织机构、组成人员和职责划分，规定应急状况下的预防与预警机制、处置程序、应急保障措施以及事后恢复与重建措施等内容。

8.5.3.1.3　企业应根据风险评估的结果，针对各类、各级可能发生的事故，制订本企业综合应急预案、专项应急预案及现场处置方案。应将应急救援预案上报地方主管部门备案，并通报当地应急协作单位。

8.5.3.1.4　企业制定应急预案时应考虑本企业的潜在风险对周边社区的影响，社区关注的问题应在应急预案中体现，并将企业的各种应急预案与社区进行交流和沟通。

8.5.3.1.5　企业应参与建立完善的社区应急响应预案，使社区公众知晓在企业紧急情况下的应急措施以及可能获得的援助。

8.5.3.1.6　企业应定期开展应急预案培训，确保员工熟悉应急预案内容及所承担的职责。

8.5.3.1.7　企业应按照风险级别定期开展应急演练，并配合和参与社区的相关应急演习。应对应急演练进行记录、总结和改进。

8.5.3.2　应急物资

8.5.3.2.1　企业应按有关规定和应急预案的要求配备相应的应急救援器材，并保持完好，应建立应急通信网络，并保证畅通。

8.5.3.2.2　企业应在存有有毒有害因素岗位配备救援器材，并进行经常性的维护保养，以保证其处于良好状态。

8.5.3.3 应急队伍

企业应加强应急队伍建设，保持与社区及当地应急救援力量的联络沟通，保证应急指挥人员、抢险救援人员、现场操作人员的应急能力和数量满足应急救援要求。

8.5.3.4 应急处置

8.5.3.4.1 在发生突发事件的状况下，企业应迅速启动相应的应急预案，遵循"以人为本、生命至上、统一指挥、科学处置"的原则，并进行事故报告、报警、通信联络、人员紧急疏散、撤离，危险区的隔离、检测、抢险、救援及控制，受伤人员现场救护、救治与医院救治，现场保护与现场洗消等工作，控制事态发展和事故的影响范围。

8.5.3.4.2 企业应建立明确的事故报告制度和程序。发生事故后，在组织处理事故的同时，应按照有关规定立即如实报告当地政府主管部门，并在应急结束后及时进行事故调查。

8.5.3.4.3 企业在应急处置过程中，应及时向周边社区、社会公众等相关方通报有关事故情况。

8.6 产品安全

8.6.1 目的

规范化学品相关企业实施责任关怀过程中的产品安全管理，使健康、安全和环境（HSE）成为化学品全生命周期中不可分割的一部分，从而保证在化学品全生命周期的每个环节对人员和环境造成的伤害降至最低程度。

8.6.2 风险管理

8.6.2.1 企业应根据 HSE 信息对其产品可预见的风险特征加以描述，定期评估危害因素和暴露状况，并公开其风险特征。

8.6.2.2 企业应对产品生命周期全过程存在的危害因素和暴露状况进行动态的识别、记录和管理，同时依据产品和应用的变化，必要时进行产品危害因素和暴露状况的再识别，并记录。

8.6.2.3　企业应根据已经识别的产品危害因素和暴露状况对产品进行风险综合评价。评价应对产品危害因素和暴露状况做出分析，并确定其风险等级，制定相应的管理措施。

8.6.2.4　企业应建立产品安全应急响应制度，制定相应措施，以消除或减少产品危害。

8.6.2.5　企业应设立或委托设立危险化学品 24h 应急咨询服务电话，提供紧急情况下化学品的 HSE 方面的信息。

8.6.3　化学品管理

8.6.3.1　企业应对其所有可能涉及的化学品（含原料、中间体、产品、废弃化学品等）进行普查，建立化学品清单，并按相关要求进行登记或备案。

8.6.3.2　企业应收集化学品的理化特性、毒理、生态数据及产品用途等信息，对危险性不明的化学品进行鉴定和危险性分类。

8.6.3.3　企业应建立危险化学品管理档案，包括列入《危险化学品目录》和未列入《危险化学品目录》但符合危险化学品确定原则的化学品，以加强对化学品的管理。

8.6.3.4　企业应根据化学品清单和危害信息，基于风险识别结果，对化学品进行分级管理。

8.6.3.5　企业应按照政府相关监管要求，对剧毒、易制毒、易制爆化学品按相关要求进行重点管理，严格落实各项管控措施。

8.6.4　危害信息告知

8.6.4.1　企业应以有效的方式对从业人员及相关方就产品特性、危害程度和风险评估结果等进行告知，并提供预防及应急处理措施，以降低或消除危害后果。

8.6.4.2　企业应鼓励员工及相关方报告产品的滥用情况及其他负面效应

的信息，以改进产品风险管理。

8.6.5 合同制造商管理

8.6.5.1 企业应根据 HSE 要求选择合适的合同制造商，并提供适用于产品和流程的风险信息与指导意见，以保证对产品的安全监管。

8.6.5.2 企业应对合同制造商的制造过程进行监督和检查，及时纠正偏差，帮助其提高 HSE 管理水平。

8.6.6 供应商管理

8.6.6.1 企业应要求供应商提供相关产品及制造过程的 HSE 信息和指导意见，并以此作为选择供应商的重要依据。

8.6.6.2 企业应要求供应商提供其产品的"化学品安全技术说明书和安全标签"、相关安全指导文件，并将其产品中危害组分、危害信息和其他相关信息的更新及时通知企业。

8.6.6.3 企业应对供应商的 HSE 绩效进行定期审核，发现问题及时纠正。

8.6.7 分销商与用户管理

8.6.7.1 企业应为分销商及用户提供 HSE 信息，针对产品风险提供相应指导，使产品被正确使用、处理、回收和处置。

8.6.7.2 企业应对其提供的产品给予安全监管支持，当发现分销商和用户对产品处理或使用不当时，应与其合作，采取措施予以纠正。如不执行，应终止产品的销售。

8.6.7.3 企业应提供并要求分销商将化学品制造企业提供的有关产品的"化学品安全技术说明书和安全标签"、相关安全指导文件提供给其用户和产品使用人员。

9 绩效评估与持续改进

9.1 企业应建立责任关怀绩效评估长效机制，对责任关怀实施准则的落实情况定期进行回顾和评估，包括设置健康、安全和环境（HSE）绩效指标，并进行数据收集和分析。

9.2 企业的评估可采取自评、第二方评估或第三方评估的方式。

9.3 企业应根据文件要求或结合其他管理体系要求，每年至少进行一次管理评审，实现持续改进。

9.4 企业应对检查/评估过程中发现的问题及时进行整改，对整改结果进行验证，并分析问题发生的原因，制定防范措施，对暂时不具备整改条件的问题应采取可靠的应急防范措施。

后 记

　　随着全球化进程的加快和人们环保意识的提高，企业社会责任逐渐成为企业发展中不可忽视的重要议题。尤其在我国化工行业，企业社会责任的实践不仅关系到环境的可持续发展，也直接影响到企业的市场价值和社会形象。本书聚焦于我国化工企业的社会责任实践，从企业市场价值和顾客共创价值两条路径探讨了化工企业社会责任实践对企业价值的影响。

　　本书首先对现有的企业社会责任价值创造范式相关研究进行分析，概述了当前我国化工企业社会责任实践现状、社会责任缺失给企业价值造成的影响以及影响过程中存在的"黑箱"。然后基于生命周期的视角和媒体报道的中介效用研究了我国化工企业社会责任实践影响企业市场价值的作用机制，并借助关系营销理论，分析了顾客自发的亲企业行为给企业价值带来积极影响，揭示了企业社会责任带来的消费者选择引致企业价值的传导效应。本书的研究结论为化工企业的发展开辟了新的路径，也为整个化工行业的转型升级和可持续发展奠定了坚实的理论基础。未来，随着政策环境的进一步优化和公众监督的加强，企业将承担更多的社会责任，而这也将成为化工企业核心竞争力的重要组成部分。

　　2023年我动笔撰写本书，完稿于2024年8月。在历时一年多的研究和写作过程中，经历过严冬和酷暑，能够坚持下来与家人和朋友的支持密不可分。感谢我的父母，他们无私的关爱和精神上的支持，是我前行路上不竭的动力。感谢我的先生，他的理解与包容让我能够专注于研究和写作。还要感谢我的孩子们，他们天真灿烂的笑容，是我面对繁重工作的最佳慰藉：儿子见我写作辛苦，常常给我讲笑话，哈哈大笑的瞬间，写作的劳累也一扫而光；女儿总是在我回家时贴心地端茶倒水，她的细心和体贴总能让我一天的疲惫烟消云散。正是因为有了他们的陪伴，写作时光才变得如此珍贵和难忘。

最后，感谢本书的编校人员，他们的专业与耐心确保了本书的顺利出版。在此，向所有曾给予我帮助和鼓励的人致以最深的谢意！希望本书的出版能为我国化工企业的社会责任实践提供一些有益的参考，也愿与读者们共同见证我国化工行业更加美好的未来。

赵新华

2024 年 9 月于青岛